北仲争议解决新视野译丛

北京仲裁委员会
Beijing Arbitration Commission
北京国际仲裁中心
Beijing International Arbitration Center

INVESTMENT TREATY ARBITRATION AS PUBLIC INTERNATIONAL LAW:

PROCEDURAL ASPECTS AND IMPLICATIONS

作为国际公法的投资协定仲裁：程序方面及其适用

〔英〕艾瑞克·德·布拉班得瑞 著
(Eric De Brabandere)

沈伟 等 译

法律出版社

著作权合同登记号
图字：01-2020-2776

《北仲争议解决新视野译丛》编委会及编辑部名单

北仲争议解决新视野译丛总序

北京仲裁委员会/北京国际仲裁中心(以下简称北仲)是首批依据《中华人民共和国仲裁法》重新组建的仲裁机构之一,亦是首批纳入最高人民法院“一站式”国际商事纠纷多元化解决机制的仲裁机构之一。成立二十余年来,北仲始终坚持“公正、独立、专业、高效、卓越”的价值目标,坚持专业化、国际化的发展方向,已经逐渐成为了国内领先并在国际上有一定影响力的多元争议解决中心,成为践行仲裁法精神、锐意改革创新的一面旗帜。

北仲多元化争议解决事业的发展有赖于贴近实践的理论研究。多年来,北仲不懈推动知识的固化与实践经验的总结推广,助力行业前沿探索,形成体系化的研究布局。自成立伊始,北仲就编辑《北京仲裁》(前身为《北京仲裁通讯》),搭建多元化争议解决理论研究和实务经验交流的平台。从 2013 年起,北仲每年组织专家编写中英文同时出版的《中国商事争议解决年度观察》,对上一年实体领域的争议解决情况进行综述,介绍新颁布的法律法规,深入分析典型案例,探究行业热点问题,展望行业发展方向,为中外专业人士研究中国争议解决发展提供详实的资料,并基于此在欧洲、亚洲、北美等地举行发布会。“中国仲裁文库”通过精选北仲经典案例,并邀请业内专家进行评析,为读者提供真实的裁决书，是业界了解、研究中国仲裁的重要窗口。“北仲争议解决新探索文库”则旨在系统展示多元化争议解决领域学术成果，促成具有理论和实务应用价值并与多元化争议解决主题相关的著作出版发行。北仲还设立了科研基金项目，每年选取一些在业内引起反响且具有实践指导意义的问题给予一定的资助，推动业界形成研究合力。

北仲始终清醒地认识到，不断满足当事人日益增长的争议解决需求，是仲裁机构的核心竞争力。随着当事人争议解决需求的国际化、多元化，北仲亦致力于引进国际最前沿的多元化争议解决理念，推动业界对国际多元化争议解决规则、惯例的探索和研究。因此，北仲于2013年设立了“争议解决新视野译丛”（以下简称北仲译丛），收录介绍国际多元化争议解决领域创新动态、对中国多元化争议解决有借鉴意义的域外专业书籍，引入“原汁原味”的多元化争议解决理论书籍和实践指南，意图改善多元化争议解决译著相对匮乏的局面，为从事多元化争议解决理论研究、教育培训及法律实务的人士提供更多、更新、更有实际效用的信息和素材，提高国内法律人才在国际多元化争议解决实践中的实战经验和技能，提升中国商事争议解决行业的国际竞争力。

北仲译丛将借助北仲现有的丰富资源，组织国内外权威专家组成丛书编委会，支持优秀译者为国内读者选译一批有关多元化争议解决理论与实践操作的高水准域外作品。同时，北仲译丛将始终秉持开放包容的姿态，建设成为业内同仁共建共享的知识平台。北仲热忱欢迎社会各界朋友为北仲译丛推荐能体现多元化争议解决国际化及创新性理念的域外佳作，共同将北仲译丛打造成多元化争议解决研究领域的品牌项目。

北仲争议解决新视野译丛编委会
2020年5月20日

译者序

近年来,国际投资仲裁日益活跃。全球的双边投资协定共有3200个之多,基于这些双边投资协定的国际投资仲裁案件也达900多个。贸仲、深圳国际仲裁院和北京仲裁委员会都制定了投资仲裁规则。

我国1982年3月29日与瑞典签订第一份双边投资协定以来,到目前为止,已经签署了超过140个双边投资协定及数十个含有投资保护章节的自贸协定,在数量上仅次于德国,居全球第二位。

作为解决国际投资争端,为外国投资提供有力保障和吸引外资的一项重要法律机制,投资者—国家争端解决机制(Investor-State Dispute Settlement,ISDS)是解决国家和私人投资者之间投资争端的机制,ISDS条款也是投资协定中的一个必备条款。虽然ISDS与国际商事仲裁有许多相似之处,但是运作机制和法律属性有很大不同,前者具有国际公法的属性。从20世纪90年代开始,投资者和东道国政府之间的国际投资仲裁案件开始增多,到目前为止已经达到850个。此类仲裁案件的标的额普遍较大,根据统计,从事此类仲裁案件代理业务的律所主要是英美国家的大型律师事务所,具有一定的垄断性和排他性。除了个别涉及中国双边投资协定的仲裁案件，中国律师事务所的参与度比较有限。

经济全球化与投资自由化深刻影响了国际投资法的价值定位，在投资仲裁机制的运行过程中，也留下了显著的烙印。由于在早期的外国直接投资中，发达国家扮演了资本输出国角色，发展中国家扮演引进外资的资本输入国角色，为了更好地保障本国国民的海外投资利益，以美国为首的发达国家在实体标准上，倡导对投资者利益的保护，而相对忽视对东道国主权利益的维护；在争端解决机制上，倡导引入更具中立性、更脱离东道国管辖的国际投资仲裁模式以解决投资争端。作为代价，各国需要让渡部分国家主权，体现了国家在国际法上的“离开”。此外，投资协定中实体规范的模糊性，更使仲裁庭在解释实体规范时获得了比较大的自由裁量权，在裁判中有削弱东道国政府规制权的倾向。时过境迁，全球金融危机之后，全球对外直接投资状况发生了实质的变化，越来越多的发展中国家开始扮演资本输出国角色，资本输入国与输出国的界限不再泾渭分明。发达国家加强了对金融和投资市场的监管，对来自发展中国家的直接投资通过国家安全审查等机制加以监管。同时，由于发达国家也被屡屡诉诸国际投资仲裁，发展中国家在国际投资法领域出现主权回归，开始强调东道国的规制权。

20 世纪末期，全球范围内涉及双边投资协定的国际仲裁案件数量呈现“井喷式”增长，发达国家被诉案件数量也开始增长。同时，仲裁庭在应对大量案件的过程中暴露出争端解决机制的内在不足，ISDS 机制正在遭受“正当性危机”。诸如，仲裁庭裁决不一致，巨额金钱赔偿加重东道国财政负担，东道国规制权受到影响和削弱，东道国的公共利益受到案件裁决的影响而动摇了民众对这一机制的信心，等等，各类矛盾凸显。

包括发展中国家、发达国家在内的主要国际投资国家开始反思现有投资仲裁机制的存在意义和现实缺陷，强调国家主权的卡尔沃主义在某种程度上在复兴，国家在投资争端解决机制和国际投资法中呈现“回归”态势。欧盟于 2014 年提出，先在双边投资条约下成立投资法院，联合构建双边投资法院体系（Investment Court System，ICS），投资法院中超过 2/3 的法官将由缔约国提名，条约最终解释权将由条约缔约国组建的联合委员会掌控，待日后时机成熟，再于多边层面建立包含两个审级的国际投资法院（International Investment Court），最终以此替代适用于所有欧盟内部投资条约、欧盟成员国与非欧盟第三国之间的投资条约，甚至各方均为非欧盟国家间的投资条约，实现国际投资争端解决机制的“新老更迭”。美国则希望在国际投资争端解决中心（the International Centre for Settlement of Investment Disputes，ICSID）框架内进行修补，通过在 ICSID 建立上诉机制，增加国家对仲裁的影响力，不要另起炉灶。其余部分国家如玻利维亚、厄瓜多尔、委内瑞拉等国已经退出 ICSID，澳大利亚虽然宣称排除适用 ISDS 机制，但实践中该国正在根据各国法治实践区别适用 ISDS 条款。印度新 BIT 范本减少了对 ISDS 机制的依赖，巴西目前偏好国家间仲裁解决投资争端，南非则更保守，意图以国内诉讼为主辅以国家间仲裁解决争端。

与国家回归的潮流有所不同，近年来，我国在投资争端解决问题上一直保持持续的开放态度。概括而言，1998 年之前我国签订的旧一代双边投资协定，由于主要从资本输入国立场出发，在投资争端解决上基本坚持了岔路口条款和用尽当地救济原则，凸显国家属地管辖权的重要性；在施行强有力的投资保护规范和采用综合性投资者—国家争端解决机制问题上，呈现出回避的消极态度。彼时，我国签订的大多数双边投资协定都规定，在争端发生时应首先友好协商解决，在争议发生之日起的一定时间内协商不成则可向东道国的行政机关申诉或向法院提起诉讼；若是有关征收或国有化补偿数额款项的争端，在以上程序均无法解决时才可提起国际仲裁。在以1998年签订的《中国和巴巴多斯关于鼓励和相互保护投资协定》为开端的新一代双边投资协定中，我国开始摒弃纯粹资本输入国的传统立场，对适用用尽当地救济原则的立场出现了转变，放松东道国对投资争端管辖权的安全阀。一些双边投资协定不再规定用尽当地救济条款，而是规定可以将争端直接提交国际仲裁解决，当然这些争端通常仅限于因国有化和征收补偿款额产生的争端。目前，我国在该问题上的立场为，当地救济分为司法救济和行政（复议）救济，司法救济与国际仲裁须择一终局，而行政救济则作为国际仲裁的前置程序。这样，我国逐渐全面接受了投资者—国家争端解决机制，从而更自由地向外国投资者提供更有力、更全面的实体性和程序性投资保护机制。这些保护机制已经与资本输出国提供的条件不相上下。从这个角度看，我国双边投资协定的实践立场正在从限制型衍变为开放型。另外，尽管全球范围涉及双边投资协定的国际仲裁案件的数量自20世纪末以来出现大幅增长，而我国涉案数量却寥寥可数，而且主要还是我国投资者提起仲裁申请，ICSID中我国作为被诉方出现的案例仅有3起。究其原因，可能主要是由于我国签订的大量的双边投资协定是1998年之前签署的旧一代双边投资协定，受限于限制性的争端解决条款，外国投资者难以根据双边投资协定行使其提起仲裁请求的权利。这或许阻碍了外国投资者通过国际仲裁机制解决投资争端。亦有学者认为我国法律及法律体系相对完备，能够并已经为外国投资者提供足够保护，外国投资者没有必要依据双边投资协定诉诸国际仲裁。

目前，我国正在积极同尚未与其签订双边投资协定的国家，特别是美国和加拿大，进行磋商谈判，以期达成双边投资协定。大量现代双边投资协定的签署显示了我国越来越接受现代双边投资协定的法理和相关国际投资法规则，同时有能力、有信心为外国投资者提供充分的保护，从而吸引更多的外商直接投资。

作为2019年全国两会的一项重要议题，十三届全国人大二次会议于3月15日表决通过了《外商投资法》。当前，我国正在从资本输入国转型为资本输出国，随着我国改革开放的进一步深化，传统“三资法”(《中外合资经营企业法》《中外合作经营企业法》《外资企业法》)下调整的以吸引外资为主的模式已经发生变化，新的发展形势要求新的法律规范，在吸引外资的同时寻求转变发展方式，通过与国际通行投资规则靠拢的方式，进一步强化对外商投资的保护。

面对全球经济治理体系正在经历深刻变革的挑战，各层级国际经贸规则均在不断升级，以及贸易保护主义抬头的形势，我国也尝试在自贸区试水新一轮的对外开放制度，提出并落实“一带一路”倡议，在同美国的贸易战中积极解决贸易、投资和经济开放法律制度方面的不足。在这样的背景下，我国出台了《外商投资法》，传达了我国坚持扩大对外开放的决心和努力，有利于进一步提升我国对外资的吸引力度，增强外国投资者信心。但是，我国国内外资法律与所签投资协定中条款的冲突、效力等问题仍未解决，我国尚未制定统一的BIT范本，对外投资政策的连续性、稳定性仍显不足。从这个意义来讲，我国对外投资法律的完善任重而道远，仍亟待在国际、国内实践中进一步得到完善和升级。

国际投资仲裁与国际商事仲裁有许多不同，主要体现在以下方面。

一、仲裁实体方面

1. 仲裁的目的不同。国际商事仲裁的主要目的是促进平等主体间的友好争端解决，避免提起诉讼，保护争议双方的商事关系，仲裁庭作为居间裁决者有平等对待双方当事人的义务。① 国际投资仲裁中，尽管近年来关注东道国利益的保护，但总体上以“促进和保护投资”为其宗旨和目标。②

2. 仲裁争端主体地位不同。国际商事仲裁涉及的争端主体通常是私人主体和平等主体，争端双方权利义务是对等的。相反，国际投资仲裁的当事人通常一方为主权国家，另一方为来自另一国家的投资者，通常国家只能是被申诉人，投资者和东道国的权利义务存在不对等性。③ 由于国际投资仲裁涉及主权国家，因此国际投资仲裁具有国际公法属性。④

3. 仲裁合意形成及表现不同。在国际商事仲裁中，仲裁合意通常通过争议双方当事人之间的合同条款来表现。按照许多国家有关仲裁的立法与实践，当事人只要在协议中有明确的通过仲裁解决争议的意思表示，就应当尽量满足当事人通过仲裁解决争议的意愿。⑤ 在国际投资仲裁中，仲裁本质上也取决于当事人的合意，⑥仲裁庭的权力也源自并受限于当事人的合意，⑦但外国投

---

① 韩成军：《国际商事仲裁规则中庭审程序法律问题研究》，载《河北法学》2012 年第 7 期。

② 余劲松：《国际投资条约仲裁中投资者与东道国权益保护平衡问题研究》，载《中国法学》2011 年第 2 期。

③ 贺辉：《基于实践分析国际投资仲裁去商事化的必要性》，载《郑州大学学报（哲学社会科学版）》2018 年第 5 期。

④ Eric de Brabandere, *Investment Treaty Arbitration as Public International Law*, Cambridge, Cambridge University Press, 2014.

⑤ 赵秀文：《〈纽约公约〉与国际商事仲裁协议的效力认定》，载《河北法学》2009 年第 7 期。

⑥ Christopher F. Dugan, Don Wallace, Noah D. Rubins, BorzuSabahi, *Investor - state Arbitration*, Oxford University Press, 2011, p. 219.

⑦ Christoph Schreuer, Consent to Arbitration, *The Oxford Handbook of International Investment Law*, Oxford University Press, 2008, pp. 830 - 831.

资者和东道国之间并无直接的合同关系。[①] 作为一方当事人的东道国政府的仲裁意思表示往往包含在其签订的双边投资协定(BIT)里,是BIT缔约双方向对方国家的投资者作出的仲裁要约。在争议发生之后,缔约另一方的投资者可以按照BIT中的规定对该缔约国提起国际仲裁,投资者按照BIT的规定对东道国提起仲裁的行为构成了其对该要约作出的承诺。[②]

4. 仲裁主张的依据不同。在国际商事仲裁中,由于公开的商事仲裁裁决相对较少,涉及合同解释和国家法律的适用问题,当事人通常援引国内立法和司法决定支持己方主张,[③]根据《承认及执行外国仲裁裁决公约》(以下简称《纽约公约》)规定主张外国裁决的承认与执行。[④] 在国际投资仲裁中,主张及抗辩主要基于某个双边投资协定或多边协议,如《北美自由贸易协定》或《能源宪章条约》,所规定的实质性保护或是根据习惯国际法提出的。[⑤]

5. 仲裁请求条件不同。在国际商事仲裁中,双方当事人都可以向另一方提出请求或反请求。由于大部分双边投资协定的条款都将义务施加给东道国而非投资者,投资者与国家间仲裁有时是"单向"的,允许投资者向东道国提出请求,通常不允许东道国向投资者提出请求或反请求。仅在因投资合同产生的纠纷,或者因可以适用"保护伞条款"的合同而产生的纠纷等少数情况下,国

---

① Jan Paulsson, Arbitration Without Privity, *ICSID Review - Foreign Investment Law Journal*, Volume 10, Issue 2, pp. 232 - 234.

② Jeswald W. Salacuse, The Law of Investment Treaties, *Oxford International Law Library*, 2010, p. 381.

③ [加] Karl - Heinz Böckstiegel:《商事仲裁与投资仲裁:当今两者差异几何?》,傅攀峰译,载《仲裁研究》2014年第2期。

④ *Ibid.*

⑤ *Ibid.*

家也可以向投资者提出反请求。①

二、国际仲裁程序方面

1. 仲裁管辖权要求不同。在国际商事仲裁中，仲裁庭以当事人合意约定的方式获得授权，除非当事人在仲裁协议中明确排除，当事人一旦选择适用仲裁规则，即意味着授权仲裁庭自裁管辖权，仲裁庭有权就管辖权争议作出裁决。② 国际投资中，ICSID获得投资仲裁管辖权需满足一定的要件。③ ICSID 仲裁庭对管辖权争议和临时性措施享有排他的决定权。④

2. 仲裁庭组成要求不同。当事人在商事仲裁实践中能够选择其信任的裁判者，并根据商业纠纷类型选择熟悉特定行业的仲裁员。同时，首席仲裁员人选的范围相当广，且不受任何特定名单的限制。在投资仲裁中，由于涉及征收、公平与平等待遇、歧视以及“保护伞条款”下的合同等保护性规定，更注重仲裁员具备国际公法的专业背景，特别是将其运用于上述保护性情形之中的专业能力。同时，根据《关于解决国家和他国国民之间投资争端公约》（以下简称《华盛顿公约》）第 40 条规定，ICSID 任命的首席仲裁员是从由各个缔约国或国际投资争端解决中心管理委员会主席指定的人员组成的国际投资争端解决中心仲裁员名单中选出的。⑤

---

① Gary B. Born, *International Arbitration: Law and Practice* (2012), pp. 578 - 579.

② 莫莉：《国内法院对国际商事仲裁管辖权司法审查的谦抑性》，载《理论界》2018 年第 5 期。

③ 《华盛顿公约》第 25 条：中心的管辖适用于缔约国（或缔约国向中心指定的该国的任何组成部分或机构）和另一缔约国国民之间直接因投资而产生并经双方书面同意提交给中心的任何法律争端。

④ 《华盛顿公约》第 47 条：除双方另有协议外，仲裁庭如果认为情况需要，得建议采取任何临时措施，以维护任何一方的权利。

⑤ [加] Karl - Heinz Böckstiegel：《商事仲裁与投资仲裁：当今两者差异几何？》，傅攀峰译，载《仲裁研究》2014 年第 2 期。

3. 仲裁前置条件不同。在商事仲裁中,受限于仲裁的"排他性",诉讼和仲裁当事人只能二选一,二者不能互为前提。在国际投资仲裁中,国家往往在BIT中对同意国际仲裁的意思表示设定各种前提条件,维护东道国对发生于其领土范围内争议优先行使管辖权。于是,外国投资者需要先行在东道国国内进行诉讼、用尽东道国当地救济后才能提交国际投资仲裁。先行国内诉讼被认为是投资者提交国际仲裁的实质性前提条件,而不能简单解释为是一项程序性要求。①

4. 仲裁保密性要求不同。国际商事仲裁保密性的要求格外高,因为国际商事仲裁本质上是私法性质的仲裁,涉及当事人的商事秘密、商业信誉及知识产权,程序或实体事项的公开都可能损害当事人的商业信誉,因此国际商事一贯秉承不公开审理、保守程序和实体秘密的原则。国际投资仲裁通常具有更大的"透明度",一般不受保密原则的限制。② 2006年制定的仲裁规则已不再奉行解决投资争端公约签署时所强调的仲裁保密原则,而是将仲裁保密原则作为例外,强调ICSID仲裁的透明度,明确规定"除非任何一方当事人反对,仲裁庭可以公开开庭"。同时,修改后的《国际投资争端解决中心仲裁规则》允许公布庭上论证摘录。③

三、国际仲裁裁决方面

1. 仲裁裁决准据法不同。《纽约公约》规定了在国际商事仲裁的法律适用方面,法院应当首先适用当事人约定的法律的主观

---

① 肖芳:《国际投资仲裁裁决司法审查的"商事化"及反思——以美国联邦最高法院"BG公司诉阿根廷"案裁决为例》,载《法学评论》2018年第3期。

② Stuart Boyarsky, Transparency in Investor - StateArbitration, *Dispute Resolution Magazine*, Vol. 21, Issue 4 (Summer 2015), pp. 34 - 36.

③ 《国际投资争端解决中心仲裁规则》第48条第4款。

标准。如果当事人之间没有约定，则适用仲裁地法律。① 在国际投资仲裁中，由于多数投资仲裁源于双边或多边投资协定，投资仲裁的准据法多为投资协议条款和国际法的一般原则。此外，《华盛顿公约》②第42条第1款、某些双边投资协定法律选择条款也经常得到适用。③

2. 仲裁裁决撤销机制不同。一般来说，据以撤销国际商事仲裁裁决的理由是由各国国内法来规定的，当事人不能任意扩充。在撤销理由的审查上，《纽约公约》缔约国的法院司法审查一般只涉及程序性问题，而不应关乎实体性问题。在程序上，各国强调仲裁的管辖权和正当程序原则，但尽量弥补裁决的某些形式缺陷和仲裁的某些程序不当，而不轻易撤销裁决。国际投资仲裁与之不同，投资仲裁裁决的终局性因仲裁依据的条约不同而有所差别。这种差别在ICSID裁决和非ICSID裁决中更为明显。若仲裁裁决由ICSID作出，该裁决适用《华盛顿公约》下特有的撤销机制。④ ICSID裁决不适用仲裁地或其他地方国内法院的撤销程序。《华盛顿公约》第53条和第54条要求执行缔约国承认裁决的约束力且不做任何司法审查。若该裁决由非ICSID仲裁庭作出，双边投资协定或多边协议未规定任何仲裁机构的内部审查，

---

① 赵秀文：《〈纽约公约〉与国际商事仲裁协议的效力认定》，载《河北法学》2009年第7期。

② 《华盛顿公约》第42条第1款规定，仲裁庭应依照双方可能同意的法律规则对争端作出裁决。如无此种协议，仲裁庭应适用作为争端一方的缔约国的法律（包括其冲突法规则）以及可能适用的国际法规则。

③ Gary B. Born, *International Arbitration*: *Law and Practice*(2012), pp. 578 - 579.

④ 根据《华盛顿公约》第52条，存在以下情况之一时，一方当事人可以向由国际投资争端解决中心任命的一个专门的国际投资争端解决中心撤销委员会提出申请撤销裁决：(1)仲裁庭组成违反法定程序，(2)明显的越权行为，(3)仲裁员在仲裁该案时有腐败行为，(4)“严重违反一项基本的程序规则”，或(5)仲裁庭未说明裁决的理由。

该裁决和国际商事仲裁的裁决一样会以相同原因在仲裁地被撤销，并且根据《纽约公约》承认（或拒绝承认）与执行。[①] 该种情况下仲裁地的仲裁法律中规定的适用于商事仲裁裁决的撤销事由都可以适用于双边投资协定的裁决。此外，只有 ICSID 撤销委员会可以对 ICSID 裁决进行审查并根据《华盛顿公约》限定事由撤销裁决。[②]

3. 仲裁裁决执行机制不同。国际商事仲裁裁决的执行是以国内法院的强制为特征。国际商事仲裁裁决作出后，在败诉一方不自动履行的情况下，通常胜诉一方首先会以商业压力迫使对方履行义务，如果仍然不能达到目的，则将向有关国家（一般是执行财产所在地国家）的国内法院提出强制执行仲裁裁决的申请，由法院协助执行裁决。在国际投资仲裁中，尽管同样依赖各国国内法院，但《华盛顿公约》赋予 ICSID 裁决特殊的地位，使其更易得到执行。国内法院必须承认 ICSID 裁决，无权进行司法审查，同时国内法院必须强制执行此种仲裁裁决确定的金钱债务。《华盛顿公约》第 54 条要求缔约国承认一项金钱性裁决，“如同该裁决是该国法院作出的最终判决”。《华盛顿公约》第 54 条第 3 款规定，执行一国财产的裁决“应受要求在其领土内执行的国家关于执行判决的现行法律的管辖”。同样，《华盛顿公约》第 55 条规定裁决的执行适用“任何缔约国现行的关于该国或任何外国执行豁免的法律”。[③]

以上列举的主要区别本质上体现了国际投资仲裁的国际公法属性，这也是本书的主题。充分理解国际投资仲裁和双边投资

---

① Gary B. Born, *International Arbitration: Law and Practice* (2012), pp. 578 – 579.

② Gary B. Born, *International Arbitration: Law and Practice* (2012), pp. 578 – 579.

③ 《华盛顿公约》第 55 条。

协定的国际公法属性,对理解和认识投资者—国家投资争议机制的改革具有重要价值和意义。

本书议题重要,言简意赅,说理和分析精准,值得一读。

沈　伟

于安娜堡

2020 年 10 月 25 日

致　谢

这本书是荷兰科学研究组织(Netherlands Organization for Scientific Research,NWO)一项为期3年的VENI研究项目的一部分,题为《解决当代投资争议:在国际化商业关系中协调私人权利和公共利益》。这笔资助使我能够集中精力并进一步研究这一引人入胜的主题,为此我非常感谢NWO。

我感谢莱顿大学格劳秀斯国际法律研究中心的同事们,特别是Larissa Van den Herik、Nico Schrijver、Yannick Radi(我也感谢他对本书某些部分的评论)和Vid Prislan。我感谢他们的支持,也感谢我们就国际投资法与仲裁以及一般国际法进行的大量讨论和辩论,这些讨论和辩论形成了本书提出的一些思想和论点。

本书中提出的一些论点已经在爱丁堡大学、法兰克福大学、日内瓦大学、根特大学、莱顿大学、卢森堡大学、渥太华大学和特伦托大学、英国国际和比较法研究所、比利时国际仲裁研究所(Belgian International Arbitration Institute)等地进行的国际客座讲座、会议和研讨会上以及2012年VIAC/YAAP/ArbAut联合会议上作了分享和检验。我感谢这些会议的组织者和参与者,他们与我进行了交流,并对我的想法提出了建设性的批评。我要感谢的人不胜枚举,他们也一定知道我对他们怀有的感激之情,在这里就不一一列举。

我还要感谢 Hilde Roskam 的编辑协助。

最后，也是最重要的，我感谢 Katia Gewaert 在这本书的写作过程中给予我的鼓励、信任和理解。

Eric De Brabandere

缩写术语清单

BIT	bilateral investment treaty	双边投资协定
ECHR	European Convention on Human Rights	欧洲人权公约
ECT	Energy Charter Treaty	能源宪章条约
ECtHR	European Court of Human Rights	欧洲人权法院
FET	fair and equitable treatment	公平与公正待遇
FPS	(full) protection and security	(充分)保护与安全
ICC	International Chamber of Commerce	国际商会
ICJ	International Court of Justice	国际法院
ICSID Convention	the Convention on the Settlement of Investment Disputes between States and Nationals of Other States	华盛顿公约
ICSID	the International Centre for Settlement of Investment Disputes	国际投资争端解决中心(华盛顿中心)
ILC	International Law Commission	国际法委员会
ITLOS	International Tribunal for the Law of the Sea	国际海洋法法庭
MFN	most favored nation	最惠国待遇
NAFTA	North American Free Trade Agreement	北美自由贸易协定

续表

NGO	non – governmental organization	非政府组织
NT	national treatment	国民待遇
PCA	Permanent Court of Arbitration	国际仲裁法院
PCIJ	Permanent Court of International Justice	常设国际法院
SCC	Stockholm Chamber of Commerce	斯德哥尔摩商会
UNCITRAL	The United Nations Commission on International Trade Law	联合国国际贸易法委员会
UNCTAD	United Nations Conference on Trade and Development	联合国贸易暨发展会议
UNTS	United Nations Treaty Series	联合国条约集
VCLT	Vienna Convention on The Law of Treaties	维也纳条约法公约
WTO	World Trade Organization	世界贸易组织
WTO DSU	World Trade Organization Dispute Settlement Understanding	世界贸易组织争端解决谅解

目　录

引　言

投资协定仲裁现在是国际法上最重要的争端解决机制之一。尽管外资保护有相当古老的渊源，外国投资者保护以前没有吸引多少学术和实务关注，而在过去的二十年间它已经从一个相当边缘的部门，演化成了国际公法中最为强劲的研究、兴趣和关注焦点。

AAPL v. *Sri Lanka*①案仲裁庭是根据投资条约中的争议解决条款设立的第一个仲裁庭，该争议解决条款规定外国投资者根据 ICSID 公约可直接进入仲裁②。自那以来，投资仲裁已经从一个相对私人或者商事的争端解决方法转向一个实质上是国际公法属性的方法。事实上，投资协定仲裁已经成为国际法上最重要的争端解决机制之一。

---

① *Asian Agricultural Products Ltd*（*AAPL*）v. *Republic of Sri Lanka*, ICSID Case No. ARB/87/3, Award, 27 June 1990. 除非另有说明，这里引用的案子都可以在 www. italaw. com 上获得。

② Convention on the Settlement of Investment Disputes between States and Nationals of Other States, 18 March 1965, 575 UNTS 159.

自从1990年代投资协定仲裁的使用上升以来，[①]法学界试图将投资协定仲裁做公私的定性的努力就持续至今。将其定性为私人争端解决机制实质上是根据私法或商法原则进行规制，而定性为公法属性，就是按照（国际）公法原则对之进行规制。我在本书中的观点是，投资协定仲裁是国际公法的争端解决机制，实质性地关注国家在国际公法上的国际法律义务，是建立在各国同意的国际条约基础之上的。现今的投资协定仲裁的主要属性是其国际公法性质，即包含国家对仲裁的同意以及对外国投资者实质性保护的国家义务。这样的争端是指向国家的国际法律义务的，因此就是一个国际公法争端，其是在国际公法的框架中进行解决的。其次，有人认为，这一内在特征可从适用于投资条约仲裁的程序中看出来并对其产生影响，尽管投资条约仲裁程序是由适用于解决商业争端的仲裁规则派生出来的。这些方面在当代投资协定仲裁程序中已经明显地体现出来。虽然它既体现了投资协定仲裁的国际公法属性，同时也显示了投资协定仲裁国际公法属性对程序的影响，但其他一些方面还没有完全被投资协定仲裁所吸收。

我认为投资协定仲裁作为一种公法属性的争端解决机制，这意味着我在本书中远离关于当代投资协定仲裁属性的其他理论，特别是那些把投资协定仲裁定性为一种“混合”法律制度或者将其等同于公法或者行政法的争端解决机制的理论。这些理论当然在解释问题上有一些帮助，但是它们无法全然反映投资协定仲裁的当代属性。

---

① Jan Paulsson, ‘Arbitration without Privity’, *ICSID Review – Foreign Investment Law Journal*, 10(2) (1995):232. 最近的文献可以参考 Anthea Roberts, ‘Clash of Paradigms: Actors and Analogies Shaping the Investment Treaty System’, *American Journal of International Law*, 107(1) (2013):45。

理顺投资争议的"混合性"

投资协定仲裁是一种"混合型"的争端解决机制的说法是投资协定仲裁适用国际公法和国际商事仲裁法律和仲裁因素的结果。[①] 投资协定仲裁的"混合型"基础与国际商事仲裁、私法、国际公法或者公法都不是足以涵盖国际投资争议解决的范式的主张是如影随行的。[②] "混合型"实质上是基于投资协定仲裁的两个互相联系的属性。

首先,国际投资法和投资协定仲裁的特点是,外国投资者和东道国政府之间的投资关系之中存在双重义务。当投资者决定在外国开展业务时,他们通常会与东道国政府签订投资合同。同时,尽管合同本身也许包含了外国投资者保护机制,诸如稳定条款和仲裁条款等,外国投资者还可以同时从东道国和外国投资者所属的母国之间签订的投资协定提供的保护中受益。[③] 合同是一种私法工具,是由私法和商法规制的。对国家合同的性质存在一些未尽的争论,本书的第一章会有专门的讨论。[④] 条约义务无疑是由国际公法规制的国家义务。因此,东道国政府有双层法律义

---

① 另参见 Zachary Doglas, 'The Hybrid Foundations of Investment Treaty Arbitration', *British Yearbook of International Law*, 74(2004):151; Daniel Kalderminis, 'Investment Treaty Arbitration as Global Administrative Law: What this Might Mean in Practice', in Chester Brown and Kate Miles (eds), *Evolution in Investment Treaty Law and Arbitration* (Cambridge University Press,2011),p. 149。

② Roberts,'Clash of Paradigms', p. 49; and Kalderminis, 'Investment Treaty Arbitration as Global Administrative Law', pp. 145 – 59.

③ 可参见,Patrick Dumberry, 'International Investment Contracts', in Tarcisio Gazzini and Eric De Brabandere (eds), *International Investment Law. Sources of Rights and Obligations* (Leiden: Martinus Nijhoff,2012),pp. 215 – 44。

④ 一种主张认为,国家合同是一种特别的国际法律行为。参见 Prosper Weil, '*Droit international et contract d' Etat*', in *Mélanges offers à Paul Reuter. Le droit international: unité et diversité* (Paris: Pedone, 1981), p. 562, and Francis A. Mann, 'The Theoretical Approach Towards the Law Governing Contracts Between States and Private Persons', *Revue Belge de Droit International*, 11(2) (1975): 563, 564 – 5。

务:基于投资合同对外国投资者的合同义务,以及基于投资条约的国际公法上的义务。

其次,投资协定仲裁的"混合型"体系是从投资争端解决的程序中产生的。[①] 大部分的投资保护协定向外国投资者提供了直接向东道国就违反协定的行为向国际仲裁庭提起诉求的可能性。这样,投资仲裁庭被授权确定东道国是否已经违反了条约义务,从而根据国际公法承担国际责任。这种争端是通过一种主要基于国际商事仲裁规则和原则的仲裁形式来解决的,[②]因此,仲裁庭的权限和适用于仲裁程序的规则和程序是国际公法和国际商法或私法的结合。

投资协定仲裁的这些属性不足以使投资协定仲裁成为一种介于国际公法和商法或私法之间的争端解决机制,也不足以推翻其为一种基本上是国际公法意义的争端解决机制。如上所述,投资协定仲裁的"混合型"可能是事实上有根据的,但是与"混合型"相关的规范性主张很大程度上是没有根据的。正如将要讨论的那样,将投资法和仲裁定性为"混合"没有考虑当代投资仲裁已经成为国际公法的组成部分这样的事实,也没有意识到(承认)这一特点对争端解决机制的程序至关重要。因此,本书以区分投资争议和投资仲裁的国际公法和私法两个维度的必要性和实用性为出发点,认为投资条约仲裁是一种国际公法争端解决机制。尽管在原则上"放弃争端解决中的国际公法和国际私法的简单二元

---

① Douglas, 'The Hybrid Foundations of Investment Treaty Arbitration', pp. 151 - 290.

② Gus van Harten and Martin Loughlin, 'Investment Treaty Arbitration as a Species of Global Administrative Law', *European Journal of International Law*, 17 (1) (2006):121, 139 - 145.

性”不是革命性的,[1]而且将某一状况描述为“混合”是走出复杂法律关系网的简单方式,但就投资协定仲裁而言,这样往往会模糊外国投资者和东道国之间潜在的法律关系。

投资协定仲裁和公法比较

国际投资法和投资协定仲裁与国内行政法/公法有很多的相同之处,因此,投资协定仲裁公法范式的支持者基于投资协定仲裁和公法争议解决之间的类比,试图将公法原则从后者引入前者。[2] 然而,类比并不意味着投资仲裁事实上应当等同于行政或公法诉讼,[3]也不意味着因为它在国内法院不被行政诉讼或者公法诉讼接受,诸如意思自治原则等就不与投资争议的解决相兼容。[4]

公法/行政法的比较毫无疑问是有很大依据的,并且事实上也许有助于国家当事方的某些实体义务的解释,[5]但是它太容易忽视公法/行政法争议和投资争议之间的区别,以及东道国政府同意将投资争议通过国际仲裁解决的实质性同意。因此,我不赞成 Gus van Harten 等所主张的国际投资法体系的属性是公法体系这一说法。[6]

从实质角度看,投资争议和公法/行政法争议之间有相似性。两者都与国家所采取的规制行为或者措施有关,但是可能违反国

---

① Zachary Douglas, *The International Law of Investment Treaty Claims* (Cambridge University Press, 2009), p. 7.

② 讨论详见, Roberts, ‘Clash of Paradigms’, p. 63。

③ 另请参阅 Gun van Harten, *Investment Treaty Arbitration and Public Law* (Oxford University Press, 2007), pp. 44 ff。

④ *Ibid.*, pp. 130 ff.

⑤ Stephan W. Schill (ed.), *International Investment Law and Comparative Public Law* (Oxford University Press, 2010).

⑥ Van Harten, *Investment Treaty Arbitration and Public Law*, pp. 44 ff. 另请参阅 Kalderminis, ‘Investment Treaty Arbitration as Global Administrative Law’, pp. 145 – 59。

家国际投资义务的国家行为的类型不同于可能构成违反国内行政诉讼或者公法诉讼基础的国家行为。[①] 其次，在国内公法或者行政法中，国家行为是用不同的国内标准进行衡量的，根据宪法制度，这些标准也可能包括国际法原则。另一方面，投资协定仲裁本质上评估国家行为是否符合特定的规范外国投资者保护的国际公法标准，而这些国际公法标准与规范国内公法或者行政法纠纷的原则不必然相同。

在程序上，投资协定仲裁更多地与国家间仲裁相似，[②]尤其是因为它作为一种替代性的争端解决机制已经发展成为国家行使外交保护的一部分，而外交保护本质上就是国家间的机制。实质上，投资协定仲裁通过取消用尽当地救济原则的要求，以及通过由东道国政府给予仲裁此类纠纷的同意而给予外国投资者直接的申诉权，消除了外交保护的程序限制。但是，这并不意味着（之前国家间的）争端已经实际上在国际层面被转型为一种公法或者行政法争议。

将适用于公法或者行政法争端解决的规则和规范转换适用于投资协定仲裁似乎并不是非常有建设性。这样做或许事实上损害了仲裁程序最基本的基础和特性。相反，我们应该尊重各国通过国际仲裁而不是常设国际法院或者仲裁庭解决争端的一般意图，并因此尊重使用仲裁可能对投资争议解决造成的不可避免的影响。一般认为意思自治适用于投资者—东道国争议，因此根据这一原则，当事方自由定义仲裁庭适用的法律，在原则上是没

① Andreas Kulick, *Global Public Interest in International Investment Law* (Cambridge University Press, 2012), pp. 84 - 5.

② 有作者认为，ICSID 程序"在概念上与发生在两个主权国家之间的程序并无差别，仲裁法是国际法"。Georgios Petrochilos, *Procedural Law in International Arbitration* (Oxford University Press, 2004), p. 218。

有问题的。[①] 这些原则是选择仲裁作为争端解决机制的本质要求。因此,批评使用仲裁作为解决投资者—东道国争议的方法并且建议对此程序进行系统性的改革并无太大用处。应尊重将国际仲裁作为解决投资争端的解决方法的选择。问题是,如何将投资争议的国际公法性质纳入以国际商业仲裁为模式的投资仲裁之中,以及如何在某些程序方面更加有效地实现这种合并。国际仲裁不像国内法院和法庭那样以一套固定的规则和法规为基础。因此,国际投资争议的国际公法性质对仲裁程序的影响或者通过仲裁程序可见的方式有多种。

作为公法范式中主要部分[②]的"公共利益"理论,[③]与本研究具有高度相关性,因为投资协定仲裁以其国际公法的基础来看,上述原则同样适用。这一理论主张,由于受到投资仲裁审查的国家行为的种类、外国投资者活动的领域以及通常裁决给予外国投资者经济补偿的重要性,投资协定仲裁中有超越争议当事方本身利益的更加广阔的公共利益。[④] 比如,一个外国投资者会认为东道国民主和有效通过的法律不适当地影响了其在投资合同下的私人权利,甚至违反了东道国投资协定的义务。在这种情况下,一个国家的一般公共利益也许需要赋予非当事方参与程序的权利,这可能有利于进行公开和透明的程序,或者对仲裁员的选择和资格施加一定的条件。由于国际公法上的争端解决也有这些问题,人们理所当然地认为,从其国际公法基础考察,投资协定仲裁有重要的"公共利益",我将在本书的第二部分详细讨论。

① 这方面的批评,可参见 Van Harten, *Investment Treaty Arbitration and Public Law*, pp. 130 ff。

② Roberts, 'Clash of Paradigms', p. 65.

③ Kulick, *Global Public Interest in International Investment Law*.

④ Roberts, 'Clash of Paradigms', p. 65.

作为国际公法的投资协定仲裁

以条约为基础的投资仲裁案件数量目前超过了华盛顿公约下以合同为基础的仲裁案件数量。① 作为当今绝大多数投资仲裁基础的对仲裁的同意是在投资条约中而不是在合同中规定的。根据一个国家的国内法而签订的合同构成了国际商事仲裁的基础，但是国际投资仲裁是建立在国际条约基础上的，东道国表示的同意仲裁是国家基于国际公法法律文件的主权行为。与商业行为有关的同意仲裁的表示与投资仲裁是截然不同的。在商业行为中，合同双方都明确表示通过仲裁而不是常规的东道国法院或法庭解决纠纷，对与商业行为有关的仲裁表示同意不是一个国家根据一般国际公法行使其职能的结果。② 在国际商事仲裁中，国家本质上是以私人身份行事的，但是在国际投资协定仲裁中，国家是以公法或者主权身份进行活动的。③

当代以条约为基础的投资争议涉及国家对涉嫌违反国际法律文书所载国际法律义务的国际责任。存在着契约和合同两种层面的义务不意味着评估一个国家对被指控违反其国际投资义

---

① 华盛顿中心 2013 -2 数据报告指出，投资条约构成了同意的基础，在 74% 的案件中确立了华盛顿中心仲裁的管辖权。大概是 19% 的案件基于投资合同，大概有 7% 的案件基于东道国国内法。*ICSID Caseload - Statistics*, Issue 2013 -2, p. 10, available at http://icsid. worldbank. org/ICSID/FrontServlet? requestType = ICSIDDockRH&actionVal = CaseloadStatistics, 最后访问时间：2013 年 8 月 30 日。类似的，国际仲裁法院 2012 年年报指出，2012 年其经手了 88 个东道国参加的仲裁案件，其中 54 个是双边或多边投资协定或者国内投资法基础上的投资者—东道国仲裁案件，22 个是仲裁案件和独任专家决定的案件，其中一方是国家、国有控制企业或者政府间组织。PCA Annual Report 2012, p. 12, available at www. wx4all. net/pca/PCA - annualreport_2012. 国际仲裁法院年度报告 2011 指出，63 个投资仲裁案件中，40 个是基于双边或多边投资协定，24 个是基于一方是国家、国家控制企业或政府间组织为当事方的合同，一个案件是基于国内投资法。PCA 111th Annual Report, 2011, p. 3, available at www. pcacpa. org/showpage. asp? pag_id = 1069.

② Van Harten, *Investment Treaty Arbitration and Public Law*, pp. 48 -9.

③ 见第一章中关于国家合同的讨论。

务的行为所附的法律责任不再适用国际公法规则和原则。使用国际商事仲裁范式以解决投资争端并不改变这样的事实,即在当代国际投资争端中,仲裁庭的主要任务是评估东道国是否违反它们在国际公法下的义务,而这些义务是在给予外国投资者保护的国际条约中确立的。

毫无疑问,国家在从事主权和商业行为时会承担国际责任,但正如国际法委员会在其国家对国际不法行为的责任条款草案中认可的那样,一个国家的责任仍然是国际公法下的责任。① 投资协定仲裁中,仲裁庭的职责是确定东道国是否通过主权或者商业行为违反了其国际法律义务。这一职责也包括分析外国投资者和东道国政府之间的合同关系,在当代投资协定仲裁中,这个问题是对东道国的国际法律责任的全面调查的附属或初步问题。换言之,审查一个国家违反国际投资义务的国际法律责任问题是国际投资仲裁的主要目标,它受国际公法而非国内法规制。②

我一般认为,投资协定仲裁本质上是一个国际公法争端解决机制,但是这并不意味着投资协定仲裁没有私法维度。事实上,它们不是不可兼容的,是同时出现在投资协定仲裁中的。然而,私法维度是从属于国际公法维度的,我们不能把投资协定仲裁等同于私法或者商法上的争端解决机制。显然,赋予外国投资者以保护的国际法律文书的主要受益者是投资者本身,这就是为什么外国投资者被赋予对一个国家采取直接法律行动的权利。这不

---

① International Law Commission, 'Articles on the Responsibility of States for Internationally Wrongful Acts', Report on the International Law Commission on the Work of its 53rd Session, Official Records of the General Assembly, 56th Session, Supplement No. 10, UN Doc. A/56/10, November 2001.

② Andrew Newcombe and Lluis Paradell, *Law and Practice of Investment Treaties: Standards of Treatment* (Alphen aan den Rijn: Kluwer Law International, 2009), para. 2.19.

足以说明外国投资者和东道国之间的关系本质上是私人之间的关系。正如伊恩·布朗里在 *CME* v. *Czech Republic* 案件中的独立意见中指出的那样：

> 在此背景下，坚持争议在性质上完全是“商业性的”或者说争议所涉利益或多或少只是投资者的利益是不可接受的。这样的路径把条约关系中的一些重要因素排除了出去。第一个因素是被申诉方是主权国家的事实，主权国家对它的子民的福祉负责。这不是赋予捷克共和国特权，而是承认它的特性和义务。捷克共和国不是商业实体。①

使用国际商事仲裁的方法去解决有国际公法属性的投资争端，自然会导致国际公法属性的争端和争端解决方式私法属性之间的紧张关系。因为这类争端事关在国际公法下评估一个主权国家行使主权。

同样地，在国际争端解决的公私功能方面有一种反对意见。私法功能关注当事人之间的争端解决，争端解决的公共功能有更加广阔的维度。因为国际投资保护的一般制度超越了东道国和外国投资者母国之间的双边关系，投资协定仲裁也许会影响未来国家的行为，并且就功能而言，也和国际上国家间仲裁和诉讼类似。公共属性是内嵌于国际公法争端解决机制的。然而，必须注意的是，选择仲裁作为争端解决机制是和一些固有的概念和原则结合在一起的，而这些概念和原则不宜偏离，否则会损害国际仲裁的本质。毫无疑问，由于国家是以主权主体的身份参与，国际投资仲裁庭的裁决比国际商事仲裁有更加广泛的影响，但这不意味着国际投资仲裁庭必须尊重与行政法庭相同的原则。本书不

---

① *CME Czech Republic BV* v. *Czech Republic*, UNCITRA, Final Award, 14 March 2003, Separate Opinion of Ian Brownlie, para. 74.

涉及投资协定仲裁的公共属性,它涉及该制度的国际公法基础的程序影响。因为,影响程序的不一定是投资协定仲裁的公共属性,而是投资协定仲裁的国际公法属性。投资协定仲裁所包含的义务品质决定了投资协定仲裁的国际公法属性,并且影响了适用于投资协定仲裁的规则和原则。①

此外,外国投资者在国际投资关系中也有一些特定的私人利益,②即最大化其投资回报、在和东道国政府之间有争端的时候可以有效的争端解决机制执行他们的私人利益,这是毫无疑问的,但是这和程序的进行无关。而另一方面,争议的性质的确会影响仲裁程序。因为国家是以主权身份参加到程序中,以及国家根据国际公法规定的条约所承担的义务,仲裁庭对东道国行为的审查受到某些具体规则的制约,比如程序的透明度,对指定仲裁员提出挑战的标准。因此,为判断和评价国家行使这一权力而建立的争端解决机制涉及更加广泛的企业和个人的利益,而不仅仅是投资者,并且超越了一个争端各方的纯粹的私人或者商业利益。上面讨论的"公共利益"方法的联系在此是显而易见的。

本书的目标和范围

本书旨在确立投资协定仲裁是国际公法意义上的争端解决机制的论点,并论证投资协定仲裁的国际公法属性如何从争端解决程序中发展而来,如何影响到争端解决程序。当代投资仲裁是一种压倒性的国际公法争端解决机制的事实的确是从争端解决方法的程序方面得来的,同时已经影响到了这一程序。尽管

---

① 就此内容,参见 Stephan W. Schill, 'Crafting the International Economic Order: The Public Function of Investment Treaty Arbitration and its Significance for the Role of the Arbitrator', (2010) 23 *Leiden Journal of International Law*, 23(2)(2010): 401, 409 ff.

② Jeswald W. Salacuse, *The Law of Investment Treaties* (Oxford University Press, 2009), p. 39.

Anthea Roberts 认为，投资协定仲裁的国际公法、公法和国际商事仲裁等三个“概念”中只有公法范式会提供一种解释性的框架，而其他范式只是“阴暗地运作”。[①] 而我的观点是，除了确实“暗中操作”之外，投资协定仲裁的国际公法基础在事实上被明确作为程序问题的解释性和规范化框架，本书的第二部分对此加以阐述。我在此主张的投资协定仲裁的国际公法属性与公法范式是不同的，因为后者主要是基于投资协定仲裁和公法争端解决机制类比基础上的，并因此寻求从后者引入一些原则到前者。[②] 相比之下，本书所采用的国际公法范式是以投资条约仲裁本质上是国际公法的主张为基础的。

本书主要观点的基础是，必须尊重国际仲裁所基于的基本概念。国际商事仲裁作为一项争端解决机制转化为国际投资仲裁并没有问题，但要考虑到投资协定仲裁的国际公法属性。过于宽泛地关注于争端和争端解决机制的私人的、商业的或者“混合”的方面，而不充分考虑争端的国际公法维度及其程序性影响，就会导致对本书寻求批判的当代投资条约仲裁制度产生偏见。的确，不能改变当事各方所选择的争端解决办法以及仲裁的固有的积极和消极特征。因此，本书的目的不是批评使用仲裁解决投资争端，也不是要结束现行的投资条约仲裁制度。

本书所阐述的论点一般适用于投资条约仲裁，即基于国际投资条约的投资仲裁。本书特别考察《华盛顿公约》，因为其构成了一个典型，清晰地揭示了投资协定仲裁的国际公法性质，特别的，还有 ICSID 制度的特殊性。此外，除了由国际仲裁法院或者临时仲裁庭适用现有的程序规则，比如《UNCITRAL 仲裁规则》，进行投资协定仲裁之外，基于投资协定而进行的大部分的投资者—东

---

① Roberts, ‘Clash of Paradigms’, p. 49.

② *Ibid.*, p. 63.

道国争端是通过 ICSID 的便利机制进行的。[①] 国际投资争端解决中心公约和仲裁规则创设了一个投资者可以直接进行国际仲裁的框架,从而避免了传统的诉诸外交保护的做法,而且它完全“国际化”了仲裁程序,因此它包含了体现投资条约仲裁的国际公法性质的几个特点。然而,由于我的分析一般适用于投资条约仲裁,我会指出其他机构的程序规则以及在华盛顿框架之外进行的仲裁。

因为采用程序视角,本书不涉及与国际投资法的国际公法性质或者公共利益有关的实质性问题。[②] 本书不是对适用国际投资协定仲裁程序规则的一般概述。相反,本书从一个功能主义视角探讨了投资协定仲裁。这意味着,我将只讨论与投资协定仲裁的国际公法性质对适用程序规则构成影响相关的问题与主题,而不对适用于条约仲裁的各种规则进行全面和一般性的分析。

本书的结构

本书的基本命题,即投资协定仲裁是一种国际公法争端解决机制,而不是一种私人或者商业的争端解决机制,将在本书的第一部分分两章进行概述和论证。第一章通过分析外国投资者直接诉诸投资协定仲裁的理论基础、治理投资协定仲裁的国际公法体系、投资协定仲裁的合同和条约层面的根本区别以及投资协定仲裁和国际商事仲裁的系统性差别来阐述投资条约仲裁的国际公法基础。第二章主要分析投资协定仲裁权的法律特征。基于实体权利和程序权利的差别,本章讨论了“衍生权”和“直接权”理论,以及放弃诉诸投资协定仲裁的问题。

本书的第二部分论述了投资条约仲裁的国际公法层面的程

---

① 有关各方可参考的各种 BIT 范本和争端解决论坛的概述,请参见,Douglas, *The International Law of Investment Treaty Claims*, pp. 3 – 5。

② Kulick, *Global Public Interest in International Investment Law*.

序问题和影响。第三章分析投资条约仲裁的国际公法维度对仲裁的作用、选择和资格的影响。特定章节专门讨论了独立性和公正性的要求、仲裁裁决的法律推理以及当事方的自主权和仲裁庭的权力。第四章从国际公法的角度分析投资协定仲裁中的准据法问题。特别的，本章讨论了投资仲裁庭是否可以或者应该考虑非投资规则和原则。第五章集中讨论了投资条约仲裁的透明度和公众参与。我在第五章论证，由于其国际公法基础，投资条约仲裁已正在偏离国际商事仲裁的保密性和隐私的原则，首先，至少在原则上允许公众查阅文件和听证，其次，允许非当事方作为法庭之友（*amicus curiae*）参与投资协定仲裁。第六章集中讨论投资协定仲裁中的国际公法救济：第一节概述了与国际不法行为救济有关的主要原则，第二节讨论了作为金钱赔偿替代办法的非金钱财产的裁决，第三节讨论了投资协定仲裁中的精神损害赔偿。

第一部分

投资协定仲裁的国际公法属性

第一章

投资协定仲裁的国际公法基础

投资协定仲裁的定性与国际投资法的基础和功能密切相关。毫无疑问,今天的国际投资法并不主要或并不仅仅涉及外国投资者与东道国之间的私人合同关系,而是主要建立在国际条约法的基本原则之上,并在较小程度上建立在习惯国际法和一般法律原则之上。[①]

本章首先分析了外国投资者直接参与投资协定仲裁的原理,以便更好地把握之后对外国投资者请求权具体特征的讨论(第1部分)。第2部分将明确国际投资法争议的国际公法特征与基本原理。第3部分将明确区分争议在合同与条约层面的区别。第4部分将基于之前的结论,讨论投资协定仲裁与国际商事仲裁之间根本性和系统性的差异。

一、外国投资者直接参与投资协定仲裁的原则和基本原理

外国投资者诉诸国际仲裁也许是当代国际争端解决中最重

① 关于国际投资法的不同来源,参见 Tarcisio Gazzini and Eric De Brabandere (eds.), *International Investment Law: The Sources of Rights and Obligations*(Leiden: Martinus Nijhoff,2012)。

要的产物之一。然而,在谈到具体原因之前,也有必要简要说明这一发展的背景。

(一)国际争端解决机制中的非国家实体

在过去20年中,非国家实体与国家间的争端解决程序大幅增加。然而,从历史的角度来看,最近非国家实体诉诸国际司法和仲裁程序的机会有所增加,并不是前所未有的。尽管自第二次世界大战结束以来,非国家实体只是偶尔参与此类诉讼,但是有许多战前国际司法和仲裁程序的先例,其中非国家实体的参与被接受或正视。[①] 在过去的几十年里,允许非国家实体直接参与程序的数量激增,特别是通过所谓的"扩散"争端解决机制。虽然主要是在人权法和投资法领域比较显著,[②]但是这一发展已得到各种其他国际法院的确认,非国家实体可以直接对国家提出索赔。[③]在这些程序中,非国家实体被赋予就具体划定的争端或事实情况直接向一国提出索赔的权利。在创设了新的争端解决办法之后,通过现有国际司法和仲裁程序解决涉及非国家实体争端的案件

① 相关讨论,参见 Eric De Brabandere,'Pragmatism in International Law: Non – State Actors and International Dispute Settlement',in Jean d' Aspremont(ed.),*Participants in the International Legal System. Multiple Perspectives on Non – State Actors in International Law*(London: Routledge,2010),pp. 342 – 359,and Eric De Brabandere,'Non – State Actors and the Proliferation and Individualization of International Dispute Settlement',in Bob Reinalda(ed.),*The Ashgate Research Companion to Non – State Actors*(Farnham: Ashgate,2011),pp. 347 – 359。

② John Menills,'The Means of Dispute Settlement',in M. N. Evans(ed.),*International Law*(Oxford University Press,2011),p. 545.

③ 在过去的几十年中已经建立了一些"集团索赔程序",如联合国赔偿委员会、伊朗—美国求偿法庭。相关概述,参见 Howard M. Holtzmann and Edda Kristjansdottir(eds.),*International Mass Claims Processes. Legal and Practical Perspectives*(Oxford University Press,2007)。在正式投资或人权背景之外,非国家行为者具有国际司法和仲裁程序主体地位的另一个例子是,国际海洋法法庭海底争端分庭为缔约国个人提供准入权[Article 187(c) – (d) United Nations Convention on the Law of the Sea,10 December 1982,1833 UNTS 3]。

数量也大幅上升。①

外国投资者获得国际仲裁的机会在这一演变过程中占有突出地位。外国投资者直接获得国际救济办法的主要原因是传统的外交保护制度失效以及个人和公司直接诉诸国际仲裁已经被认为是国家(母国)向外国投资者提供部分保护的事实。这种直接参与不一定是把直接权利赋予私人主体的直接后果,这一点笔者将在第二章中进一步讨论。

(二)外交保护和用尽当地救济

投资协定仲裁从根本上说是一种国际公法争端解决机制,这一制度出现背后的原理证实了这一点。直接诉诸仲裁之所以可以存在是因为在使用传统的可采用的争端解决机制的情况下,东道国的国内法院,再加上投资者的母国诉诸外交保护在解决投资纠纷方面的作用是有限的。从外国投资者的角度来看,将与东道国之间的争端提交该国国内法院的权利并没有多少吸引力,是由于外国投资者明显畏惧仲裁庭缺乏独立性或存在偏见。诉诸外交保护则是一个烦琐、冗长和不确定的程序。

传统上,个人与国家在行使主权时发生的冲突只能提交给该

---

① 简单审视一下海牙常设仲裁法院的行动,就很容易发现这一趋势。法院最初只关注国家间的争议。然而在关于其解决的“混合”案件的概述中,早在 1935 年,海牙常设仲裁法庭就审理了它的第一个混合争议。关于海牙常设仲裁法院解决“混合型”争端方面的活动,参见 James Crawford,‘The Permanent Court of Arbitration and Mixed Arbitration,Remarks on the Occasion of a Celebration of the Centenary of the PCA’,18 October 2007, available at: www. pca – cpa. org/upload/files/Crawford%20EN. pdf。在 1962 年,海牙常设仲裁法院通过了一项特别规则——“双方中只有一方为国家的任择性仲裁规则”,该规则在 1993 年被一个修订和完善的版本所取代。(Permanent Court of Arbitration Optional Rules for Arbitrating Disputes Between Two Parties of Which Only One is a State, available at: www. pca – cpa. org/upload/files/1STATENG. pdf)直到 1999 年,以海牙常设仲裁法院作为登记法院的仲裁案件总数保持相对稳定(大概 30 件)。然后待处理的案件数量大幅增加,2012 年有总计 88 件未决案件,其中只有 1 件是国家间的仲裁。(PCA, 112th Annual Report, 2012, p. 12, available at: www. wx4all. net/pca/PCA – annualreport_2012. pdf)

国的国内法院,因为适用国家豁免原则将妨碍将此类索赔提交到个人母国的当地法院。只有在特殊情况下,个人的私人索赔才能在国际一级,即通过行使外交保护得到解决。在那些情况下,个人首先被要求用尽所有在东道国可以获得的救济措施。① 然而,在外国国内法院和仲裁庭的诉讼程序可能并不总被认为是一种解决外国投资者与东道国之间冲突的有效的争端解决方法,主要是因为这是费时和不可靠的,特别是考虑到东道国司法机构对外国投资者的偏见。

一旦个人或公司按照外交保护规则的要求,用尽了东道国现有的所有救济措施,个人或公司的私人索赔可以通过母国行使外交保护权的方式在国际层面得以解决。外国投资者的母国可以"支持"其国民的主张,并根据国际法对东道国提出索赔。个人国籍的状况并不是以个人的权利形态被行使的,而是国家赋予其自身的权利,即有权看到法律对其国民的尊重。因此,传统观点认为,个人或公司的国籍状态不是个人或公司的权利,而是其所属国家本身的权利。正如著名的国际常设法院在马夫罗马蒂斯巴勒斯坦租让地(the *Mavrommatis Palestine Concessions* case)案中指出的那样:

> 当某一主体受到另一国违反国际法行为的伤害,且无法通过常规渠道从该国获得满足时,一国有权保护其主体是国际法的一项基本原则。通过参与其中一个案件,并代表这一主体采取外交行动或国际司法程序,一国实际上是在主张自己的权利,即在其臣民作为客体时

---

① See Generally, International Law Commission, 'Draft Articles on Diplomatic Protection', Report on the Work of its 58th Session (1 May - 9 June and 3 July - 11 August 2006), General Assembly Official Records, 61st Session, Supplement No. 10, UN Doc A/61/10, 2006, p. 26.

确保国际法规则得到尊重的权利。①

换句话说，外国投资者与东道国之间的“混合”冲突就转化为东道国与外国投资者母国之间的国家间冲突。因此，个人是否有权获得外交保护，这一点取决于其政府的政治自由裁量权。正如国际法院在巴塞罗那电车公司案（the *Barcelona Traction* case）中指出的那样：

> 在国际法规定的范围内，一国可以以其认为适当的任何方式和任何程度行使外交保护，因为国家主张外交保护是它自己的权利。必须将国家视为决定是否给予其保护、在何种程度上给予保护以及何时停止保护的唯一法官。在这方面，它保留了自由裁量权。②

为了避免这个相当烦琐和不确定的程序，现代投资条约通常赋予投资者直接向国际仲裁庭对东道国提出索赔的权利。③ 因此，外国投资者在投资法中的直接地位主要是由于传统外交保护制度的无效，它不仅要求用尽所有国内救济措施，而且更重要的是，这仅仅是属于国家的一项自由裁量权。相反，直接进入仲裁为投资者可以得到有效的国际救济提供了保障，同时也为东道国提供了一个受人关注的友好的投资环境。这也正是《华盛顿公约》背后的合理性之一，即通过允许直接获得国际救济的方法，将投资争端从外交保护的标准程序中去除。④ 因为华盛顿中心并没

① Permanent Court of International Justice, Judgment No. 2, 30 August 1924, *PCIJ Reports*, Series A(1924), p. 12.

② International Court of Justice, *Barcelona Traction* case, *Light and Power Co.* case(*Belgium* v. *Spain*), Judgment, *ICJ Reports*, 1970, No. 3, paras 78 – 79.

③ 例如，参见加拿大、英国、智利、法国、南非、瑞士和美国的双边投资协定范本。

④ Nigel Blackaby, ‘Public Interest and Investment Treaty Arbitration’, *Transnational Dispute Management*, 1(1)(2004): 2.

有解决国家间争议的机制，所以国际投资仲裁作为保护外国投资的一项特制机制，其特殊性得到了进一步的证实。

(三)国家同意与直接诉诸投资协定仲裁

个人和公司投资者直接的请求权不能脱离投资保护的一般背景。外国投资者参与投资协定仲裁，是对建立一个机制通过独立、公正的仲裁庭以迅速解决投资争端这一需求的务实回应。正如ICSID仲裁庭在马菲基尼诉斯帕(*Maffezini* v. *Spain*)一案中所指出的：

> 我们有充分的理由得出结论，今天的争端解决办法与保护外国投资者之间有着千丝万缕的联系，因为它们也与保护贸易商根据商业条约所享有的权利有关……国际仲裁和其他争端解决办法已经取代了过去这些古老和经常被滥用的做法。然而，这些现代发展对于保护有关条约所设想的权利至关重要；它们也与所给予的待遇的主要方面密切相关。①

ICSID的其他仲裁庭也以类似的理由采取了(外国投资者)直接参与仲裁。②

---

① *Emilio Agustìn Maffezini* v. *Kingdom of Spain*, ICSID Case No. ARB/97/7, Decision of the Tribunal on Objections to Jurisdiction, 25 January 2000.

② 例如，Siemens诉阿根廷案的仲裁庭提到，投资协定包含"一种独特的特征，特别争议解决通常不对投资者开放。进入这种机制是条约提供的保护措施的一部分。这是针对外国投资者和外国投资的保护的一部分"(*Siemens AG* v. *The Argentine Republic*, ICSID Case No. ARB/02/8, Decision on jurisdiction, 3 August 2004, para. 102)。Suez案的仲裁庭也提到"从促进和保护投资的角度来看，阿根廷—西班牙双边投资协定和阿根廷—英国双边投资协定所阐明的目的、争端解决机制和双边投资协定管辖的其他事项同样重要，是有关主权国家同意的投资保护机制不可分割的一部分"(*Suez, Sodedad General de Aguas de Barcelona SA and Vivendi Universal SA* v. *The Argentine Republic*, ICSID Case No. ARB/03/19, Decision on Jurisdiction, 3 August 2006, para. 59)。同样，*Gas Natural*诉阿根廷案的仲裁庭也持有这种观点："在双边投资协定中规定国际投资者—国家仲裁是对外国投资者的一种重要的实质性激励和保护"(*Gas Natural SDG SA* v. *The Argentine Republic*, ICSID Case No. ARB/03/10, Decision of the Tribunal on Preliminary Questions on Jurisdiction, 17 June

然而,尽管投资保护与参与仲裁之间存在联系,但直接进行投资协定仲裁绝不有意成为处理东道国与外国投资者之间任何类型争端的一般请求程序。一般来讲,在国际法上,授予一些个人权利并不自动意味着其有资格直接在国际仲裁庭或法院面前就侵犯该权利的行为提出索赔要求,因为这个权利传统上是保留给外国投资者用尽现有的当地救济办法之后由其母国行使外交保护权时加以行使。外国投资者在国际投资争端中直接诉诸仲裁的权利,仅仅是为了取消这些程序要求以加强救济措施的有效性。

因为没有自动进入国际争端解决机制的权利,即使外国投资者根据某项条约获得直接权利,也必须得到国家的明示同意,就如一般国际法要求的一样。①因此,仲裁只有通过国家明示同意才能进行,外国投资者只有获得国家明确同意一个或更多国家的个人,根据条约的双边或多边性质,在不受其本国干预的情况下,对另一国家提出与投资直接相关的索赔。同意仲裁是由国家在争端发生前,②通过签署一项具有此种效果的条约,或为此通过国家

2005,para. 31)。然而,一个不同的问题是,能否将投资仲裁作为向外国投资者提供的实质性保护的一部分来考虑。这个问题一直是将最惠国待遇(MFN)条款延伸到争端解决条款议题的核心,但却超出了这一部分的讨论范围。

① 就这一方面,可以参见 *Garanti Koza* 有限合伙企业诉土库曼斯坦案,ICSID Case No. ARB/11/20,关于因缺乏同意而对管辖权提出的异议的决定,在 2013 年 6 月 2 日仲裁员 Laurence Boisson de Chazoumes 反对意见的第 5 段中:"在国际诉讼中,必须始终确立对管辖权的同意。首先,这是行使国际司法职能的必要前提条件,根据一般国际法界定能力的原则和《华盛顿公约》第 41 条的内容,授权一个仲裁庭或任何其他国际法庭来确定其管辖权的范围和限度。与此同时,胜任能力原则要求仲裁庭或任何其他国际法院客观地确定其管辖权的范围和限度,即根据授予该法庭管辖权的名称,而不是超越它"。

② Francisco Orrego Vicuña, *International Dispute Settlement in an Evolving Global Society. Constitutionalization, Accessibility, Privatization* (Cambridge University Press, 2004), p. 66.

立法，向某一特定国家的“作为一个团体”（as a group）①的外国投资者表明的。这种同意通常被认为是国家的“仲裁要约”（offer to arbitrate），②然后，外国投资者③可以通过向在包含了东道国同意的文书中所规定的相关机构提交仲裁请求而表示接受（要约）。④获得投资协定仲裁的机会可能会受到国家同意的限制，而这些限制通常包含在投资协定中。⑤ 各国在表示同意直接进行投资仲裁时，可能对该同意附件条件，例如，要求外国投资者用尽当地救济办法，或者是一般或特定的时效限制，或插入一条“岔路口”条款，要求投资者在国际仲裁或国内法院之间作出选择。⑥

二、国际公法的投资协定仲裁制度

从实体法律义务的角度看，外国投资者与东道国之间的关系是复杂的。这些当事方之间有几层义务，它们彼此间应被清楚地加以区分，这将在下一部分中进行阐释。因为外国投资者与东道国之间存在多层次的关系，有时人们认为这种关系是一种“混合”

① Van Harten, *Investment Treaty Arbitration and Public Law*, p. 63.

② See, for example, *AAPL* v. *Sri Lanka*, ICSID Case No. ARB/87/3, paras 246 ff.

③ 关于需要外国投资者的同意，参见美国制造业和贸易公司诉 Zaire 案，ICSID Case No. ARB/93/1, Award, 21 February 1997, paras 23 ff。

④ See, generally, Christoph Schreuer, Loretta Malintoppi, August Reinisch and Anthony Sinclair. *The ICSID Convention. A Commentary*（Cambridge University Press, 2009）, pp. 1279 – 1282.

⑤ 国际法院也提到了这一点，即“法院的管辖权是基于国家在其中所表达的条件下的同意”［International Court of Justice, *Certain Questions of Mutual Assistance in Criminal Matters*（*Djibouti* v. *France*）, Judgment, *ICJ Reports*, 2008, 177, p. 203, para. 60］。

⑥ See Rudolf Dolzer and Christoph Schreuer, *Principles of International Investment Law*（Oxford University Press, 2008）, pp. 214 – 226.

的或独特的关系。[1] 从某种意义上讲，结合所适用的法律框架是独特的，且能够同时适用于国际投资争端，这确定是自成一派的。但是，将投资协定仲裁定性为“混合”，其实并没有考虑到复杂的法律关系网能够而且应该被拆解这一事实。

我们应始终区分不同的法律适用框架以及相应的原则和规则，即使在国际投资仲裁庭的程序中也是如此。尽管合同和条约层面的投资协定请求权的区别相对明显，但委员会或仲裁员在国际仲裁程序中，明确区分对条约请求权和根据争议各方之间合同关系产生的请求权，[2]并厘清这两个层面的义务之间的相互作用，还会存在问题，特别是鉴于合同和条约诉求在国际投资仲裁庭上同时存在的情况。然而，还是应认清条约和合同这个层级本身还是不难区分和认定的。在进入下一部分探讨仲裁庭如何处理合同和条约两个层级之间的区别之前，笔者将在此简短地论述调整外国投资的国际公法制度。

(一)国际投资条约

规制外商投资的第一种最显而易见的制度是给予外国投资者保护的国际法律文书。文书通常采取的是国际条约形式；[3]最常见的是双边投资协定(BIT)，偶尔也有多边条约，如《北美自由

---

① See, for instance, Douglas, *The International Law of Investment Treaty Claims*, p. 6.

② *Ibid.*, p. 8.

③ 除条约外，国际习惯法同样规定了对外国人，包括外国投资者的某些保护标准。关于此，参见 Jean d' Aspremont, 'Customary International Investment Law: Story of a Paradox', in Tarcisio Gazzini and Eric De Brabandere (eds.), *International Investment Law. Sources of Rights and Obligations* (Leiden: Martinus Nijhoff, 2012), pp. 5－47。然而，由于直接获得投资协定仲裁需要国家的明确同意，国家违反对外国投资者的国际习惯义务只需要通过常规的争端解决方式，即东道国的国内法院和最终通过外交保护的方式提出。当然，国际投资仲裁庭可以根据案件的具体情况，运用国际法的相关原则，例如传统国际法和一般国际法的原则，可以作为准据法。

贸易协定》(NAFTA)第十一章或《能源宪章条约》(ECT),以及越来越多的优惠贸易和投资协定(Preferential Trade and Investment Agreements,PTIA)。[①] 这些条约的主要目的是在投资准入后的阶段保护外国投资,偶尔也会包含放开跨境贸易和投资的义务。双边投资协定与大多数双边条约一样,其内容因缔约国的具体需要而异。然而,由于许多国家都制定了“示范”投资条约,并考虑到大多数关于保护外国投资的规定都存在于所有现代双边投资协定中,其实双边投资协定的内容和结构都有一定的一致性。[②] 因此,大多数协定包含了外国投资者待遇标准的规定,如公平和公正待遇(FET)、(充分)保护和安全(FPS)、最惠国待遇(MFN)和国民待遇(NT)。与征收、补偿有关的规定,资金转移,防止战争、内乱和其他特殊情况造成的损失等条款当然也在大多数的现代双边投资条约之中,外国投资者获准进行国际仲裁也是非常普遍的。

绝大多数现代双边投资协定都包含一个争端解决条款,允许外国投资者直接进行国际仲裁,以解决投资者与东道国之间关于投资条约所载东道国义务的争端。[③] 尽管如此,一些仲裁庭还是根据双边投资协定争端解决条款中所载的宽泛措辞进行审议,外国投资者可以向国际仲裁庭提出对一国违反合同的索赔。然而,正如笔者将在第四章中所述,这些决定太容易忽视合同和条约层

---

① See Eric De Brabandere, ‘Co – existence and Conflict: Interaction between Preferential Trade and Investment Agreements and the BIT World’, in Rainer Hofmann, Christian Tams and Stephan W. Schill (eds.), *Preferential Trade and Investment Agreements. A New Ordering Paradigm for International Investment Relations*? (Baden – Baden: Nomos, 2013), pp. 37 – 69.

② 尽管大多数条约都是双边的,但仍存在国际法是“多边化”的说法,参见 Stephan W. Schill, *The Multilateralization of International Investment Law* (Cambridge University Press, 2010)。

③ Salacuse, *The Law of Investment Treaties*, p. 381.

级之间的区别,以及包含在投资条约中的对仲裁的同意,必然意味着这种同意原则上仅限于外国投资者援引该条约所载的具体条约权利这一事实。[①] 声称国家违反合同规定的外国投资者事实上需要求助于合同中规定的争端解决机制。[②] 这可能包括国际仲裁,但是显然,所援引的合同义务是由国内法和私法规制的,而且同意是建立在合同而不是条约基础上的,仲裁庭的管辖权将有很大的不同。仲裁庭不关心根据有关国际投资条约对国家所承担国际法律义务的评估,而仅限于国家对违反投资合同义务的责任来适用合同中界定的法律,这在国际法中很少见。[③] 正如 *Vivendi I* 案临时仲裁庭所提出的:"是否违反了双边投资协定和是否违反了合同是两个不同的问题。每个主张将根据它特有的或适用的法律得到解决——关于双边投资协定的案件,适用国际法;关于特许合同的案件,适用相应的合同法"。[④] 这项原则随后得到一些仲裁庭的支持。[⑤] 因此,投资协定仲裁涉及因东道国违反适用的投资协定而向国际投资仲裁庭提出的索赔,主要是外国投资者援引东道国的国际责任,争端涉及一国在国际公法上所承担的责任。

---

① 参见下文标题三中的内容。

② 相关讨论,参见 *Compañiá de Aguas del Aconquija SA and Vivendi Universal* (*formerly Compagnie Générale des Eaux*) v. *The Argentina Republic*, ICSID Case No. ARB/97/3, Decision on Annulment, 3 July 2002, para. 98。

③ See Dumberry, 'International Investment Contracts'.

④ *Compañniá de Aguas del Aconquija SA and Vivendi Universal* v. *Argentina*, Decision on Annulment, para. 96.

⑤ 例如,参见 Impregilo SpA 诉巴基斯坦案, ICSID Case No. ARB/03/3, 2005 年 4 月 22 日关于管辖权的裁定第 210 段:"一个国家对一个主体的行为违反国际法(如违反条约)的责任和对一个主体的行为违反国内法合同的实体行为的责任(Impregilo 的合同主张)有明确的区别。正如特设委员会在其关于撤销 *Compañiá de Aguas del Aconquija and Vivendi Universal* 诉阿根廷案裁决的决定中所指出的,"关于国家责任和归属的国际法规则适用于前者,而非后者"。

(二)国际公法上的国家责任

并不能因为外国投资者有权援引国家的国际责任,就当然地认为这些主张是“私法”属性的诉求。仅仅因在投资争端中涉及私人权利这一事实并不足以取消这些争端作为国际争端的资格,并将其称为私人或国家争端。授予个人参与仲裁庭的权利本身并不改变争端各方之间的法律关系,也不会改变外国投资者,无论是个人还是公司的国际法律人格。[①] 换句话讲,如果条约赋予个人或公司某些权利,包括诉诸争端解决机制,这并没有改变向该争端解决机制提出索赔的类型。决定因素是被违背的义务是不是一项国际法律文书所载的国际法律义务,即使这一义务是由国家为非国家实体利益而订立的,这在国际投资仲裁中也是惯常的情况。私人行为者的参与并没有改变一个基本前提,即国家违反条约的行为受适用于国家的国际责任原则约束。

正如 LIC 在其关于《国家对国际不法行为的责任条款》(Articles on the Responsibility of States for Internationally Wrongful Acts,以下简称《国家责任条款》)中所指出的那样,国家义务可能与“国家的国际责任所产生的任何权利有关,这可能直接由国家以外的任何个人或实体产生”。[②] 联合国国际法委员会进一步指出,有相关法律义务的主体不影响国家对违背该义务承担责任的可能性:

① 参见 De Brabandere, ‘Pragmatism in International Law’, pp. 342 – 359。然而,相反的观点,参见 Patrick Dumberry and Erik Labelle – Eastaugh, ‘Non – state Actors in International Investment Law: The Legal Personality of Corporations and NGOs in the Context of Investor – State Arbitration’, in Jean d’Aspremont(ed.), *Participants in the International Legal System. Multiple Perspectives on Non – State Actors in International Law*(London: Routledge, 2011), pp. 360 – 371。

② See Article 33(2) and the accompanying commentary to that Article(para. 4), ILC Articles on the Responsibility of States’, UN Doc. A/56/10.

> 这些条款的一般范围不仅扩展到违约义务的常规或其他来源,而且也涉及其主体。具体指明了存在国际不法行为的条件的国际裁决和决定都提到了违反国际义务的行为,但没有对违约义务的主体进行任何限制。法院和仲裁庭一贯肯定的原则是,国家可以承担国际义务的主体事项不存在先期限制。①

将一项行为定性为国际不法行为仅由一般国际法来调整,而国家法律以及根据该法律体系将行为定性为不法或合法的行为并不影响该行为的国际不法性。② LIC 在对这一具体条款的评论中明确提到国际投资法,并指出:

> 在国际法中将行为定性为非法行为的规则不受国内法定性相同行为是合法的规则的影响,在国际法规则要求国家遵守其国内法规定的情况下也不例外,例如向外国人适用与国民相同的法律待遇。③

就行为的归属而言,情况也是如此。④ 被诉的行为是不是以"政府"或"主权"身份行事的国家行为与建立该国的国际责任无关。⑤ LIC 在其对《国家责任条款》第 4 条的评论中指出,国家机关行为的归属:

> 一个国家机关的行为可以被归类为"商业"或惯例

---

① Commentary to Article 12, ILC Articles on the Responsibility of States, UN Doc. A/56/10, para. 9.

② *Ibid.*, Article 3.

③ *Ibid.*, Commentary to Article 3, para. 7.

④ On this, see *Sergei Paushok, CJSC Golden East Co. and CJSC Vostokneftegaz Co.* v. *Mongolia*, UNCITRAL, Award on Jurisdiction and Liability, 28 April 2011, paras 576 ff.

⑤ See also James Crawford, 'Treaty and Contract in Investment Arbitration', *Arbitration International*, 24(3)(2008): 351, 357.

> 行为(acta iure gestionis),这与归属的目的无关。当然,一个国家的违约行为并不导致违反国际法。在国际法变得相关之前,还需要做一些进一步的工作。例如,在其他缔约方提起的诉讼程序中,国家法院拒绝司法。但是,国家机关签订或违反合同,是国家为了第4条的目的而采取的行动,在某些情况下构成了一种国际不法行为。[①]

然而,根据这一原则,我们不能假定国家的每一项违约行为都会引起国家的国际责任,这一点得到了联合国国际法委员会的明确承认。事实上,借用LIC评论的话说,“在国际法变得相关之前,还需要进一步的工作”。换句话说,合同违约,即使是由一个国家引起的,这种违约只有达到了违反国际法律义务的程度时才涉及一个国家的国际责任。认为一个国家违反国际条约义务,往往要求国家采取某些措施或采取某些主权行为,也就是说,国家具有违反条约中包含的义务的能力,这一要求已被多个仲裁庭确认。[②] 但原则仍然是,国家及其机构行为的“商业”性质,原则上与确立国家的国际责任无关。

(三)投资合同

在实践中,除了相关投资条约提供的保护之外,外国投资者和东道国还将签署一项或多项合同,其中会详细说明投资细节,这构成了第二层的义务。该合同通常由外国投资者和一个国家

---

① Commentary to Article 4, ILC Articles on the Responsibility of States, UN Doc. A/56/10, para. 6.

② 最近的一个例子,参见*Ambiente Ufficio SpA and others*诉阿根廷案(更早的Giordano Alpi and others诉阿根廷案),ICSID Case No. ARB/08/9, Decision on Jurisdiction and Admissibility, 8 February 2013, paras 545 ff. 以及下文第四章第1部分的内容。

的政府或分支机构订立。投资合同不受国际法的约束,[1]因为外国投资者作为合同一方而存在,使投资者没有创制条约的能力,不可能有能力缔结一项国际法律文书。

尽管对这类合同"国际化"的争议问题,在过去还是引起了广泛关注,但该合同本质上仍是一项私人法律文书。[2] 声称这类合同是"国际(化)"工具的主要原因是基于国际法适用于合同而不适用于国内法的事实。然而,最终重要的是合同中包含的准据法条款。在大多数情况下,这一条款表明,它们受国内法律的管辖,通常是东道国的法律,偶尔还会与国际法相结合。[3] 当代投资合同很少规定国际法的排他性适用,这可以解释为,一般国际法中没有具体规定国家与外国投资者之间的合同法律关系的规则。[4] 在任何情况下,即使国际法与国内法相结合同时适用,前者实质上都是在起到纠正或补充的功能。[5]

国家是否违反了其对外国投资者的国际义务,这一问题完全由国家责任规则来管理,这与国家对违反投资或特许权合同的责任有本质上的不同。[6] 例如,就归属问题而言,国家在其国内法律中对单独法律实体的行为可能不负有义务,尽管后者的行为根据

---

① 然而,参见 Weil,'Droit international et contrat d'Etat',p. 562 and Mann,'Theoretical Approach Towards the Law Governing Contracts Between States and Private Persons',pp. 564 – 565。

② See Weil,'Droit international et contrat d'Etat',p. 562 ; Mann,'Theoretical Approach Towards the Law Governing Contracts Between States and Private Persons',pp. 564 – 565;and Bernard Audit,'L'arbitrage international et les contrats d'État: bilan et perspectives',in Centre d'étude et de recherche de droit international et de relations internationales,*L'arbitrage transnational et les contrats d'État*(Dordrecht: Martinus Nijhoff,1987).

③ Dumberry,'International Investment Contracts',pp. 223 ff.

④ *Ibid.*,p. 224.

⑤ 参见下文第四章第1部分的内容。

⑥ Crawford,'Treaty and Contract in Investment Arbitration',p. 358.

一般的国际法可能归因于国家。[①] 另外，正如上一部分所解释的那样，违反合同并不等同于违反国际法。这是合同与国际法律义务之间明确划分的结果，这一划分虽然复杂，但却在界定仲裁庭的管辖权方面具有重要意义。

三、投资协定仲裁中合同与条约的层级区分

在国际仲裁裁决增多之后，国际公法与国内法之间的关系似乎显得复杂起来，而且已经发生了很大的变化。尽管在投资法中合同与条约义务之间的层级区别相对明确，但是实践表明，在对具体争议适用规则时，这两个层级可能并不总是能被清晰地加以区分。有时，作为适用"保护伞条款"的结果，投资仲裁庭可能不仅需要适用国际公法的原则，而且也需要适用东道国的国内法律或私法原则。因此，就适用法律而言，在这两种层级的义务和保护之间创造了潜在的"实质性重叠"（substantive overlap），这也是笔者将在第四章中讨论的问题。多重层级的法律义务也可能导致"程序性重叠"（procedural overlap）。从理论上讲，国际投资仲裁庭可以被授权处理合同索赔和条约索赔，而且外国投资者在合同和双边投资协定中经常会有不同的可以适用的争端解决机制。[②] 尽管在某些情况下，不同的级别确实难以辨别，但特别在仲裁庭的管辖权方面，这两个层级应当被明确地分开。绝大多数投资仲裁庭显然是基于《华盛顿公约》进行运作的，是具有清晰条约

① 参见 *Compañiá de Aguas del Aconquija SA and Vivendi Universal* v. *Argentina*, ICSID Case No. ARB/97/3，取消裁定的决定，第 96 段，"在基于条约提出请求的案件中，适用国际法的归因规则，结果是阿根廷国家对其省级当局的行为负有国际责任。相比之下，阿根廷政府对图库曼省签订的合同的履行不承担责任，该省根据自己的法律拥有独立的法律人格，并负责履行自己的合同"。

② See Yuval Shany, 'Notes and Comments. Contract Claims v. Treaty Claims: Mapping Conflicts Between ICSID Decisions on Multi - Sourced Investment Claims', *American Journal of International Law*, 99(4)(2005): 835.

基础的，因此它们的管辖权来自适用的投资条约。因此，外国投资者的主张原则上是对违反该条约的被申诉国家的请求，而仲裁庭则被授权对该国是否遵守了其国际义务进行评估。然而，在某些情况下，有人认为，投资条约也可以为合同索赔提供依据，特别是当条约中的争端解决条款被广泛约定，或者当条约包含所谓的“保护伞条款”时。但是，即使在这些情况下，区分合同诉求和条约诉求以限制仲裁庭的管辖权也是必要的。

事实上，投资协定仲裁是一种特殊的混合争端解决方式，因为解决国际争端的每一个法庭都受到缔约国同意仲裁庭管辖权的妥协条款的限制。管辖权的范围是由缔约国同意授予管辖权的条约界定和限制的。因此，仲裁庭无权处理不属于当事人赋予仲裁庭职权范围的事项。[①] 然而区分合同和条约层级的义务，以及投资合同和投资条约中附带的争端解决条款，已经在实践中被证明是困难的，并产生了一系列讨论相关问题的仲裁裁决，其中的一些讨论包含了有相当大变化的内容。这里的目的不是详尽地讨论这个问题。更确切地说，笔者将概括出理解这本书的主要论点所必需的主要原则。

（一）合同索赔与条约索赔的区分

合同层面和条约层面义务之间的根本区别，以及投资仲裁庭管辖权基础上的差异，是由笔者在上面简要提到的 *Vivendi Ⅰ* 案的特设委员会解释的。[②] 该委员会对 *Vivendi Ⅰ* 案的裁决以及其中所阐述的原则已被证明是后来许多仲裁庭所依赖的主要案例。

该案件涉及阿根廷公司 Compañiá de Aguas del Aconquija 的

---

① John Collier and Vaughan Lowe, *The Settlement of Disputes in International Law. Institutions and Procedures*(Oxford University Press, 1999), p. 227.

② *Compañiá de Aguas del Aconquija SA and Vivendi Universal* v. *Argentina*, Decision on Annulment. 并参见上文第一章第 2 部分的内容。

水和污水系统的运作，该公司随后由阿根廷的 Tucumàn 省的法国公司 *Compagnie Générale des Eaux*（后来的 *Vivendi* 环球公司）控制。[①] 特许合同第 16(4)条规定，合同产生的合同纠纷由 Tucumàn 省的争议行政法院专属管辖。另外，《阿根廷—法国双边投资协定》第 8 条规定，根据投资者的选择，投资争端可以提交给东道国的国内法院或 ICSID 仲裁，或者根据 UNCITRAL 仲裁规则设立的临时仲裁庭。1996 年，根据《阿根廷—法国双边投资协定》第 8 条的规定，法国 *Compagnie Générale des Eaux* 在没有先向 Tucumàn 省争议行政法院提出请求的情况下，在 ICSID 的仲裁庭上对阿根廷提出了索赔。仲裁庭最初认为，根据特许合同，对于 Tucumàn 省行为的赔偿请求可归因于阿根廷，仲裁庭有管辖权，但是：

> 因为在这个案例中，特许权合同的条款和这些所谓的违反双边投资协定行为之间的关键联系，阿根廷共和国不能承担责任，除非申诉人已经如特许权合同第 16(4)条要求的那样，在 Tucumàn 省的争议行政法院的诉讼程序中主张了他们的权利，并在程序上或实质上被法院拒绝。[②]

仲裁庭驳回了这一就违反双边投资协定的指控，理由是"这些诉讼的记录并没有提供一个依据，即阿根廷共和国未能对 Tucumàn 省的情况作出回应，也没有根据双边投资协定项下阿根廷政府的义务，对申诉人的要求作出回应。"[③]随后，*Vivendi* 提出了撤销仲裁裁决的请求。

特设委员会部分取消了该裁决，确认了仲裁庭确实拥有管辖

---

① 相关事实，参见上页脚注 2，第 11 段及后文。

② *Compañiá de Aguas del Aconquija SA and Compagnie Générale des Eaux* v. *The Argentine Republic*, ICSID Case No. ARB/97/3, Award, 21 November 2000, para. 78.

③ *Ibid.*, para. 92.

权，但推翻了仲裁庭不审查争端实体问题决定的下列依据：

> 向国际仲裁庭提出赔偿请求的主要依据是在违反合同的情况下，仲裁庭承认根据合同中的法院选择条款所作选择的效力。
>
> "索赔的根本基础"是一项制定了独立标准的条约，应当通过该标准判断当事人的行为，在申诉人和被诉国或其分支之间的合同中存在的专属管辖权条款，不能阻碍条约标准的适用。
>
> 委员会不明白，如果出现了本案中（关于国际法的问题）违反双边投资协定的情况，那么特许权合同第16(4)条的存在可能已经阻碍了对管辖权的定性。一个国家不能依赖合同中的专属管辖权条款，来避免在条约中将其行为定性为国际法上的非法行为。
>
> 条约的诉因与合同的诉因不同，它要求清楚地表明违反相关条约标准的行为。地方法院是否准备好并能够独立解决具体问题，可能是决定是否违反国际法（尤其是与第3条所载的标准有关的情况）的相关情况。但这并不是决定性的，也不排除国际仲裁庭考虑争端所涉及的实质问题。①

为了区分条约索赔和合同索赔，*Vivendi* Ⅰ案的特设委员会认为，所适用的检验标准是该诉求的"基本依据"或"根本依据"是否基于合同或条约。② 在运用这一检验方法时，仲裁庭将确定索

---

① *Compañiá de Aguas del Aconquija SA and Vivendi Universal* v. *Argentina*, ICSID Case No. ARB/97/3, Decision on Annulment, paras 98, 101, 103 and 113.

② 仲裁庭是否要对诉求的法律基础采取客观标准，或者更确切地说，取决于申请人所提出的请求的法律基础的特性，这是一个将仲裁庭和理论分开的问题。然而，此处的目的并不是讨论这个问题，而且这个问题在其他地方已经被广泛地讨论过了。关于这点，参见 Douglas, *The International Law of Investment Treaty Claims*, pp. 263 ff。See also *Impregilo* v. *Pakistan*, ICSID Case No. ARB/03/3, paras 237 – 254.

赔的法律依据，从而将诉求定性为基于条约或基于合同，或两者兼有，进而确立适当的被告，①并确定适当的争端解决机制。然后，根据相关的争端解决条款，仲裁庭将能够确定对其中任何一项主张是否享有管辖权。*Vivendi I* 案特设委员会的决定，以及它明确阐述的合同请求和条约请求之间的区别，已被其他大量仲裁庭遵从和引用。②

由于这一区别，合同诉求原则上应该提交给合同规定的争端解决机构，而条约请求可以提交给投资条约规定的争端解决机构。正如最近在 *Abaclat* 诉阿根廷的案件中，仲裁庭所指出的：

> 原则上应当得到承认的是，就双边投资协定的索赔而言，当所涉及的请求是纯粹的合同赔偿时，仲裁庭没有管辖权。这是因为，双边投资协定不是为了纠正或取代合同救济措施，更不是用来取代因合同索赔问题而产生的司法或仲裁程序。在因合同关系提出的请求中，只有在不仅违反合同，且东道国进一步违反其根据相关条约承担的义务时，仲裁庭才会享有管辖权。纯粹的合同请求必须提交给主管机关，其管辖权从合同中获得，而这类机构，无论是法院或仲裁庭可以而且必须整体处理

---

① Douglas, *The International Law of Investment Treaty Claims*, p. 271.

② 例如，参见 *TSA Spectrum de Argentina SA* v. *The Argentine Republic*, ICSID Case No. ARB/05/5, Award, 19 December 2008; *Enron Corporation and Ponderosa Assets LP* v. *The Argentine Republic*, ICSID Case No. ARB/01/3, Decision on Jurisdiction, 14 January 2004; *Azurix Corp.* v. *The Argentine Republic*, ICSID Case No. ARB/01/12, Award on Jurisdiction, 8 December 2003; *CMS Gas Transmission Co.* v. *The Argentine Republic*, ICSID Case No. ARB/01/ 8, Decision on Jurisdiction, 17 July 2003; and *Salini Costruttori SpA and Italstrade SpA* v. *Morocco*, ICSID Case No. ARB/00/4, Decision on Jurisdiction, 23 July 2001。

案件,并仅根据合同作出决定。①

当然,这就提出了一个问题,即违反合同义务的行为是否以及何时也违反了投资条约。

(二)在什么情形下违反合同构成违反条约?

至于纯粹的合同索赔是否属于条约中争端解决条款的范围,稍后将谈到,违反合同事实上并不构成违反国际法。正如杜克能源(*Duke Energy*)案的仲裁庭所指出的,"违反合同本身并不等于违反了条约。这是很自然的,因为条约和合同的违反是不同的,它们应对不同的判断标准,遵守不同的规则"。② 结果是,并非所有的合同违约都将自动导致违反条约规定,这也不意味着违反合同的行为就不可能构成对条约的违反,并且同时产生合同请求和条约请求,这不是自动的。

这里有一套相对完善的判例,即仅仅从商业层面违反投资合同并不等于违反投资条约,因此也不会触发该条约的争端解决条款。③ 与此同时,一个单一的行为可能构成违反合同和违反条约。例如,在 *Impregilo* v. *Pakistan* 案中,仲裁庭认为,仲裁庭的管辖权并不延伸到违反合同的行为和非国家实体是一个政党的情况。该仲裁庭认为"事实上,双边投资协定第 9 条并没有赋予仲裁庭审理 *Impregilo* v. *Pakistan* 案合同请求的管辖权,但这并不意味着仲裁庭无权考虑针对巴基斯坦的条约请求,这些请求同时也可能构成违反

---

① *Abaclat and others*(*case formerly known as Giovanna a Beccara and others*) v. *The Argentine Republic*, ICSID Case No. ARB/07/5, Decision on Jurisdiction and Admissibility, 4 August 2011, para. 316.

② *Duke Energy Electroquil Partners and Electroquil SA* v. *Republic of Ecuador*, ICSID Case No. ARB/04/19, Award, 18 August 2008, para. 342.

③ 另请参阅讨论 Stephan W. Schill, 'Enabling Private Ordering: Function, Scope and Effect of Umbrella Clauses in International Investment Treaties', *Minnesota Journal of International Law*, 18(1)(2009): 32。

合同的行为。”[1]仲裁庭进一步指出，“违约可能引起合同请求，这并不意味着它不能——而且单独——产生一项条约请求。即使两项请求完美重合，它们在分析上仍然是不同的，并且必然需要不同的考察。”[2]关于确定申诉人在提出合同请求的同时是否还可以提出（行为）违反条约的主张，仲裁庭继续指出：

> 要使被指控的违约行为可能构成对双边投资协定的违反，它必须是超出普通缔约方可采用的行为的结果。国家只有在行使其主权权力［“公共权力”（puissance publique）］，而不是作为一个缔约方时，才可能违反在双边投资协定项下所承担的义务。换句话说，投资保护条约只在投资者证明其所谓的损失是东道国行为违反国家在条约项下所设定义务的结果时，才为投资者提供一种救济办法。[3]

许多仲裁庭都遵循了这一分析路径。[4] 原则上，所诉行为只有在被证明本质上不仅仅是商业行为或合同行为时，它才能被提交国际投资仲裁庭，而这一原则在不同的仲裁庭被相当广泛地阐述。就国际投资法而言，这是一个合乎逻辑的结果，即投资协定中所包含的大部分义务实际上只能被国家的主权行为所违反，而

---

① *Impregilo* v. *Pakistan*, ICSID Case No. ARB/03/3, para. 219.

② *Ibid.*, para. 258.

③ *Ibid.*, para. 260 (internal footnotes omitted).

④ 有观点认为，合同违约可能只会在国际投资仲裁庭提出，但在 *Bayindir Insaat Turizm Ticaret Ve Sanayi AS* 诉巴基斯坦案中证明，法庭进一步阐明，所诉诸的行为不仅仅是商业或合同性质的行为。ICSID Case No. ARB/03/29, Decision on Jurisdiction, 14 November 2005, para. 183. Hamester 诉加纳案的仲裁庭也深度讨论了申请人同时援引条约和合同提出诉求的问题，并讨论了是否以及如何将合同诉求作为条约诉求的附带内容。（*Gustav F. W. Hamester GmbH & Co. KG* v. *Republic of Ghana*, ICSID Case No. ARB/07/24, Award, 18 June 2010, paras 313 ff) See also *Abaclat* v. *Argentina*, ICSID Case No. ARB/07/5, Decision on Jurisdiction and Admissibility, 4 August 2011, paras 318 ff.

这些义务是为了保护外国人免受国家主权行为的侵害。换句话说，国家在以私人或商业能力行事时，通常不会违反它在投资协定中所承担的义务。这也是为什么所讨论的裁决强调了国家必须是采取了主权行为，才能导致其违反一定的条约规定，例如与征收有关的条款。[①] 这符合投资保护条约的一般基本原理，即保证受东道国主权行为影响的外国投资者享有某些权利，从而尽量减少外国投资所附带的主权风险的敞口。[②] 这个问题是针对行为的不法性，因此与归属问题是截然不同的。换句话说，虽然某一行为可归属于一国，但根据这一判例法，如果国家不以其主权能力行事，则该行为不会导致国家的国际法律责任。[③]

因此毫无疑问，如果一项请求是以条约请求的形式提出，并且有理由认为是违反了相关投资条约，那么国际投资仲裁庭就对该请求享有管辖权。相反，国内法院或其他机制，包括根据《华盛顿公约》或其他[④]特许条款或东道国国内立法中规定的机制，将对合同请求享有管辖权，[⑤]一些人认为，根据具体情形和条款的措

---

① 例如，参见 *Waste Management, Inc.* v. *The United Mexican States* (*No.* 2), ICSID Case No. ARB(AF)/00/3, Final Award, 30 April 2004, para. 160。

② Douglas, *The International Law of Investment Treaty Claims*, p. 161.

③ See *Hamester* v. *Ghana*, ICSID Case No. ARB/07/24, para. 143; *Sergei Paushok* v. *Mongolia*, UNCITRAL, Award on Jurisdiction and Liability, paras 574 ff; *Joy Mining Machinery Ltd* v. *Egypt*, ICSID Case No. ARB/03/11, Award on Jurisdiction, 6 August 2004, para. 72; *Noble Ventures, Inc.* v. *Romania*, ICSID Case No. ARB/01/11, Award, 12 October 2005, para. 82; and *Azurix Corp.* v. *The Argentine Republic*, ICSID Case No. ARB/01/12, Award, 14 July 2006, para. 315.

④ See, for instance, *Perenco Ecuador Ltd* v. *Republic of Ecuador and Empresa Estatal Petróleos del Ecuador*, ICSID Case No. ARB/08/6, Decision on Jurisdiction, 30 June 2011, paras 125 ff.

⑤ See, generally, Christoph Schreuer, 'Investment Treaty Arbitration and Jurisdiction over Contract Claims: The *Vivendi* I Case', in Todd Weiler (ed.), *International Investment Law and Arbitration. Leading Cases from the ICSID, NAFTA, Bilateral Treaties and Customary International Law* (London: Cameron May, 2005), pp. 281 –323.

辞，这些机制也对违反它们所适用的投资条约(的行为)享有管辖权。[①]

无论如何，所有这一切都意味着，面对两种可能的争端解决方法，外国投资者可以选择将请求描述为合同请求或条约请求，并根据合同或以条约为基础的争端解决机制启动相应程序。[②] 因此，不存在程序上的重叠——这并不意味着这两个程序之间没有联系——只是因为在概念上不同的义务层级是由单独的争端解决机制，或者是根据国际法，或者是根据国内法，独立评估的。

(三)“保护伞条款”

合同和条约层级之间的差异由于某些双边投资协定包含的所谓的“保护伞条款”而变得复杂起来。[③] 这类条款引发的结果是，违反合同义务将同时也是违反条约义务，从而投资者有权使用投资协定中所包含的争端解决机制。如果两种层级的义务之间没有明确的划分，当然就没有理由使用“保护伞条款”。因此，“保护伞条款”的存在强化了这样一种观点，即合同和条约两个层级之间不仅存在而且应该保持清晰的区分。

诚然，在实践中“保护伞条款”倾向于模糊合同义务和条约义务之间的区别，因为国际投资仲裁庭面对这样一个条款，需要调查国家是否违反了其合同义务，以确定其是否有违反适用的投资协定。当发生一项投资争议单独通过援引“保护伞条款”而被提交国际投资仲裁庭时，投资协定仲裁和其他国际公法下的争端解

---

① For a discussion, see Douglas, *The International Law of Investment Treaty Claims*, pp. 277 – 278.

② See *SGS Société Générale de Surveillance SA* v. *Islamic Republic of Pakistan*, ICSID Case No. ARB/01/13, Decision of the Tribunal on Objections to Jurisdiction, 6 August 2003, para. 145.

③ 例如，参见《瑞士示范双边投资协定》第10(2)条规定：“每一缔约方均应遵守其在其领土上对其他缔约方的投资者所承担的任何义务”。

决机制或国际公法属性的投资协定仲裁间的类比可能就不那么清晰了。[1] 然而,合同与条约之间在理论上和本质上的区别仍然判若鸿沟,只是国家通过合同规定的国际义务——保护伞条款下的义务——成为一个国家在国际公法下的国际法律义务,因此国家也要承担违反该义务的国际责任。

众所周知,"保护伞条款"的效果导致了存在分歧和相互矛盾的仲裁裁决。[2] 这里的目的并不是要对这种分歧进行大量讨论。[3] 然而有可能提炼出适用于"保护伞条款"的某些共同原则,这加强了合同与条约义务之间的层级区别,明确了国际投资仲裁的国际公法维度。

首先,正如在 *CMS Gas* 诉阿根廷案中特设委员会所指出的:

> 保护伞条款的效果并不是要将其依赖的义务转化为其他东西,义务的内容以及其适用的法律并不受影响。如

---

① See Charles H. Brower II, 'The Function and Limits of Arbitration and Judicial Settlement under Private and Public International Law', *Duke Journal of Comparative and International Law*, 18(2)(2007/8): 259, 299.

② 源自否定"保护伞条款"的任何影响(see, e. g., *SGS* v. *Pakistan*, ICSID Case No. ARB/01/13, Decision of the Tribunal on Objections to Jurisdiction, and *Joy Mining* v. *Egypt*, ICSID Case No. ARB/03/11),将违反合同自动转换成违反条约的影响(see, e. g., *Eureko BV* v. *Republic of Poland*, Ad Hoc, Partial Award, 19 August 2005,对于这一问题仲裁员 Arbitrator Rajski 有强烈的异议),和如果合同不包含任何排他性的争端解决条款,则将合同违约转化为违反条约的行为(see, e. g., *SGS Société Générale de Surveillance SA* v. *Republic of the Philippines*, ICSID Case No. ARB/02/6, Decision of the Tribunal on Objections to Jurisdiction, 29 January 2004)。

③ 相关讨论,参见 Schill, 'Enabling Private Ordering', and Emmanuel Gaillard, 'Investment Treaty Arbitration and Jurisdiction over Contract Claims: The SGS Cases Considered', in Todd Weiler (ed.), *International Investment Law and Arbitration. Leading Cases from the ICSID, NAFTA, Bilateral Treaties and Customary International Law*(London: Cameron May, 2005), pp. 338 – 345。See for an extensive discussion of the various viewpoints: *Pan American Energy LLC and BP Argentina Exploration Co.* v. *The Argentine Republic*, ICSID Case No. ARB/03/13, Decision on Preliminary Objections, 27 July 2006.

果是这样的话，义务的当事人（受其约束并有权可以依赖它的人）同样不会因为保护伞条款而发生改变。①

因此，不能完全准确地假定“保护伞条款”实际上将合同义务转化为条约义务。② 不如说，这种条款的存在仅仅意味着，如果一个国家违反了一项合同义务，这同时也构成违反了“保护伞条款”中所包含的条约义务。不过，这两项义务在概念上仍然是不同的。其次，“保护伞条款”的确切表达应是分析该条款是将合同违约“提升”为违反投资协定的决定性因素。

这些原则的结果是，不同的仲裁庭已经认为，为了让外国投资者依靠“保护伞条款”建立仲裁庭对条约请求的管辖权，投资合同不仅应包括申诉人，③也应将国家视为一方当事人。④ 由于“保

---

① *CMS Gas Transmission Co.* v. *The Argentine Republic*, ICSID Case No. ARB/01/8, Decision on Annulment, 25 September 2007, para. 95.

② 比较 Noble Ventures 诉罗马尼亚案，ICSID Case No. ARB/01/11，第 53 段：“通常认为，保护伞条款是将国内法律义务转化为直接在国际法中可认知的义务”。

③ 关于这一点，参见 *Burlington Resources Inc.* v. *Republic of Ecuador*[*formerly Burlington Resources Inc. and others* v. *Republic of Ecuador* and *Empresa Estatal Petróleos del Ecuador*(*PetroEcuador*)], ICSID Case No. ARB/08/5, Decision on liability, 14 December 2012, paras 200 ff。

④ 例如，参见 Impregilo 诉巴基斯坦案，ICSID Case No. ARB/03/3，第 233 段，“在仲裁庭看来，考虑到这些合同是由 Impregilo 与 WAPDA 而不是巴基斯坦政府签订的，Impregilo 依据双边投资协定第 3 条的规定的诉讼请求不成立。”Hamester 案中得出了类似的结论：“运用双边投资协定第 9 条第 2 款的实际表述，申诉人要求对 ROG 施加的合同义务不是‘由它承担的’。鉴于双边投资协定中的保护伞条款是通过参照已经由‘国家所承担的义务’来划定的，仲裁庭认为没有理由忽视这些词，并将该条款的范围扩大到其他独立实体承担的合同义务”（*Hamester* v. *Ghana*, ICSID Case No. ARB/07/24, para. 347）。See also *Limited Liability Co. Amto* v. *Ukraine*, SCC Case No. 080/2005. Final Award, 26 March 2008, para. 110. See also *Bureau Veritas, Inspection, Valuation, Assessment and Control BIVAC BV* v. *Paraguay*, ICSID Case No. ARB/07/9, Decision on Jurisdiction, 19 May 2009, para. 141, and *Bosh International Inc. and B&P Ltd Foreign Investments Enterprise* v. *Ukraine*, ICSID Case No. ARB/08/11, Award, 25 October 2012, paras 241 ff, which provides a rather comprehensive overview of all relevant cases in this respect(para. 248)。

护伞条款”通常规定，缔约各方，即投资协定的缔约国，有义务尊重它与作为另一缔约方的投资者对其投资所承担的任何其他义务，[1]假设当特许权合同由第三方或独立的法律实体签署时，“保护伞条款”没有被触发，[2]这确实是正确的。相反地，仲裁庭也拒绝将“保护伞条款”适用于由被申诉国与申诉人的附属公司签署的合同。[3]

某些仲裁庭已经限制“保护伞条款”适用于因国家主权行为导致违反合同（的情形），[4]这一立场也被一些学者所采用，[5]这是针对国际投资仲裁庭是否和如何实现根据投资协定可能审理合同请求已经建立起来的法理，如前一段所述，并不考虑是否适用“保护伞条款”。然而这一立场受到了批评，鉴于从那个角度来看，除了条约在实质性保护方面已经提供的内容，“保护伞条款”不会增加任何内容，因为大多数保护标准都要求是国家以主权身

---

① 例如，参见《德国双边投资协定范本》第 7 条第 2 款规定：“每一缔约国均应履行对另一缔约国投资者在其领土上所作投资的任何其他义务。”

② 这里的相关标准一直是不同决定的标准。相关讨论参见 Crawford，‘Treaty and Contract in Investment Arbitration’，pp. 367 – 368。See also *Hamester* v. *Ghana*，ICSID Case No. ARB/07/24，para. 347（根据东道国的国内法，分析特许权合同的当事人是不是一个特别的、独立的法律实体）；*Noble Ventures* v. *Romania*，ICSID Case No. ARB/01/11，para. 68. See also *Eureko* v. *Poland*，Partial Award and Dissenting Opinion，paras 115 – 134；and *Bosh* v. *Ukraine*，ICSID case No. ARB/08/ 11，para. 246（认为相关的标准是行为是否可归因于国家）.

③ See *Burlington* v. *Ecuador*，ICSID Case No. ARB/08/5；*Azurix* v. *Argentina*，ICSID Case No. ARB/01/12，Award，para. 384；*Siemens AG* v. *The Argentine Republic*，ICSID Case No. ARB/02/8，Award and Separate Opinion，6 February 2007，para. 204；and *Hamester* v. *Ghana*，ICSID Case No. ARB/07/24，para. 346.

④ See，for example，*Pan American Energy* v. *Argentina*，ICSID Case No. ARB/03/13，paras 108 ff；and *El Paso Energy Int'l Co.* v. *The Argentine Republic*，ICSID Case No. ARB/03/15，Decision on Jurisdiction. 27 April 2006，paras 79 ff.

⑤ 例如，参见 Thomas W. Wälde，‘The “Umbrella Clause” in Investment Arbitration：A Comment on Original Intentions and Recent Cases’，*Journal of World Investment & Trade*，6(2)(2006)：183，196. 提道：“关于合同的纠纷不仅显示出商业以及合同法律要素不受国际法约束；而且这种争端并不涉及政府的权力”。

份从事的行为。[①] 同时应该注意的是,鉴于"保护伞条款"的适用导致违反合同同时也违反条约的事实,从这个意义上讲,国家违反合同的同时也违反了投资协定,那么也应满足违反协定的相关标准。[②]

另一个不同的问题是,单纯的合同请求是否可以只基于投资协定,在独立于任何"保护伞条款"的情况下提交给国际投资仲裁庭,以及这对仲裁庭管辖权的影响。

(四)在投资协定中对合同请求的管辖权和争端解决条款

正如克劳福德(James Crawford)所指出的那样,[③]在现实中,设立伊朗—美国赔偿仲裁庭的国际条约赋予了一个国际仲裁庭对本质上是合同诉求的管辖权。[④] 因此,伊朗—美国赔偿仲裁庭的成立毫不含糊地表明在国际法下设立一个只对合同诉求享有管辖权的国际仲裁庭的可能性。因为在伊朗和美国公民以及美国和伊朗国家间分别存在数量有限的调整法律关系以及明确规定了合同请求管辖权的实质性规定。然而,相较国际投资仲裁

---

① 例如,参见 Schill, 'Enabling Private Ordering', p. 39。

② 相关讨论,参见 Crawford, 'Treaty and Contract in Investment Arbitration', pp. 356 ff。

③ Declaration of the Democratic and Popular Republic of Algeria Concerning the Settlement of Claims by the Government of the United States of America and the Government of the Islamic Republic of Iran, *International Legal Materials*, 20(1981): 223.

④ See, generally, Crawford, 'Treaty and Contract in Investment Arbitration', p. 364.

庭，伊朗—美国赔偿仲裁庭可能不是最好的机构。[①]

在投资协定仲裁中，如果在所适用的双边投资协定的争端解决条款中的特别规定足够明确地涵盖合同诉求，那么就被认为没有理由将纯粹的合同诉求排除在国际投资仲裁庭的管辖范围之外。[②] *Vivendi Ⅰ* 案中特别委员会的决定与该结论相契合。委员会注意到：

> （双边投资协定）第 8 条通常解决“缔约国与另一方缔约国投资者之间签订根据协定所作投资有关”的争议。在投资者的选择下，这些争议可以提交给国家或国际诉讼。第 8 条不使用较狭义的规定，要求投资人的诉求主张的是对双边投资协定本身的违反。从字面上看，第 8 条中对仲裁管辖的要求并不必然要求申诉人主张对双边投资协定本身的违反，争议与在双边投资协定下

---

① 此外，应该补充的是，由国际条约设立并主要负责解决悬而未决的合同纠纷的仲裁庭的混合性质，或许可以解释为什么在仲裁庭的国际或私人性质方面明显缺乏共识。例如，Brower 法官声称仲裁庭是一个国际机构。[Charles N. Brower and Jason D. Brueschke. *The Iran – United States Claims Tribunal*(The Hague: Martinus Nijhoff,1998),p. 16. See also Hazel Fox. ‘State and the Undertaking to Arbitrate’,*International and Comparative Law Quarterly*,37(1)(1988): 1,3. See,however,David Caron,‘The Nature of the Iran – United States Claims Tribunal and the Evolving Structure of International Dispute Resolution’,*American Journal of International Law*,84(1),(1990): 104,106.]有观点认为关于伊朗—美国求偿仲裁庭不是一个国内机构或国际机构，而是一个去国家化机构，参见 William Lake and Jane Tucker Dana,‘Judicial Review of Awards of the Iran – United States Claims Tribunal: Are the Tribunal's Awards Dutch?’ *Law & Policy in International Business*,16(1984): 755,811。设在荷兰的仲裁庭在决定荷兰法律是否适用时，也阐释了这一争论。结论是，荷兰的法律不能适用，参见 Hardenberg,‘The Awards of the Iran – United States Claims Tribunal Seen in Connection with the Law of the Netherlands’,*International Business Lawyer*,12(1984): 337。相反的观点，参见 Albert – Jan van den Berg,‘Proposed Dutch Law on the Iran – United States Claims Settlement Declaration,A Reaction to Mr. Hardenberg's Article’,*International Business Lawyer*,12(1984): 341。

② See Schreuer,‘Investment Treaty Arbitration and Jurisdiction over Contract Claims’,p. 289.

进行的投资有关即可。[1]

在*SGS*诉菲律宾案中，仲裁庭也得出了类似的结论，实质上基于"保护伞条款"确立了对合同诉求的管辖权，[2]但也指出，鉴于所适用的双边投资协定中争端解决条款的广泛规定，一般规定"与投资有关的争端"，投资仲裁庭可能会考虑纯粹的合同诉求：

> 从表面上看，第8条是一个完全一般的条款，允许投资者对东道国提出所有投资争议。"与投资有关的争议"（法语表述为"différents relatifs à des investissements"）不限于对所提出的诉求的法律分类。[3]

然而，仲裁庭同时指出，"除非明确表示，双边投资协定的一般条款不应优先于投资合同本身所作的具体的和排他性的争端解决安排"。[4] 根据事实来看，仲裁庭认为，投资合同包括了一项提供给东道国国内法院的专属管辖权条款，据此宣布不予受理合同诉求：

> 仲裁庭的管辖权是由双边投资协定和《华盛顿公约》共同决定的。至少可以说，一个私人主体是否可以通过合同放弃权利，或者免除国际法下条约缔约国所承担的义务，这一点是值得怀疑的。尽管在现代国际法下，条约可以赋予个人实质和程序上的权利，但他们这

---

① *Compañiá de Aguas del Aconquija SA and Vivendi Universal* v. *Argentina*, ICSID Case No. ARB/97/3, Decision on Annulment, para. 55.

② Salini诉摩洛哥案的仲裁庭在*Vivendi* Ⅰ案的撤销裁定作出前就采用了类似的方法（*Salini* v. *Morocco*, ICSID Case No. ARB/00/4, para. 59）。

③ *SGS* v. *The Philippines*, ICSID Case No. ARB/02/6, para. 132.

④ *Ibid.*, para. 134. 也可参见*Bosh* v. *Ukraine*, ICSID Case No. ARB/08/11, paras 251 – 258，该案中，仲裁庭在一项附带意见中提出，尽管适用保护伞条款，但合同诉求应当根据合同规定的争端解决程序来确定。

> 样做通常是为了达到某种公共利益。因此,问题不在于仲裁庭是否有管辖权:除非另有明文规定,条约管辖权不会被合同废止。①

已经确认了对条约诉求的管辖权,条约诉求本质上又归结为遵守投资合同的问题,仲裁庭就面对存在的平行诉讼,即在东道国国内法院的合同纠纷和在 ICSID 仲裁庭审理的条约程序。直到合同诉求在菲律宾国内法院解决后,仲裁庭最终决定继续仲裁程序。②

尽管合同诉求和基于条约的诉求的本质区分原则并不会妨碍合同和条约中规定的争端解决机制的平行诉讼,*SGS* 诉菲律宾案中的仲裁庭所采取的务实的解决方案有时被证明有效的,特别是当条约诉求取决于对违反合同的裁决时,而在这一点上仲裁庭没有管辖权。然而应该指出,一些仲裁庭已经确认,尽管对合同诉求没有管辖权,但仲裁庭可以将合同违约作为一个先决问题加以考虑。③

国际投资仲裁庭管辖权相对广泛的视角,正如 *Vivendi* Ⅰ 和 *SGS* 诉菲律宾案的裁决所展现的那样,包括当国家是投资合同的

---

① *Ibid.* ,paras 154 ff.

② *Ibid.* ,para. 175. 学术界对保持程序的裁决的相关批评,根据另一位作者的表述,“导致国际投资仲裁庭对一个空壳实体进行管辖,并剥夺了双边投资协定争端解决机制的意义”(Gaillard,‘Investment Treaty Arbitration and Jurisdiction over Contract Claims’,p. 344),大多数已经面临这一问题的仲裁庭都决定根据合同诉求与条约诉求的本质区分而继续仲裁程序。然而,之后这些案件的事实却相对有所不同,而且有可能偏离了仲裁庭在 SGS 诉菲律宾案中所提出的原则。(See,e. g. ,*Impregilo* v. *Pakistan*,ICSID Case No. ARB/03/3,paras 289 – 290;*Bayindir* v. *Pakistan*,ICSID Case No. ARB/03/29,Decision on Jurisdiction,para. 270;和 *Camuzzi International SA* v. *The Argentine Republic*,ICSID Case No. ARB/03/2,Decision on Objection to Jurisdiction,11 May 2005,para. 91。然而 Douglas 对继续进行程序的决定给出了积极的评价,参见 Douglas,*The International Law of Investment Treaty Claims*,pp. 3780 ff)。

③ 参见,例如,for instance,*Bayindir* v. *Pakistan*,Decision on Jurisdiction,para. 270。

一方时,它接受投资仲裁庭对纯粹的合同主张的管辖权。然而,这似乎很难和国际投资仲裁的国际公法属性相互协调。如上文所述,投资协定可以被视为为个人创设了包括实质性和程序性的权利。给予外国投资者的程序权利是通过国家在投资协定中给予的明确同意,更重要的是,这与条约的实质性条款有关。换句话说,外国投资者以条约为基础享有对缔约国提起国际仲裁的程序权利,似乎有必要说明的是该权利限于外国投资者援引的违反条约规定的情况,这是国家在投资协定中明确和具体同意争端解决方法的符合逻辑的结果。事实上,接受一项包含外国投资者待遇实质性保护标准的投资条约会为投资争端提供管辖权,来审理那些根据条约在违反实质性条款后甚至不会提起仲裁的案件,是相对比较奇怪的。[①] 仲裁条款不是自治的,也就是说,它们可以从投资协议的其他部分中分离出来,并且只适用于由协议中其他条款引起的争议。[②]

在有广义的争端解决条款时,裁决仍显示出一种倾向,认为条约争端解决条款同样针对纯粹的合同请求。在 *SGS* 诉巴拉圭案一个相对较新的裁定中,仲裁庭在一项附带意见中指出:

> 申诉人没有请求这个仲裁庭基于违反合同裁决提出的诉求。我们注意到,条约的争端解决条款可以说足够广泛,使原告有权这么做,第 9 条规定,“缔约国与另一方缔约国投资者之间的投资”争端的解决方案,正如(我)在第四部分讨论的,上述第 9(2)条包含了巴拉圭

---

① See Gaillard, ‘Investment Treaty Arbitration and Jurisdiction over Contract Claims’, p. 336.

② Yannick Radi, ‘The Application of the Most – Favoured – Nation Clause to the Dispute Settlement Provisions of Bilateral Investment Treaties: Domesticating the Trojan Horse’, *European Journal of International Law*, 18(4)(2007): 757, 762.

> 对这一争端进行国际仲裁的同意。对于瑞士投资者可能对巴拉圭提出的“关于投资方面的争议”的类型，该条款没有指明要求或作出限制。第 9 条的通常含义似乎赋予仲裁庭管辖权，以审理在合同中侵犯申诉人权利的诉求——当然是“关于”申请人投资的争议——应当由申诉人选择提起。但申诉人没有这样做。①

在最近的 *Philip Morris Brands* 诉乌拉圭案中，仲裁庭也接受了这一条款的广义含义，因为被诉国已经排除了国内法律的主张。②

最常援引来支持该请求的论点是，投资仲裁庭可能只会在那些双边投资协定的争端解决条款采用广义规定的案件中审理纯粹的合同诉求，这些条款与相对狭义的国家间争端解决条款和某些双边投资协定与多边投资协定的争端解决条款排除合同诉求的条款（如 NAFTA 的规定）存在区别。③ 然而，这一点是相当没有说服力的，因为某些国家在其投资协定中已经排除了这种可能性，那些没有这样做的国家打算在条约规定的根据投资协定设立的仲裁庭的管辖范围内纳入纯粹的合同请求。这并不一定意味着其他国家有别的意图，如果没有明确规定并将这些条款列入其他条约，不足以确定各国同意在仲裁时将纯粹的合同诉求包括在内。此外，即使接受这一推理，人们也可以争辩说，因为某些国家

---

① *SGS Société Générale de Surveillance SA* v. *Republic of Paraguay*, ICSID Case No. ARB/07/29, Decision on Jurisdiction, 12 February 2010, para. 129.

② *Philip Morris Brands Sarl*, *Philip Morris Products SA and Abal Hermanos SA* v. *Oriental Republic of Uruguay formerly FTR Holding SA*, *Philip Morris Products SA and Abal Hermanos SA* v. *Oriental Republic of Uruguay*, ICSID Case No. ARB/10/7, Decision on Jurisdiction, 2 July 2013, paras 107. ff.

③ See *SGS* v. *The Philippines*, ICSID Case No. ARB/02/6, para. 132. See also Crawford, 'Treaty and contract in Investment Arbitration', p. 361.

在其条约中包含了“保护伞条款”，其基本原理——这当然取决于确切的措辞——基本上是将违反合同上升到违反条约的层面，以便确保合同诉求可以向一个国际投资仲裁庭提起，[①]而所有没有包含“保护伞条款”的条约下的合同诉求将不会独立于条约诉求被单独提交到国际投资仲裁庭。[②]

在这方面所援引的第二个论点是，将文字表述宽泛的投资者—国家争端解决条款与狭义规定的国家间争端条款进行对比，后者实际上往往仅限于与条约解释或适用有关的争端。[③] 然而，由于两种争端解决条款的目的非常不同，也就是说，在第一种情况下，是为外国投资者提供诉诸国际仲裁以实现条约所授予的权利；在第二种情况下，使条约各方能够就条约条款的适用和解释达成一致。似乎很难比较这两个条款，更不用说就投资者与国家争端解决条款的范围得出任何结论了。

更笼统地说，似乎更准确的做法是把重点放在允许仲裁的法律文件的特点以及目标上，而不是仅仅关注条款的简单表述上，因为只有在考虑到前者的情况下，解释该条款的准确措辞才可能是一种有效的解释方法。只有当争端解决条款没有与条约的其他部分分离时，该条款才有意义——一般来说其主要目标不是向外国投资者提供仲裁的机会，而是通过向这些投资者提供实质性保护，使其在涉及这些义务的纠纷中有权进行仲裁以促进和保护外国投资。关于投资仲裁庭是否可以根据投资协定中的争端解决条款来审理纯粹的合同诉求问题，在 *SGS* 诉巴基斯坦的案件中，有一种更为严格和谨慎的方法，它关注的是条约的诉因，而不

① Gaillard, ‘Investment Treaty Arbitration and Jurisdiction over Contract Claims’, p. 345.

② 类似的论证，参见 *LESI SpA and Astaldi SPA* v. *People's Democratic Republic of Algeria*, ICSID Case No. ARB/05/3, Decision on Jurisdiction, 12 July 2006, para. 84。

③ See Douglas, *The International Law of Investment Treaty Claims*, p. 239.

是只针对争端解决条款的表述。该案的事实与 *SGS* 诉菲律宾案非常相似，至少在关于一个纯粹的合同诉求是否能够依据投资条约提交仲裁庭这一问题上相似。与 *SGS* 诉菲律宾仲裁庭相反的是，在 *SGS* 诉巴基斯坦的案件中，仲裁庭认为：

> 主张因违反双边投资协定而产生的争议，以及完全基于所谓违反 PSI 协议的主张所引起的纠纷，都可以被描述为“与投资有关的争议”，这是双边投资协定第 9 条中使用的短语。然而，这一短语虽然描述了争议的事实主体，但与诉求的法律依据无关，也与诉求中所主张的诉讼理由无关。换句话说，仅从这一描述而没有其他更多的信息，我们认为第 9 条中没有必然指明，缔约双方都打算将双边投资协定诉求和纯合同诉求皆涵盖在内。因此，这也不意味着，第 9 条的争端解决机制将取代之前在瑞士投资者和被申诉国之间所有其他有效的非 ICSID 仲裁庭选择条款。因此，我们在第 9 条或双边投资协定的任何其他条款中都没有看到可以被解读为仲裁庭对基于合同的诉求拥有排他性的管辖权的内容。①

因此，仲裁庭拒绝了对合同诉求的管辖权，这些诉求不构成或被视为违反所适用的投资协定。② 一些仲裁庭同样支持这样的原则，即纯粹的合同诉求不能仅根据适用的投资条约提交给国际

① *SGS* v. *Pakistan*, ICSID Case No. ARB/01/13, para. 161.

② *Ibid.*, para. 162.

投资仲裁庭,除非指控的这些违反行为同时构成对投资条约的违反。[①] 当然,对纯粹的合同诉求缺乏管辖权并不意味着根据投资条约设立的仲裁庭不会考虑与合同有关的事项。[②]

即便如此,还是有人认为,在正式适用“保护伞条款”之外的情况下,纯粹的合同诉求可能会被一个以条约为基础的仲裁庭管辖,不过普遍认为这仍然仅适用于少数例外,如特许合同存在一个特定的和排他性的争端解决条款,或者在外国投资者与第三方或具有与国家不同的法律人格的独立实体之间订立的特许权合同。[③]

四、国际条约仲裁与国际商事仲裁之间的系统性区别

在讨论了关于合同诉求与条约诉求之间区别的程序问题的区别后,有必要对国际商事仲裁中使用的一般程序与国际投资仲裁中习惯使用的程序之间存在的差异进行简单思考。这部分同时总结了前面几部分的内容,由此确定了国际投资仲裁与国际商事仲裁中标准程序的不同之处,并介绍了本书第二章将进一步阐述的几个方面。此处,笔者将重点讨论国际商事仲裁与国际投资仲裁之间的系统性差异,而不是将在第二章中讨论的程序上的差异性。

---

① See *Pan American Enegy* v. *Argentina*, ICSID Case No. ARB/03/13, para. 91; *Consortium Groupement LESI - DIPENTA* v. *Algeria*, ICSID Case No. ARB/03/08, Award, 10 January 2005, para. 25; *LESI and Astaldi* v. *Algeria*, ICSID Case No. ARB/05/3, para. 84; and *El Paso Energy Int'l Co.* v. *The Argentine Republic*, ICSID Case No. ARB/03/15, Award, 31 October 2011, para. 129.

② See *Bayindir Insaat Turizm Ticaret Ve Sanayi AS* v. *Islamic Republic of Pakistan*, ICSID Case No. ARB/03/29, Award, 27 August 2009, para. 135.

③ 关于第一种例外,参见 Crawford, 'Treaty and Contract in Investment Arbitration', p. 365; *SGS* v. *The Philippines*, ICSID Case No. ARB/02/6; and *TSA* v. *Argentina*, ICSID Case No. ARB/05/5。关于第二种例外,参见 Crawford, *ibid.*, p. 364; *Salini* v. *Morocco*, ICSID Case No. ARB/00/4, para. 60; and *Impregilo* v. *Pakistan*, ICSID Case No. ARB/03/3, para. 188。

解决国际投资争端的方法，显然是以国际商事仲裁的规则和原则为蓝本的。因此，国际商事仲裁和国际投资仲裁有许多共性，而且，这些共同特征中有许多是仲裁的概念所固有的。因此，在这两种机制中，当事人都有权决定向一个由当事人指定的仲裁员组成的小组提出诉求，原则上，也会确定适用的法律和程序规则。就ICSID的仲裁而言，后者是有限的，因为程序规则是根据《华盛顿公约》和已通过的仲裁规则制定的。同样，诉讼行为也受仲裁程序共同原则的影响，如对仲裁庭组成的规定、对仲裁员的质疑以及对最终裁决的作出等。

然而，通过国际商事仲裁和国际投资仲裁解决的争端类型在许多方面存在差异。从争议的类型来看，国际投资仲裁比国际商事仲裁更像传统的国家间的仲裁。① 事实上，尽管这两种仲裁程序采用共同的原则和概念，国际投资仲裁与国际商事仲裁还是有本质上的区别。② 下文所讨论的许多要素都是根据《华盛顿公约》进行的仲裁所特有的。然而，由于大多数基于条约的投资争议都是通过《华盛顿公约》解决的，因此，参考这个特定的争端解决机制及其具体特征是适当的。③

第一，这两种仲裁的主体有实质不同。投资协定仲裁一般不涉及双方之间根据合同设立的私人权利的裁决，而是涉及国家行

---

① See Brower II, ‘The Function and Limits of Arbitration and Judicial Settlement under Private and Public International Law’, p. 299.

② See Van Harten and Loughlin, ‘Investment Treaty Arbitration as a Species of Global Administrative Law’, pp. 139 – 145.

③ 截至2012年年底，ICSID的案件占已知投资仲裁案件总数的61%，26%是根据《UNCITRAL仲裁规则》进行的，5%在斯德哥尔摩商会仲裁院进行，其余案件已提交给其他机构，如国际商会。UNCTAD，‘Recent Developments in Investor – State Dispute Settlement (ISDS)’, IIA Issue Notes, 2013/1 (May 2013), availableat: http://unctad.org/en/Publications Library/webdiaepcb2013d3_en.pdf, accessed 20 August 2013.

使主权的行为。[①] 因此,在这两类仲裁中,对仲裁的同意相当不同。在国际商事仲裁中,争端各方之间通过确定一项仲裁协议,达成合意通过仲裁解决双方当事人的争议,绕过某一特定国家的法院的管辖,这是以个人身份实施个人行为的结果。当然,国家可以以私人身份在合同中同意进行仲裁。在这种情况下,仲裁一般遵循国际商事仲裁的原则和规则,唯一的特殊性是国家的参与。[②] 外国投资者可以在和东道国或其分支机构缔结的投资合同中包含对仲裁的同意,之后,国家以其私人身份行事,仲裁将与国际商事仲裁类似。[③] 与这种类型的同意相反,在投资协定仲裁中同意仲裁通常是在投资条约中由国家给出的,因此构成了一种主权行为。[④] 然而这一同意,除了它源于国家以其主权身份行事的事实之外,并不是同意仲裁双方之间的具体争端的协议,而是构成对在该国领土上的未来投资进行仲裁的要约。[⑤] 在这一过程中,国家行使其主权来确定与其领土上主权活动有关的争端的解决方式,这与私人主体表示的同意是不同的,私人主体表示的同意是将一个具体争议进行仲裁以替代国家法院(的审理)。[⑥] 虽然外国投资者通过向国家提交与其有争议的一个仲裁请求,被认为已经接受了“仲裁要约”,但这种同意仲裁的基础不同于国际商事仲裁的原则,因为投资协定仲裁庭管辖权的基础本质上是具有

---

① See, generally, Van Harten, *Investment Treaty Arbitration and Public Law*.

② See Jeremy Carver, 'The Strengths and Weaknesses of International Arbitration Involving a State as a Party: Practical Implications', *Arbitration International*, 1(2) (1985):179.

③ Van Harten and Loughlin, 'Investment Treaty Arbitration as a Species of Global Administrative Law', p. 143.

④ Van Harten, *Investment Treaty Arbitration and Public Law*, pp. 63 ff.

⑤ Van Harten and Loughlin, 'Investment Treaty Arbitration as a Species of Global Administrative Law', p. 143.

⑥ *Ibid.*, p. 144.

国际公法性质的。[①]

第二,国际商事仲裁和投资协定仲裁中所涉及的义务类型有明显不同,前一部分详细解释了这一点。在国际商事仲裁中,争议涉及双方当事人私人之间的合同义务,而投资协定仲裁涉及国家违反其对外国投资者的国际义务的国际责任。虽然偶尔投资协定仲裁也会关注东道国基于投资合同的法律义务,当代投资协定仲裁的主要目的还是根据适用的投资协定以及其他适用的国际法规则和原则评估国家是否违反了其义务。

第三,从程序的角度来看,由于国家以主权身份参与,投资协定仲裁是一种超国家或一种非国家层面的仲裁,因为它是完全独立于任何特定国家的法律,包括进行仲裁的国家的法律。[②] 投资者母国法律在仲裁过程中与仲裁所在国家的内国法一样完全被排除。[③] 正如最近仲裁庭在 *Electrabel* 诉匈牙利案中所指出的:

> 根据 ECT 第 26 条和《华盛顿公约》第 42 条的规定,仲裁庭必须适用 ECT 和“国际法的适用规则和原则”。换言之,该仲裁庭被置于国际公法而不是国家或地区的背景之下。此外,在匈牙利或其他欧盟国家,ICSID 仲裁没有仲裁地或法定仲裁地。这样的仲裁地可能会触发仲裁地仲裁程序(*lex loci arbitri*)的适用,并在仲裁过程中产生地方法院的管辖权,甚至产生对裁决的质疑。ICSID 仲裁是一种完全由国际法管理的争端解决机制。由于该仲裁庭在 ECT 和《华盛顿公约》下的国际地位,

---

① Schill,‘Crafting the International Economic Order’,p. 411.

② 关于这点,参见 Santiago Montt,*State Liability in Investment Treaty Arbitration. Global Constitutional and Administrative Law in the BIT Generation* (Oxford: Hart,2009),p. 135。

③ *Ibid.*,p. 136.

> 委员会提交的一些意见书在仲裁中不能被考虑在内，因为它们是基于欧盟法层级的一种法律规则，而这个仲裁庭被要求必须在欧盟以外的 ECT 以及《华盛顿公约》的国际法律框架下运作。[①]

然而，这只适用于在《华盛顿公约》下进行的完全超国家的投资仲裁。投资协定仲裁依 UNCITRAL 仲裁规则进行，或在其他机制，如通过 ICC，伦敦国际仲裁庭（LCIA）或斯德哥尔摩商会（SCC）进行仲裁，仍然与仲裁地的国家保持着领土联系。而由于目前绝大多数国际投资争端都是通过 ICSID 的机制来解决的，人们可以很容易辩称，国际投资仲裁在很大程度上是一种完全去国家化（denationalized）的争端解决机制。相反，在国际商事仲裁中，尽管当事人的自治原则仍然是仲裁协议的基本原则，但和国家法律，特别是仲裁地的法律以及国家法院仍然具有一定的相关性。[②]

第四，与前面所述的区别有联系，但在两种情况下裁决的直接可执行性有根本的不同。在此，我们还是应该区分 ICSID 投资仲裁和在正式的 ICSID 框架之外进行的投资仲裁。的确，国内法院和仲裁庭一贯认为，非 ICSID 投资仲裁庭的裁决可被视为《纽约公约》第 1(3)条所规定的“商业”仲裁裁决。[③] 显然，这不适用于依据《华盛顿公约》运行的仲裁庭裁决。ICSID 仲裁一个特别

---

① *Electrabel SA* v. *Republic of Hungary*, ICSID Case No. ARB/07/ 19, Decision on Jurisdiction, Applicable Law and Liability, 30 November 2012, para. 4. 112.

② 关于国家法院和法律“介入”程序各种方法的讨论，参见 Nigel Blackaby, Constantine Partasides, Alan Redfern and Martin Hunter, *Redfern & Hunter on International Arbitration*, 5th edn (Oxford University Press, 2009), paras 7. 01 – 7. 64。

③ 《承认和执行外国仲裁裁决公约》（此后的《纽约公约》），1958 年 6 月 10 日签署。法庭讨论，参见 Campbell McLachlan, Laurence Shore and Matthew Weiniger, *International Investment Arbitration. Substantive Principles* (Oxford University Press, 2008), p. 65。

的好处是,与国内法院承认和执行外国仲裁裁决相比,甚至与《纽约公约》下的仲裁裁决的执行相较,ICSID 仲裁裁决可以很容易地通过《华盛顿公约》得到确认和执行。这主要是由于《华盛顿公约》下的国际投资仲裁已经完全“国际化”,脱离了国内法院和国内仲裁庭的控制。《纽约公约》虽然有助于强制执行,但包含了若干由国内法院进行审查的可能性,其范围超出了《华盛顿公约》所规定的撤销裁决的理由。[①]《华盛顿公约》第 54(1)条确实规定,公约缔约国的所有国家都有义务执行 ICSID 的裁决,“就好像这是该国法院的最终判决一样”。[②] 被请求执行的国家国内法院不可能进行审查,哪怕是被申请人拥有资产的《华盛顿公约》的任何一个缔约国。虽然这是专门针对 ICSID 仲裁的,但 ICSID 仲裁的超国家特性是国际投资仲裁的一个基本的专属特征。《华盛顿公约》下的国际投资仲裁裁决可以被自由执行,而不受到被请求执行国的司法审查。[③]

---

① See Edward Baldwin, Mark Kantor and Michael Nolan, 'Limits to Enforcement of ICSID Awards', *Journal of International Arbitration* 23(1)(2006): 1,4–5.

② Article 54(1) of the ICSID Convention.

③ See Articles 53 and 54 of the ICSID Convention.

第二章
外国投资者直接参与投资协定仲裁的法律属性

自外国投资者进入投资条约仲裁并因此产生直接申诉权伊始，就有一个问题一直困扰着理论界，但这个问题并没有给实务造成太大困扰。那就是外国投资者在向投资仲裁庭提出申诉时，实际上是在行使自己的权利，还是源于母国的权利？[①] 更广义地讲，这个问题可以这么问，现代投资条约赋予外国投资者的保护是否为外国投资者创造了个人权利？

从理论上看，触发投资者—国家争端解决机制的投资者是不是在行使自己的权利好像是很重要的问题，但是这个问题并没有很影响实务。然而，人们不应忽视将投资者进入投资条约仲裁的权利定性为“直接权利”或“衍生权利”可能产生的重要实务影响。例如，这种定性决定着外国投资者放弃投资条约所提供保护的可能性大小，也可以影响国内法院和仲裁庭审查在国际投资争

---

① See McLachlan *et al.*, *International Investment Arbitration*, pp. 61 – 62, and generally Douglas, The Hybrid Foundations of Investment Treaty Arbitration', pp. 151 – 290.

端解决中心以外的国际投资仲裁庭作出的仲裁裁决的可能性大小。

在讨论外国投资者申诉权利的两种路径之前，似乎必须重申，赋予私人当事方的实体性权利与当事人对侵犯其权利的行为提出申诉的能力是截然不同的。当某些条约赋予个人权利时，我们需要明确地区分赋予私人当事人的实体性权利和当事人对侵犯其权利的行为提出申诉的能力，后者并不自动地意味着前者。这两种权利的存在都是国家积极行动的结果，即使涉及个人权利的违反，国家传统上也保留对其他国家提出申诉的权利。

第1部分总体分析了投资条约赋予外国投资者权利的性质，并区分了实体性权利和程序性权利。第2部分讨论了投资者进入投资条约仲裁的特别属性，即这类权利应被定性为直接权利还是国家在国际公法下国家权利衍生出来的权利，以及这一分类的含义。

一、实体性权利与程序性权利的区别

根据一般国际法，在两个或两个以上国家缔结的国际条约中给予个人和公司某些权利不仅不是例外情况，还得到普遍接受。正如国际法院在 *LaGrand* 案中所指出的"《维也纳领事关系公约》第36(1)条规定了有关国民的个人权利，被羁押者的国籍国可以在国际法院援引这些权利"。[①] 这一原则进一步发展成为谨慎的方法，被国际常设法庭在 *Danzig* 案中关于法院管辖权的咨询意见所采取：

---

① International Court of Justice, *LaGrand* (*Germany* v. *United States of America*), Judgment, *ICJ Reports*, 2001, 466, p. 494, para. 77. 这一结论也被后续的 *Avena* 案采信[International Court of Justice, *Avena and Other Mexican Nationals* (*Mexico* v. *United States of America*), Judgment, *ICJ Reports*, 2004, 12, para. 40]。

> 根据一项公认的国际法原则可以很轻易地认定，Beamtenabkommen 作为一项国际协议不能就此为个人创造直接的权利和义务。但是无可争议的是，根据缔约方的意图，一项国际协议的客体可能是当事各方通过一些确定的规则创造个人权利并由国内法院强制执行。[①]

然而，在所引用的 *LaGrand* 案中，《维也纳领事关系公约》没有规定个人的直接申诉权，而是要求个人的国籍国进行干预才能对违反《维也纳领事关系公约》的行为提出主张。但是，该条约赋予个人的实体权利不是国际法延伸或者规制的权利，也不包括个人通过国际争端解决机制直接针对国家行使这些权利的权利。此外，与《维也纳领事关系公约》有关的实践已经清晰表明，条约创设的个人权利并不意味着一国不再能够在外交保护的正式框架之外，就侵犯这些权利的行为向另一国提出申诉。[②]

某些人权条约的实践，如《欧洲人权公约》就支持这些原则。毫无疑问，尽管从人权条约中产生的义务仍然是国家间的义务，但人权条约赋予了个人权利。换言之，国家本身保证在其管辖范围内个人的某些人权得到尊重。个人不是条约的缔约方，也不从条约中获得任何国际法律义务，但可以直接享有该条约赋予他们的权利。人权条约中赋予个人权利并不必然或自动意味着个人有资格就侵犯这项权利的行为向国际法庭或法院提出索赔要求，传统上这项权利仅保留给因违反国际法律义务而作为“受害者”的个人的国籍国。这种直接权利并不是赋予个人的固有权利，

---

① Permanent Court of international Justice, *Jurisdiction of the Courts of Danzig*, Advisory Opinion, *PCIJ Reports*, Series B, No. 15(1928), pp. 17 – 18.

② Vienna Convention on Consular Relations, 24 April 1963, 596 UNTS 261. See ICJ, *LaGrand*, *ICJ Reports*, 2001, 466, p. 494, para. 77. This pronouncement also was subsequently confirmed in the *Avena* case(*ICJ Reports*, 2004, 12, para. 40).

《欧洲人权公约》就是明证。就人权而言,迄今为止,特别是与《美洲人权公约》和《非洲人权和人民权利宪章》等其他区域性人权文书相比时,[①]《欧洲人权公约》仍然是例外而不是通行的规则。就《欧洲人权公约》而言,这些权利的受益人也有权直接向据称侵犯这项权利的国家提出索赔,但这并不是这些条约赋予个人权利这一事实的必然结果。

将这些原则转移到投资条约仲裁中,很明显,各国在国际投资条约所承诺的义务是国家间的义务。国家可以在一项国际法律文书中无可争辩地订立义务,从而赋予非国家实体权利。因此,可以很容易地接受,现代投资条约确实赋予外国投资者某些权利,但国家所承担的法律义务仍然是国际法律义务。[②] 因此,在实践中,这意味着外国投资者是投资保护协定的主要受益者,但他们不是协定的缔约方。这些义务基本上仍然是国家间义务,但为外国投资者创造了权利。同时,一般情况下,条约义务是对另一缔约国还是外国直接投资者直接承担的,对于一个案件的处理不会有任何差别。的确,正如克劳福德(Crawford)所指出的那样,投资条约仲裁在东道国被据称违反条约义务的情况下,涉及该国的国际责任。外国投资者通过投资条约仲裁要求的东道国责任是东道国直接对外国投资者承担的责任还是对外国投资者

---

① American Convention on Human Rights, 21 November 1969, 1144 UNTS 143; African Charter on Human and Peoples' Rights, 27 June 1981, 1520 UNTS 217. 人权诉讼与投资仲裁的主要区别在于,在国际人权诉讼中,国家主要接受本国国民的个人直接请求,而国际投资仲裁只涉及外国投资者对其国籍国以外国家,即进行投资的海外目的地国提出的请求。See Orrego Vicuña, *International Dispute Settlement in an Evolving Global Society*, p. 53.

② See also *Occidental Exploration and Production Co.* v. *The Republic of Ecuador*, LCIA Case No. UN3467 (US – Ecuador BIT), *Judgment of the Court of Appeal regarding non – justiciability of challenge* to arbitral award, 9 September 2005, para. 19; and Robert Jennings and Arthur Watts, *Oppenheim's International Law*, 9th edn (Oxford University Press, 1992), para. 375.

母国承担的条约义务，对案件没有影响。①

实体性权利和程序性权利之间的区别原则也适用于投资条约仲裁。赋予外国投资者实体性权利与参加投资条约仲裁的权利有根本的不同。现实是当代投资条约包含待遇标准，创设了投资保护的权利，但是其本身并没有创设投资者有对东道国直接违反这些权利提出诉求的权利。正如布里吉特·斯特恩（Brigitte Stern）在 *Impregilo* 案中中肯地发表其反对和赞同意见那样：

> 这并不是因为一国已经同意给予另一国投资者一些实体性权利，而是这些实体性权利自动产生于这种同意，即该国同意并允许外国投资者在国际仲裁中直接起诉该国。要实现这一权利，必须在条约内作出特定同意，并且国家可以在其认为合适的情况下形成这一同意并规定这种同意的基本条件。换言之，谁向外国投资者提出这种"仲裁要约"的条件。②

这一基本原则是国际法一般原则的适用，即任何法院或仲裁庭没有自动管辖权来解决国际法律争端。再引用布里吉特·斯特恩的话：

> 最重要的是，不要忘记国际社会参与者，无论是国家、国际组织、自然人还是法人，都有获得司法追索权的固有权利。但是如果没有具体的同意，那么一国是不可以起诉另一国的。例如，通过一项声明承认国际法院的管辖权为强制性管辖。以同样的方式，在双边投资条约

① See Crawford, 'Treaty and Contract in Investment Arbitration', p. 356.

② *Impregilo SpA* v. *The Argentine Republic*, ICSID Case No. ARB/07/17, Concurring and Dissenting Opinion of Professor Brigitte Stern, 21 June 2011, para. 53 (emphasisin original).

> 的框架内，投资者不能在国际层面为获得国家承认其权利而对国家进行干预，除非各国在它们决定的条件下给予投资者这种权利。仲裁庭就像国际法院或任何国际性法院一样没有普遍管辖权，它只有“归属权限”（*compétence d'attribution*），必须尊重国家规定的限制。①

简单地说，投资者进入投资条约仲裁的权利就是通过国家的明确同意，即允许一个国家的外国投资者直接向另一国提出申诉，而无须前者以干预的方式撤销外交保护规则规定的程序障碍。各国在争端之前，通过条约的签署或通过立法的方式给予仲裁同意即在事实上确认了这一点。在争议真正发生之前，不需要个人或公司投资者的明确同意。

基于这些考虑，笔者将讨论投资者因东道国违反投资条约而进入投资仲裁的权利应被视为“直接权利”还是“衍生权利”的问题。这一问题最重要的是要充分认识和把握投资条约仲裁中投资争议的国际公法性质。

二、直接进入投资条约仲裁的权利

投资者可否对东道国提出申诉取决于东道国以及投资者母国是否在投资条约中对投资仲裁表示的同意，投资者行使这一权利是按照直接权利行使还是实际上行使其母国所衍生出的权利是一个相对理论化的问题。然而，它可能具有某些重要的实际意义，因为将这项权利定性为“直接”或“衍生”权利可能决定外国投资者放弃投资条约规定保护的可能性大小，②或者可能影响国

---

① *Impregilo SpA* v. *The Argentine Republic*, ICSID Case No. ARB/07/17, Concurring and Dissenting Opinion of Professor Brigitte Stern, 21 June 2011, para. 53.

② See Newcombe and Paradell, *Law and Practice of Investment Treaties*, para. 10. 19.

内法院和仲裁庭对国际投资仲裁庭在国际投资争端解决中心系统之外作出的仲裁裁决进行复核的能力。正如 *Occidental* 案中的情况一样,[1]笔者将在本节后面讨论这一点。此外,国家是否可以依靠国家间反制措施作为投资条约仲裁中的国际责任的抗辩问题本质上是投资条约权利分类方式的结果。[2]

(一)"衍生权利"与"直接权利"理论

"直接权利"理论本质上认为外国投资者有权根据投资保护条约的授权直接向条约一方缔约国提出申诉。[3] 这项权利给予外国投资者独立于一国在外交保护中行使援引东道国责任的权利。有人认为,这一权利在法律上是分离自而不是源于外国投资者的母国权利,因此,这使外国投资者可以放弃这一进入投资条约仲裁的权利。[4] 关于外国投资者诉权(the right of action)的直接权利理论已被多个投资仲裁庭明确或隐含地采纳。例如,在 *Gas Natural* v. *Argentina* 案中,仲裁庭认为:

> 《华盛顿公约》和双边投资协定的框架都是这种情况,即外国投资者可以在二者框架下获得权利,尤其包括启动国际投资仲裁的法律地位。[5]

英国上诉法院在 *Occidental* 案中也明确采用了直接权利理

---

① *Occidental* v. *Ecuador*, LCIA Case No. UN3467.

② See *Archer Daniels Midland Co.* v. *Mexico*, ICSID Case No. ARB(AF)/04/05, Award, 21 November 2007, paras 178 – 179; and *Corn Products International Inc.* v. *The United Mexican States*, ICSID Case No. ARB(AF)/04/01, Decision on Responsibility, 15 January 2008, paras 161 – 179.

③ Salacuse, *The Law of Investment Treaties*, p. 391.

④ Jacomijn J. van Haersholte – van Hof and Anne K. Hoffmann, 'The Relationship between International Tribunals and Domestic Courts', in Peter Muchlinski, Federico Ortino and Christoph Schreuer (eds.), *The Oxford Handbook of International Investment Law* (Oxford University Press, 2008), pp. 1002 – 1003.

⑤ *Gas Natural* v. *Argentina*, ICSID Case No. ARB/03/10, para. 34.

论。[①] 这个案件关系到英国的法院或仲裁庭是否可以"强制执行或解释投资条约的条款以及是否可以裁决外国主权国家交易"等问题。[②] 正如 *Occidental* 案指出的那样,如果援引的权利和参与权被视为外国投资者行使的国家权利,则不可能做到这一点。英国上诉法院首先指出:

> 如果因投资者达成的商业协议引起与之相关的争议,原则上说投资者实际上是在追求归属于其母国的权利,在我们看来,这似乎是人为的,也是错误的。与传统的国家对投资者的保护相比,唯一的改进是程序性的。[③]

因此,法院的结论是,"利益受损的国民或公司有权为自己的利益直接提出申诉"。[④]

另外,"衍生权利"理论是基于这样的观点:外国投资者是在行使衍生自其母国的权利来代表母国启动对另一国的申诉。更一般性的说法是,衍生权利理论认为投资条约中的义务实质上是国家间的义务,但在国际仲裁庭针对此类义务的权利行使被移交给外国投资者。[⑤] 衍生权利理论认为,外国投资者的直接申诉权是一国对另一国提起申诉权利的运用,因此,外国投资者是在行使国家的权利。它是一种以前文所述外交保护概念为基础的程序,这种程序是一国因另一国的国民权利据称受到侵犯而对另一国提起诉讼。外交保护传统上意味着外国投资者的国籍国以自

---

① *Occidental* v. *Ecuador*, LCIA Case No. UN3467.

② *Ibid.*, para. 11.

③ *Ibid.*, para. 17.

④ *Ibid.*, para. 20.

⑤ For a discussion, see McLachlan *et al.*, *International Investment Arbitration*, p. 61, and Douglas, *The International Law of Investment Treaty Claims*, p. 11.

己的权利行事，并就侵犯其自身权利的行为寻求救济。① 同时，如前所述，在外交保护和投资条约仲裁中援引的实体性权利是不是一国国民的直接权利并不影响国家在外交保护中采取行动权利的性质，也不影响投资者进入投资条约仲裁的权利。这在前面有所讨论。事实上，外交保护中的国家是否正在行使其国民的权利并不影响外交保护权利的行使，并且一国一般有权援引另一国的责任，这是一项仅属于国家的权利。这种权利在“直接权利与衍生权利”的争论中是相关的，而不是构成外交保护所要求的基础性实体权利。

“衍生权利”理论已得到 *Loewen* 诉美国（*Loewen* v. *United States*）案仲裁庭的支持：②

> 私法下的诉讼权利产生于国内法规定并通过国内法院和仲裁庭强制执行个人义务（尽管它们可能是由国家所欠的）。《北美自由贸易协定》项下的诉请有着完全不同的特征，这一特征源自国际公法的一部分，即根据条约，国际公法上国家采取国际措施纠正对其国民所犯错误的权力已被某些类型错误的专属定义和专门的补偿手段所取代。这些方法都不同于私法中对不法行为的救济方式。……的确，通过第 1120(1)(c) 条，与私人

① 这种国家自身权利受到侵犯时，通过外交保护寻求救济的理论，并未获得联合国国际法委员会近期的《外交保护条款草案》（以下简称《草案》）的明确支持，《草案》在国家究竟是凭借自身的权利行事还是应本国国民的要求行事上没有给出明确结论。“《草案》第一条如此拟制，致使国家行使外交保护是凭借其自身的权利还是以其国民的权利抑或是两者兼而有之这一问题悬而未决。该条款以国家责任的视角看待外交保护，强调这是一个当其国民受到国际不法行为伤害时，保障国家责任的重要程序。”（Commentary to Article 1 of the Draft Articles on Diplomatic Protection, UN Doc. A/61/10, para. 5.）

② *Loewen Group, Inc. and Raymond L. Loewen* v. *United States of America*, ICSID Case No. ARB(AF)/98/3, NAFTA, Award on Merits, 26 June 2003.

> 国际商业相关的纠纷解决机制的某些方面被引入《北美自由贸易协定》中了。在处理重大国际仲裁方面经验丰富的专业人士在该系统内处理争端的实践中，倾向于使《北美自由贸易协定》的仲裁看起来更像一种更为熟悉的程序。但这种明显的相似之处是误导人的。这两种程序形式及其执行的权利没有任何共同之处。没有将私法规则转移到国际法领域的理由，因为申诉人被允许出于便利的原因执行原先由缔约国行使的权利。①

仔细审视 *Loewen* 案裁决中引用的考虑因素，就会发现仲裁庭明确区分了进入国际投资庭的权利（程序的形式）和包含在条约中的实体义务，例如保护标准（程序形式得以执行的权利）。*Loewen* 案的仲裁庭基本上认为外国投资者寻求执行的权利是"源自缔约国的权利"（"*in origin the rights of Party states*"），但这一强制执行该权利的权利已经被授予外国投资者而不是国家。在这种情况下，仲裁庭没有裁定外国投资者的诉讼权来自国家行使外交保护的权利，而是强调这些权利的国际公法的性质和起源。直接进入投资仲裁的权利并非源于私法规制的个人合同关系，而是源于一国基于一项国际法律文书的同意。②

从本质上讲，外国投资者启动仲裁程序的权利显然是投资者的权利，声称外国投资者代表本国行使仲裁权是错误的。然而，这并不意味着这种权利不是由投资者的母国对东道国提出申诉权利衍生而来的。条约中的义务是国家间义务，但它们为外国投资者创造了权利。

---

① *Ibid*. (emphasis added).

② 本分析也被英国上诉法院所采纳。（*Occidental* v. *Ecuador*, LCIA Case No. UN3467, para. 22.）

(二)对“衍生权利”理论批评的回应

正如几位学者所指出的,[①]衍生权利理论是有问题的,原因有多个。但是,所援引的理由可能并不像人们经常提出的那样具有根本性。确实,“直接权利”与“衍生权利”的争论往往是外交保护的条件和投资者进入投资条约仲裁的权利条件之间无根据的类比,也是投资者进入投资条约仲裁的权利与构成索赔依据的各自实体权利之间的关系。在这种情况下,国家可以采取外交保护的条件和投资者进入投资条约仲裁的条件之间的类比是一种误导,因为后者的目标是准确地取代以前的程序。当然,在这方面通常引用的论点有一定的根据,但它们并不会削弱衍生权利理论。

第一种批评是衍生权利理论与外国投资者对直接进入投资条约仲裁的放弃不相容,因为如果后者只是投资者代表国家行使国家的一项权利,则只有该权利的所有人,即国家,才可以有效地作出这样的豁免。然而,笔者将在下一节中指出,投资者实际上可以放弃投资条约赋予他们的权利,这却是不被普遍接受的,包括进入投资条约仲裁的权利。

第二,有人认为,大多数双边投资条约没有用尽当地救济的要求,加之《华盛顿公约》第 26 条规定,在同意投资条约仲裁时,可以明确要求用尽当地救济,这不符合衍生权利理论。[②] 这一论点恰恰混淆了一个国家在外交保护中采取行动的权利,或者从一般角度讲,一国可以就违反某些条约义务的行为向另一国提出申诉,并规定该权利的可受理条件和进入投资条约仲裁的机会。外交保护并不要求国家用尽当地救济,实际上它也做不到,而需要

---

① See for instance, McLachlan *et al.*, *International Investment Arbitration*, p. 64; Douglas, ‘The Hybrid Foundations of Investment Treaty Arbitration’, pp. 169 – 181; and Douglas, *The International Law of Investment Treaty Claims*, pp. 11 – 12.

② For a discussion, see McLachlan *et al.*, *International Investment Arbitration*, p. 64.

的是，在母国向国际法庭或仲裁庭提出国际上的外交保护要求之前，外国投资者首先要在东道国国内法院寻求解决自己的问题。因为在衍生权利理论下，外国投资者被认为是在行使从国家权利衍生而来的权利，即国家在外交保护中采取行动的权利，而在国家行使这一权利时，事实上并没有用尽当地救济的要求。此外，声称另一国在外交保护正式范围之外违反条约义务的国家，即使这些义务是针对个人的，情况也是如此，例如，根据上述《维也纳领事关系公约》，不要求用尽国内救济办法，因为这一要求与外交保护程序不符。用尽当地救济要求是国家行使外交保护权利的一项可接受性要求，它不影响国家对此提出申诉的权利的存在。此外，投资条约仲裁是一种外交保护的替代办法，是一个国家根据投资条约中所载的违反国家义务而直接对另一国家提出申诉的权利。外国投资者实际上是在行使该国根据国际法本来拥有的一项权利。投资者进入投资条约仲裁的权利肯定不是投资者直接行使其本国在外交保护方面的权利，但是，这并不意味着进入投资条约仲裁权不是衍生于，也不是源于此权利。换句话说，进入投资条约仲裁不是投资者代表国家行使的权利，但它是从这一权利衍生出来的。因此，在大多数的双边投资协定中和《华盛顿公约》中没有用尽当地救济的要求，和这一理论并不矛盾。

第三，尽管在有些情况下外国投资者的母国强烈反对外国投资者提出申诉是正确的，例如在 *Mondev International* 诉美国①和 *Gami* 诉墨西哥案②中，但一旦提前在某一明确划定的索赔类别给予外国投资者申诉权，即使它是衍生于国家的权利，也应由外国

① *Mondev International Ltd* v. *United States of America*, ICSID Case No. ARB (AF)/99/2, NAFTA, Award, 11 October 2002.

② *Gami Investments, Inc.* v. *The United Mexican States*, UNCITRAL, Final Award, 15 November 2004.

投资者决定是否行使这一权利。确实，当外国投资者被赋予行使从母国获得的权利时，由外国投资者提出申诉要求的母国同不同意行使这一权利已经不具有相关性。外国投资者实际上通过启动仲裁程序行使了这项权利。

第四，毫无疑问，给予外国投资者的赔偿不是根据对国家造成的损害计算的，而是仅限于外国投资者的财务损失，这也是正确的，这将在第六章中讨论。[①] 然而，通过传统外交保护框架提出的申诉也是如此。例如，在国际法院最近审理的 *Diallo* 案件中，法庭认为因几内亚错误扣押和驱逐 Diallo 先生而对他造成损害所产生的赔偿应当包括由此造成的个人财产损失（the resulting loss of his personal belongings）。[②] 此外，这还是一个通过外交保护援引哪些实体性权利的问题，而不是对投资者进入投资条约仲裁程序权利的直接或衍生权利性质的限定。

第五，一国是否可以依赖国家间的反制措施作为投资条约仲裁中国际责任的申辩理由也是投资条约权利分类的结果。然而，这并不是因为特定的仲裁庭已经否认了国家为否决外国投资者在投资条约中所享有的权利而采取反制措施的可能性，而是因为从定义上看，这意味着衍生权利理论并不成立。[③] 确实，正如仲裁庭曾在 *Corn Products International Inc.* 诉墨西哥案中指出的那样，问题的实质是外国投资者在启动投资条约仲裁过程中是在行使自己被仲裁庭所承认的权利，还是在行使国家的权利。然而，非常清楚的是投资者并不是代表国家提出申诉，而是投资者拥有

---

① See McLachlan *et al.*, *International Investment Arbitration*, p. 64.

② International Court of Justice, *Ahmadou Sadio Diallo* (*Republic of Guinea* v. *Democratic Republic of the Congo*), Judgment, *ICJ Reports*, 2010, 639, para. 163.

③ See *Corn Products* v. *Mexico*, ICSID Case No. ARB (AF)/04/0 1, paras 161 - 179.

的衍生于国家的权利，这也是转述仲裁庭在 *Loewen* 案中的说法。[①] 只有在外国投资者没有权利而只有利益的情况下，国家可以采取反制措施，以剥夺投资者根据投资条约所享有的权利。[②]

从理论角度看，在这一理论中有一个确定的价值，就是外国投资者实际上行使的权利是衍生自一国援引另一国国家责任而对另一国提出申诉的权利，要么是以其本身的权利，要么通过外交保护程序。问题不在于外交保护的规则在何种程度上适用或不适用于投资者进入投资条约仲裁的权利，而这却构成了对衍生权利理论大多数批评的基础。这种进入权利的目的正是为了避免烦琐、冗长和不确定的外交保护程序，而不应以外国投资者假设的"外交保护行动权"（right to act in diplomatic protection）取代国家行使外交保护的权利。简单地说，外交保护程序被外国投资者进入国际仲裁的权利所取代。这一权利源于一国援引另一国责任的权利。

这也是为什么《华盛顿公约》第 26 条规定，用尽当地补救办法的要求原则上被排除在外，但是，当一个国家表示同意仲裁时，它可能会要求用尽当地救济原则。这一要求并不是重新提出外交保护的可受理性要求，而是在一国同意外国投资者有权在国际仲裁庭上对东道国提出申诉时增加的某些条件。同理，第 27 条规定"缔约国对于其国民和另一缔约国根据本公约已同意交付或已交付仲裁的争端，不得给予外交保护或提出国际要求，除非该另一缔约国未能遵守和履行对此项争端所作出的裁决"。这些规定明确指出，直接进入投资仲裁的权利是对传统外交保护制度的

---

① *Loewen* v. *United States*, ICSID Case No. ARB（AF）/98/3, para. 233. 相关对策参见 *Archer Daniels Midland Co.* v. *Mexico*, ICSID Case No. ARB（AF）/04/05, paras 178－179。

② *Corn Products* v. *Mexico*, ICSID Case No. ARB（AF）/04/01, para. 176.

替代。

(三)放弃投资条约仲裁

外国投资者是否有权放弃进入投资条约仲裁的权利是极具争议的问题,当然,这一问题取决于前述这种权利的理论前提。衍生权利理论当然与放弃外国投资者进入投资条约仲裁的权利是不相容的,因为后者是行使从国家权利中产生的一项权利。只有原始权利的所有者——国家才可有效地作出此种放弃。到目前为止,仲裁庭在这个问题上的做法还没有定论,这个问题的答案实质上仍是开放性的。在讨论这一做法之前,需要考虑两个基础的问题。

第一个问题是,在《华盛顿公约》下,当投资者接受投资条约所包含的国家对其进行仲裁的方案时,这实际上中止了国家在与具体争端有关的外交保护方面的资格。① 然而,这不意味着外国投资者有放弃进入投资条约仲裁的权利的可能性。因为国家已经签署了《华盛顿公约》,包括同意根据该公约进行仲裁时中止外交保护,事实上这些国家中止了自己在外交保护中采取行动的权利。在《华盛顿公约》下的这一中止只有外国投资者在对一国提起仲裁程序中通过同意的方式才能触发。

第二个问题是,外国投资者通过岔路口条款选择在国内法院

① Article 27 of the ICSID Convention. See also the ILC Commentary to Article 20 of the Articles on the Responsibility of States: 'Article 20 envisages only the consent of States to conduct otherwise in breach of an international obligation. International law may also take into account the consent of non – State entities such as corporations or private persons. The extent to which investors can waive the rules of diplomatic protection by agreement in advance has long been controversial, but under the Convention on the Settlement of Investment Disputes between States and Nationals of Other States(art. 27, para. 1), consentan by an investor to arbitration under the Convention has the effect of suspending the right of diplomatic protection by the investor's national State' (UNDoc. A/56/10, para. 10).

而不是在仲裁庭提起申诉，不能等同于放弃申诉权利，而只是构成外国投资者不行使这一权利的决定。[①]

投资者放弃投资条约赋予他们的包括进入投资条约仲裁的权利的可能性在仲裁庭的实践中不被普遍接受。仲裁庭在 *SGS* 诉菲律宾（*SGS* v. *The Philippines*）案中毫不含糊地驳斥了这种可能性：

> 仲裁庭的管辖权是由双边投资条约和《华盛顿公约》一起决定的。至少可以说，主体是否可以通过合同放弃权利或免除根据国际法对这些条约缔约国设定的义务是存疑的。尽管根据现代国际法，条约可以赋予个人实体性和程序性的权利，但通常这样做的目的是公共利益。因此，问题不在于仲裁庭是否具有管辖权，因为除非另有明文规定，条约管辖权不能被合同排除。[②]

在 *Eureko* 案中，仲裁庭相反地指出，放弃申诉符合国际公法。[③] 然而，这一裁决实质上是围绕当事各方之间的协议是否构成放弃的问题作出的。因此，问题并不是投资者在多大程度上可以放弃他们在投资保护协议下的权利，而是双方能否通过彼此的协议解决案件。根据仲裁庭的说法，这是符合国际法的。然而，在有和解协议的案件中，当事人不放弃其权利，而是放弃行使这一权利，也是一个语义解释的问题。

在 *Aguas de Tunati* 诉玻利维亚（*Aguas de Tunari* v. *Bolivia*）案中，仲裁庭在附带意见中认为投资者可放弃根据《华盛顿公约》进行投资条约仲裁的权利，但尚不清楚仲裁庭是根据什么理由得

---

① See, however, McLachlan *et al*, *International Investment Arbitration*, p. 64; and Douglas, *The International Law of Investment Treaty Claims*, p. 27.

② SGS v. *The Philippines*, ICSID Case No. ARB/02/6, para. 154.

③ *Eureko* v. *Poland*, Partial Award and Dissenting Opinion. paras 174 – 175.

出这一结论的。[①]

相对于关于外国投资者参与权定性和出于必要的考虑投资者放弃其参与投资仲裁可能性的两个争论而言，考虑投资条约缔约国的更广泛意图是一个颇有吸引力的替代办法。[②] 这一维度考虑到投资条约仲裁的国际公法层面。因为这些条约的目的不是解决外国投资者和东道国之间的私人争端，而是为了“加强经济关系”“促进外国投资”“各国经济的总体发展”，投资者进入投资条约仲裁的权利需要被视为实现这些目标的一个要素。然后，由于参与投资条约仲裁的权利也是为了确保对条约规定的尊重，以保证实现这些更为广泛的目标，投资者不应该被允许放弃这些权利。[③] 投资条约通常包含的事实也证实了争端各方以外的利益的存在和重要性，除了通过投资者—国家争端解决机制解决纠纷的可能性之外，也可以通过国家间争端解决的具体仲裁条款解决投资条约缔约国之间关于条约解释或适用的争端。[④]

事实上，笔者早前也引用了仲裁庭在 *SGS* 诉菲律宾案中的推理所隐含的这一观点，并且还确认了投资条约仲裁的国际公法性质。投资者进入投资条约仲裁的权利不能等同于一个私人争端解决机制，而是构成了更广泛背景的一部分，即投资保护条约。正如之前讨论的，条约没有将为外国投资者提供直接参与仲裁的权利或规制东道国与外国投资者之间的私人关系作为主要目标，各国在条约中商定的义务反而有一个更广泛的目标，即总体而言促进外国投资。

---

① *Aguas del Tunari SA* v. *Republic of Bolivia*, ICSID Case No. ARB/02/3. Decision on Respondent's Objections to Jurisdiction. 21 October 2005, para. 118.

② Salacuse, *The Law of Investment Treaties*, p. 391.

③ *Ibid*.

④ 例如，参见 2012 年《美国示范双边投资协定》第 37 条。又参见 Ole Spiermann, 'Individual Rights, State Interests and the Power to Waive ICSID Jurisdiction under Bilateral Investment Treaties', *Arbitration International*, 20(2)(2004): 179, 180。

第二部分

投资协定仲裁国际公法属性的程序方面和适用

第三章
投资协定仲裁中仲裁员的作用、职能及资格要求

在投资协定仲裁中，仲裁员的作用、职能和资格要求在一定程度上都与国际商事仲裁有所不同，而且在事实上具有更多类似于国家之间争议仲裁员甚至是国际司法程序中的法官的特点。与此同时，如果说投资协定仲裁中的仲裁员与国际商事仲裁中的仲裁员在角色与功能上完全不一样，这也是在夸大其词。由于仲裁程序中的通用原则，在投资协定仲裁、国家间仲裁、国际商事仲裁，甚至是国内仲裁中，仲裁的功能和仲裁员的资格要求一般而言有很多相同点。不过，也应牢记一点，那就是仲裁员的权力和职责在本质上与国内司法程序中的法官不同。因为在仲裁庭中，相较于国内法庭的法官而言，仲裁员的权力和职责是基于当事人的合意而产生的。

负责解决投资争端的仲裁庭与其他仲裁庭在关于其权力和职责的原则问题上有很多共通之处。通常情况下，由于涉及一国政府及其行使主权，国际投资争端在国际公法的范畴内合理化并且已经导致了其适用的原则会与国际商事仲裁有些许不同。

本章的主要目的在于描述和分析投资协定仲裁中仲裁员的作用、职能与其资格要求,从投资协定仲裁的国际法性质衍生出来的特别属性角度,将其与国际商事仲裁的仲裁员要求进行区分。

因此,本章并不针对仲裁员角色、功能和资格要求的各种规则,或在选择仲裁员时的伦理要求,进行详尽描述。[①] 而会更多地讨论能将投资协定仲裁与其他仲裁划分开的各种规则与问题。

第 1 部分主要讨论投资协定仲裁中,根据主要仲裁机构在解决投资争端中的仲裁程序规则的要求,尤其是 ICSID,对仲裁员提出的一般和特殊资格要求。第 2 部分旨在分析现有的关于仲裁员独立性与公正性,以及挑战仲裁员与取消仲裁员资格的特殊规则。第 3 部分将会着眼于仲裁员在投资协定仲裁裁决法律推理中会起到怎样的作用。最后,本章会讨论关于在“法官知法”原则(jura novit curia)与当事人自治原则(proprio motu)的适用中,投资协定仲裁员的角色和功能。

一、投资协定仲裁中仲裁员的指定与资质要求

从实践角度看,投资协定仲裁中的仲裁员会具有国际公法背景或国际商法和仲裁背景。[②] 对仲裁员明确职能范围的认知,很大程度上取决于仲裁员的背景。尽管国际公法律师更倾向于考虑投资协定仲裁的国际公法基础和特征,但具有国际商事仲裁背景的律师更多地关注投资协定仲裁的私有功能,即解决当事人之间的纠纷,以及纠纷当事人之间法律关系的私密性。[③] 结果是,经

---

① 关于此,参见 Jan Paulson, ‘Ethics, Elitism, Eligibility’, *Journal of International Arbitration*, 14(4)(1997): 13, and David Hacking, ‘Ethic, Elitism, Eligibility: A Response - What Happens if the Icelandic Arbitrator Falls Through the Ice?’ *Journal of International Arbitration*, 15(4)(1998): 73。

② 参见 Schill, ‘Crafting the International Economic Order’, pp. 406 - 407。

③ *Ibid.*, p. 407. 又参见 Roberts, ‘Clash of Paradigms’, pp. 61 - 62。

常有这样的理解,国际商事律师倾向于将投资协定仲裁与国际商事仲裁等同起来,而忽视投资协定仲裁的公共属性;国际公法律师则会更多地考虑程序中的国家参与,从而使投资协定仲裁更多地与国际公法的司法解决机制相关联,而不是让投资协定仲裁只是借用国际商事仲裁的形式和一定的程序规则。① 尽管根据国际公法或国际商事仲裁背景对投资协定仲裁中的仲裁员之间的差异进行概括可能不完全符合实践,②但人们不能忽视这样的事实,仲裁员的法律背景会影响到他们在投资协定仲裁中的作用。

(一)仲裁员的指定与国籍

司空见惯的是,人们都认为只有仲裁员好,仲裁结果才会好。③ 仲裁员的挑选不仅对于仲裁裁决的质量具有重要意义,而且更重要的是,对于双方预期的实质性结果也具有重大影响。④ 当然,这通常是仲裁功能所固有的特性,因此投资协定仲裁中仲裁员的资格要求与国际商事仲裁中的仲裁员之间的差异并不大。然而,值得一提的是,《华盛顿公约》规定的资格要求中有一些有趣的特点,因为它们清楚地表明了投资协定仲裁的国际公法特点

---

① See Schill,'Crafting the International Economic Order',p. 408.

② 例如,具有国际公法背景的仲裁员,将根据国际争端的国际公法功能,更有可能赞成"制定法律"和确保仲裁法理的一致性,这与具有国际商法和仲裁背景的仲裁员相反[see Roberts,'Clash of Paradigms',p. 62],但没有完全被实践所支持。相关讨论,参见 Eric De Brabandere,'Arbitral Decisions as a Source of International Investment Law',in Tarcisio Gazzini and Eric De Brabandere(eds.),*International Investment Law. Sources of Rights and Obligations*(Leiden:Martinus Nijhoff,2012),pp. 245 – 288。

③ See,generally,Yves Derains and Laurent Levy(eds.),*Is Arbitration Only as Good as the Arbitrator? Status,Powers and Role of the Arbitrator*(Paris:ICC Institute of World Business Law,2012).

④ Karl – Heinz Böckstiegel,'The Role of the Arbitrators in Investment Treaty Arbitration',in Albert Jan van den Berg(ed.),*International Commercial Arbitration. Important Contemporary Questions*,ICCA Congress Series,2002 London,Vol. 11(The Hague:Kluwer Law International,2003),p. 368.

对仲裁程序的影响。

投资协定仲裁中仲裁员的选择程序与国际商事仲裁中采用的方法非常相似，正如笔者在本书第一部分所解释的那样，前者是仿照后者的结果。《华盛顿公约》第 37 条是投资协定仲裁中使用最广泛的争端解决机制；因此，仲裁庭可由 1 名独任仲裁员组成，或由双方当事人约定奇数数量的仲裁员，或没有约定时，由 3 名仲裁员组成：双方各自指定的 1 名仲裁员，并由双方当事人约定指定第 3 名仲裁员作为首席仲裁员。

第 39 条则进一步要求，大多数仲裁员应当是争议缔约国以及其国民为争端当事方的缔约国以外的国家的国民，除非仲裁庭的每个成员都是由当事双方协议指定。《ICSID 仲裁规则》第 1(3)条还包含了这方面的附加程序规则，其中规定，一方当事人任命具有其母国国籍或东道国国籍的仲裁员需要另一方同意。国际商事仲裁的标准程序规则通常缺乏这些规则。尽管这些规则也会考虑到国籍因素，①但仲裁员的国籍只有在仲裁涉及国家时

① 例如，参见 Article 13 of the ICC Rules of Arbitration：'In confirming or appointing arbitrators, the Court shall consider the prospective arbitrator's *nationality*, residence and other relationships with the countries of which the parties or the other arbitrators are nationals...' (emphasis added); and Article 6(7) of the UNCITRAL Arbitration Rules：'The appointing authority shall have regard to such considerations as are likely to secure the appointment of an independent and impartial arbitrator and shall take into account *the advisability of appointing an arbitrator of a nationality other than the nationalities of the parties*' (emphasis added)。

才会成为重要因素。[1]

(二)仲裁员的资质要求

就仲裁员的资格而言,《华盛顿公约》第14条要求他们必须是“在法律、商务、工业和金融方面有公认的能力,他们可以被信赖作出独立的判断。对仲裁小组的人员而言,在法律方面的能力尤其重要”。

由于投资协定仲裁的国际公法基础,投资协定仲裁中任命的仲裁员应尽可能不仅是国际仲裁专家,而且在国际公法领域具有专项技能,特别是与条约解释和国家的国际责任规则相关的能力。[2] 尽管《华盛顿公约》第14条没有明确规定这一要求,但这主要是因为在起草和通过《华盛顿公约》时,争端解决机制主要是基于以合同为基础的投资争议[3]而制定的,因此可以认为,随着国际公法中出现以条约为基础的投资者—国家仲裁,上述特殊能力,而不仅仅是国际商事仲裁的能力,已成为国际投资仲裁庭仲裁员选拔和任用的相关和决定性标准。[4]

例如,这反映在《北美自由贸易协定》关于任命仲裁员的“第十一章规则”之中。第1124(4)条规定,当事各方将设立一个首席仲裁员名册,该名册需要符合“第1120条所述的公约和规则的

① 相关讨论,参见 Omar E. García – Bolívar, ‘Comparing Arbitrator Standards of Conduct in International Commercial, Trade and Investment Disputes’, *Dispute Resolution Journal*, 60(4)(2005): 76; 以及 Omar E. García – Bolívar, ‘Comparing Arbitrator Standards of Conduct in International Commercial, Trade and Investment Disputes’, in American Arbitration Association(ed.), *Handbook on International Arbitration Practice*(Huntington, NY: Juris, 2010), pp. 251 – 268。又参见 Ilhyung Lee, ‘Practice and Predicament: The Nationality of the International Arbitrator(with Survey Results)’, (2007) 31 *Fordham International Law Journal*, 603。

② Böckstiegel, ‘The Role of the Arbitrators in Investment Treaty Arbitration’, p. 367.

③ See Newcombe and Paradell, *Law and Practice of Investment Treaties*, para. 1.31.

④ See also Schill, ‘Crafting the International Economic Order’, p. 421.

资格且*具有国际法和投资事务方面的经验*”。① 这一要求的原因很明显。由于国际投资仲裁庭主要需要调查东道国在国际公法下规定的国际责任,这样的调查是为了分析和适用基于国家的主要义务和有关解释这些义务以及国家对国际不法行为的责任的次要规则,因此希望仲裁员对这些法律领域有具体了解是合理的。然而,在双边投资协定中通常没有这样的具体要求,事实上在《华盛顿公约》之中也没有这样的要求,《北美自由贸易协定》在这方面的要求是非常特殊的。一些学者也将在国际公法方面的能力作为仲裁员的资格要求,认为国际投资法庭也应当了解和适用国际公法,这包含在“法官知法”(jura novit curia)原则的适用范围之内——笔者将在本章第 4 部分中讨论这一原则。② 同时,不应忽视的是,仲裁程序的特定权限和知识同样构成国际仲裁员资格要求的一部分。

投资协定仲裁中的仲裁员资格要求的第二个特殊点包含在《华盛顿公约》第 14 条第 2 款之中。有趣的是,这一段落要求管理委员会主席在指派小组中服务的人员时,“应适当注意保证世界上各种主要法律体系和主要经济活动方式在小组中的代表性”。③ 此项规定可在国际法院和审判庭法官的任命程序中经常看到。《国际法院规约》第 9 条这样规定,“并应注意务使法官全

---

① 着重部分由作者标明。

② Jan Paulsson,‘International Arbitration and the Generation of Legal Norms: Treaty Arbitration and International Law’, *Transnational Dispute Management*, 3(5)(2006): 14. Paulsson 认为:“正如 PCIJ 在巴西贷款案中所说的那样,一个国际仲裁庭‘认为自己知道法律是什么’这个想法对于当事人在选择仲裁员时应该是清楚明了的。对接受任命的仲裁员,确实在投资仲裁中有一些值得怀疑的决定,这表明仲裁员在国际公法方面的基础不足。”

③ 主席可以向每个小组指派 10 人,所指派人员应具有不同的国籍[《华盛顿公约》第 13(2)条]。

体能代表世界各大文化及各主要法系”。[1]

ICSID 秘书长的任命确实有明确的地理分布特点。2013 年，ICSID 任命的名册人员包括两个西欧仲裁员、两个北美仲裁员（一个美国人和一个墨西哥人）、两个亚洲仲裁员、两个非洲仲裁员、一个南美洲仲裁员和一个新西兰/加拿大仲裁员。[2] 事实上，这种要求已列入《华盛顿公约》之中，尽管不可否认的是，这仅限于主席的任命，因此不适用于当事人指定的仲裁员或在当事人之间达成协议的情况下指定的首席仲裁员。但这不禁让人想起投资仲裁的公共性。

例如，国际商会或斯德哥尔摩商会仲裁院的仲裁规则只包括在该机构的相应指定机构任命有关仲裁员时，与仲裁员国籍和争议性质相关的要求，其中没有提及世界各种法律制度的代表性要求。[3] 同样，《UNCITRAL 仲裁规则》并不要求任何地域代表性，只要求注重由指定的特定机构任命的仲裁员的国籍。[4] 这是国际

---

① See also Article 2(2) of the ITLOS Statute: ‘In the Tribunal as a whole the representation of the principal legal systems of the world and equitable geographical distribution shall be assured.’

② ICSID, Members of the Panels of Conciliators and Arbitrators, Doc. No. ICSID/10, available at: https://icsid. worldbank. org/ICSID/FrontServlet? reguest Type = ICSID Doc RH&actionVal = MembersofPannel, accessed 20 August 2013.

③ See, for instance, Article 13 of the ICC Rules of Arbitration: ‘1. In confirming or appointing arbitrators, the Court shall consider the prospective arbitrator's nationality, residence and other relationships with the countries of which the parties or the other arbitrators are nationals and the prospective arbitrator's availability and ability to conduct the arbitration in accordance with the Rules. The same shall apply where the Secretary General confirms arbitrators pursuant to Article 13(2).’ Article 13(6) of the Rules of Arbitration of the Arbitration Institute of the SCC provides that: ‘When appointing arbitrators, the Board shall consider the nature and circumstances of the dispute, the applicable law, the seat and language of the arbitration and the nationality of the parties.’

④ See Article 6(7) of the UNCITRAL Arbitration Rules: ‘The appointing authority shall have regard to such considerations as are likely to secure the appointment of an independent and impartial arbitrator and shall take into account the advisability of appointing an arbitrator of a nationality other than the nationalities of the parties.’

商事仲裁纯粹私人性和契约性所带来的合乎逻辑的后果，即不需要选出对世界各种法律制度具有代表性的仲裁员，因为适用的法律实质上是一国的国内法律，并辅之以国际私法的相关规则。

然而，从实际的角度来看，仲裁员地域分布在投资协定仲裁与国际商事仲裁上并无实质性差异。截至2013年年中，来自86个不同国籍的仲裁员在ICSID仲裁中得到任命。[①] 相似的地域分布普遍存在，如国际商会。[②] 但是，当事人指定的仲裁员的地域分布，与ICSID指定的仲裁员和特设仲裁庭组成，则出现了明显的差异。[③] 来自东欧/中亚、东南亚、太平洋地区、撒哈拉以南非洲、中美洲和加勒比地区的仲裁员和特设仲裁庭成员，相较于当事人指定，更经常地被ICSID任命。北美仲裁员和特设仲裁庭成员则成比例地，被当事人，而不是ICSID更频繁地任命。来自西欧、中东、北非和南美洲的仲裁员和特设仲裁庭成员被当事人和ICSID指定的比例则相等。当然，当事各方在不考虑地理因素的情况下，可以完全保留自由裁量权来任命仲裁员。然而，这些统计数字表明，尽管没有明确的义务要这样做，因为公约中所规定的"应适当注意保证世界上各种主要法律体系和主要经济活动方式在小组中的代表性"的义务仅适用于ICSID秘书长指定仲裁员进入

---

① ICSID, *ICSID Caseload – Statistics*, Issue 2013 – 2, Chart 14: State of Nationality of Arbitrators, Conciliators and ad hoc Committee Members Appointed in Cases Registered under the ICSID Convention and Additional Facility Rules, p. 20.

② In 2012, arbitrators of seventy – six nationalities were appointed or confirmed under the ICC Rules, ' Statistics – ICC Arbitration in 2012 ', available at: www. iccwbo. org/Products – and – servics/Aibitration – and – ADR/Arbitration/Introduction – to – ICC – Arbitration/Statistics, accessed 20 August 2013.

③ ICSID, *ICSID Caseload – Statistics*, Issue 2013 – 2, Chart 13: Arbitrators, Conciliators and ad hoc Committee Members Appointed in Cases Registered under the ICSID Convention and Additional Facility Rules – Distribution of Appointments by ICSID and by the Parties(or Party – appointed Arbitrators) by Geographic Region, p. 19.

仲裁庭的情况，实际上ICSID会根据更平等的地域分布，来任命仲裁员和特设仲裁庭的成员。反映在《华盛顿公约》第14条中的投资协定仲裁的国际公法特征，可以很好地解释，在当事人指定和ICSID指定仲裁员之间存在一定的地域差异。

二、仲裁员的独立性与公正性

国际仲裁员的独立性和公正性是仲裁程序的基本原则。[①] 独立性和公正性虽然常被视为同一个概念，但事实上却各自有不同的内涵。独立性涉及仲裁员与其中一方当事人之间可能影响仲裁员决定的任何关系，并且是一个客观标准。公正性则是主观标准，意味着仲裁员对当事方或争议没有实际的或表面的偏见或倾向。[②] 独立性和公正性分别与"对一方当事人的偏好"和"结果偏好"的概念类似，在国际商事仲裁中被广泛使用。[③]

（一）投资协定仲裁的独立性与公正性要求

《华盛顿公约》第14条包含有关仲裁员独立性和公正性的基本规则："指派在小组服务的人员应具有高尚的道德品质，并且在法律、商务、工业和金融方面有公认的能力，他们可以被信赖作出独立的判断。"由主席任命或当事一方任命的仲裁员都需要具备三项基本素质：品德高尚；有必要的能力；并且独立。尽管第14条没有明确规定"公正性"的要求，[④]西班牙语正式文本提到公正

---

① Blackaby *et al.*, *Redfern & Hunter on International Arbitration*, para. 4.72.

② *Ibid.*, para. 4.74

③ Sam Lutrell, 'Bias Challenges in Investor – State Arbitration: Lessons from International Commercial Arbitration', in Chester Brown and Kate Miles (eds.), *Evolution in Investment Treaty Law and Arbitration* (Cambridge University Press, 2011), pp. 448 – 449.

④ 相关讨论，参见 Gabriel Bottini, 'Should Arbitrators Live on Mars? Challenge of Arbitrators in Investment Arbitration', *Suffolk Transnational Law Review* 32 (2) (2009): 341。

性而不是独立性，但通常认为第14条要求仲裁员既独立又公正。①

对于仲裁员和特设仲裁庭成员的挑战而言，《华盛顿公约》第57条规定，争端一方可建议委员会或仲裁庭取消成员资格，“根据明显缺乏第14条第1款规定的品质的任何事实”。② 因此，《华盛顿公约》由于使用了“明显”这一词，使挑战仲裁员的当事人要负担相对较重的证明责任。③ 在这一问题上，苏伊士案的仲裁庭指出：“重要的是，需要强调第57条的语言将一个较重的证明责任放在了……以建立一个明显的非常可能的，而不仅仅是可能的事实，来证明仲裁员是一个不可信赖、也不能进行独立和公正判断的人”。④ 实际上，“明显”一词是“客观的”而不是“主观”的要求，以确定仲裁员缺乏独立性和公正性。⑤

其他仲裁规则习惯性只指出挑战仲裁员规则中的“正当怀疑”(justifiable doubts)标准，通常不要求“明显”(manifest)缺乏独立性和公正性。例如，《UNCITRAL 仲裁规则》第12(1)条规定，

---

① See the Joint decisions in *Suez*, *Sociedad General de Aguas de Barcelona Aguas de Barcelona SA and Inter Aguas Servicios Integrales del Agua SA* v. *The Argentine Republic*, ICSID Case No. ARB/03/17, *Suez*, *Sociedad General de Aguas de Barcelona SA and Vivendi Universal SA* v. *The Argentine Republic*, ICSID Case No. ARB/03/19, and *AWG Group Ltd* v. *The Argentine Republic*, UNCITRAL, Decision on the Proposal for the Disqualification of a Member of the Arbitral Tribunal, 22 October 2007, and the joint decisions in the same cases: Decision on a Second Proposal for the Disqualification of a Member of the Arbitral Tribunal, 12 May 2008, para. 27.

② 对任何取消调解员或仲裁员资格的建议的决定应视情况由委员会或仲裁庭的其他成员作出。(《华盛顿公约》第58条)

③ 这方面相关的判例讨论，参见 Schreuer *et al.*, *The ICSID Convention*, p. 1201, paras 15 ff。

④ Suez, *Sociedad General de Aguas de Barcelona SA* v. *The Argentine Republic*, ICSID Cases Nos ARB/03/17 and ARB/03/19, Decision on Second Proposal for Disqualification, 12 May 2008, para. 29(在原文中强调).

⑤ Blackaby *et al.*, *Redfern & Hunter on International Arbitration*, para. 4.98.

如果产生了对仲裁员的公正性或独立性有合理的怀疑的情形，就有了挑战仲裁员的可能性。同样，《国际商会仲裁规则》也规定仲裁员对所谓的公正性或独立性否定，或是其他情况时可以挑战仲裁员。[①] 大多数非 ICSID 规则同时要求披露义务，无论是在开始仲裁还是在程序过程中。[②]《华盛顿公约》反过来要求仲裁员签署一份声明，在其 2006 年修订版最后一段中增加了一项披露义务，该义务延伸到仲裁程序的整个期间。[③]

这些规则本身在投资协定仲裁与国际商事仲裁之间的独立性和公正性要求方面没有任何实质性差异。投资协定仲裁和国际商事仲裁中所采纳的独立性和公正性要求非常相似，[④]除了前者在挑战仲裁员问题上所需的门槛更高这一点存在区别之外。然而，这一点似乎是投资协定仲裁具有国际公法性质的结果。

（二）投资协定仲裁对仲裁独立性与公正性的特殊考虑

在投资协定仲裁中，仲裁员的独立性和公正性应被予以特别考

---

① See also Article 15(1) of the SCC Rules of Arbitration: 'A party may challenge any arbitrator if circumstances exist which give rise to justifiable doubts as to die arbitrator's impartiality or independence or ifhe/she does not possess qualifications agreed by the parties. A party may challenge an arbitrator whom it has appointed or in whose appointment it has participated, only for reasons of which it becomes aware after the appointment was made.'

② 例如，参见《伦敦国际仲裁院仲裁规则》第 10(3)条、《UNCITRAL 仲裁规则》第 10 条和《斯德哥尔摩商会仲裁院仲裁规则》第 14(2)条。

③ 该声明载于《ICSID 仲裁规则》第 6 条："据本人所知，我没有理由推辞在解决投资争议的国际中心成立的有关……和……之间争议的仲裁庭内任职。我对由于本人参加本仲裁程序而知之所有情事及仲裁庭作出的任何裁决之内容，将保守秘密。我将依准据法，在双方当事者间公正裁判，并且除解决投资争议公约和依其制定的条例、规则之规定外，将不接受来自任何方面的有关仲裁的指示或报酬。在此附上有关本人过去和现在职业以及与当事者双方的其他关系（如系存在）之声明书。在仲裁庭第一次开庭结束时，任何未签署声明书之仲裁员应被视为已经辞职。"

④ See also Noah Rubins and Bernhard Lauterburg, 'Independence, Impartiality and Duty of Disclosure in Investment Arbitration', in Christina Knahr, Christian Koller, Walter Rechberger and August Reinisch (eds.), *Investment and Commercial Arbitration – Similarities and Divergences* (Utrecht: Eleven International Publishing, 2010), p. 158.

虑,因为某些特定的特征是投资协定仲裁国际公法属性的直接或间接所导致的。这些特征需要区分在投资协定仲裁与国际商事仲裁中独立性和公正性所带来的不同挑战。正如一位学者所指出的,"国际商事仲裁和投资条约仲裁"两个学科的道德风险不是共享的,特别是在事实判断上。①

首先,投资协定争端通常涉及比较相似的准据法,甚至在实际情况下具有一定相似性。与国际商事仲裁相反,在这种情况下,案件的法律环境通常没有什么相似之处,特别是鉴于准据法通常由国内法组成,可能还有国际私法相关规则的补充;投资协定仲裁,如第一部分所指出的,要求适用国际公法的经常性原则,其特征是以类似措辞的法律文本定性的,适用在大多数国际投资争端中。②

其次,国际投资仲裁庭的裁决,至少在《华盛顿公约》下,会习惯性地公之于众,这将在第五章中讨论。因此,就国际投资法的某些规则而言,确定仲裁员的概念变得相对容易。这种现实,再加上使用和引用判例的实际重要性,已经成为投资协定仲裁中一个普遍现象;这意味着投资协定仲裁③中的"争议冲突"与国际上可能出现在国际商事仲裁的争议相比有所不同。④

再次,根据《华盛顿公约》第54(1)条规定,各国应将ICSID的裁决作为该国法院的最终判决一样强制执行,不应当由执行地国内法院进行审查。由于这一特点,执行阶段可能不会受到偏见的威

---

① Lutrell,'Bias Challenges in Investor – State Arbitration',p. 481.

② Thomas Buergenthal,'The Proliferation of Disputes,Dispute Settlement Procedures and Respect for the Rule of Law',*Arbitration International*,22(4)(2006): 495,498; and Philippe Sands,'Conflict and Conflicts in Investment Treaty Arbitration: Ethical Standards for Counsel',in Chester Brown and Kate Miles(eds.),*Evolution in Investment Treaty Law and Arbitration*(Cambridge University Press,2011),p. 24.

③ See,generally,De Brabandere. 'Arbitral Decisions as a Source of International Investment Law'.

④ Lutrell,'Bias Challenges in Investor – State Arbitration',p. 479.

胁,这与国际商事仲裁相反。[1] 缺乏独立性和公正性也不可能作为《华盛顿公约》撤销仲裁裁决的一项主张,但不包括仲裁庭的不当构成或腐败。[2] 因此,应特别注意程序前和程序期间的独立性和公正性规则。

最后,由于投资协定仲裁的国际公法维度,确保仲裁程序的合法性至关重要。[3] 对于程序的合法性而言,这当然更为重要,因为这些决定可能会对普通大众产生潜在的影响,所以应严格避免出现任何偏见或缺乏独立性的情况。仲裁庭对 Hrvatska Elektroprivreda 诉斯洛文尼亚的裁决理由暗含了这种想法,[4]该裁决涉及向律师提出的挑战。独立性和公正性的相关规定并不适用于对律师的挑战。尽管如此,虽然申诉方提出了质疑,但仲裁庭所适用的原则却是具有高度相关性的。在这个案件中,申诉方质疑埃塞克斯律师行(Essex Court Chambers)的 David Mildon 先生作为律师;因为该仲裁庭的首席仲裁员是埃塞克斯律师行的律师,且 David Mildon 先生在仲裁后期阶段被添加到听证会的与会者名单上。另外,《华盛顿公约》中没有规定仲裁庭有权决定该程序问题,仲裁庭还认为,"作为受国际公法管辖的司法组织,仲裁庭具有固有的权力,可以采取措施维护并确保其程序的完整性"。[5] 仲裁庭裁定 David Mildon 先生不能在仲裁程序中担任律师。这里提到仲裁程序的国际公法性质很有

---

① *Ibid.*, p. 456.

② 《华盛顿公约》第 52(1)条和第 52(3)条。

③ See also Sands, 'Conflict and Conflicts in Investment Treaty Arbitration', pp. 22 – 24.

④ *Hrvatska Elektroprivreda dd.* v. *The Republic of Slovenia*, ICSID Case No. ARB/05/24, tribunal's ruling regarding the participation of David Mildon QC in further stages of the proceedings, 6 May 2008. 关于本案缺乏独立性和存在偏见的讨论,参见 Sands, 'Conflict and Conflicts in Investment Treaty Arbitration', p. 31。又参见 *Rompetrol Group NV* v. *Romania*, ICSID Case No. ARB/06/3, Decision on the Participation of a Counsel, 14 January 2010。

⑤ *Hrvatska Elektroprivreda* v. *Slovenia*, ICSID Case No. ARB/05/24, para. 33.

意思,因为仲裁庭是从维护程序的完整性而引出这一点的。事实上,只有确保仲裁程序合法,争议是由独立和公正的仲裁庭来决定,公众对程序结果的普遍信任才能得到保证。

投资协定仲裁的这些特点产生了特别的问题。首先,由于裁决的公益性以及判例的事实重要性,人们可以有合理的理由怀疑何时某人在一起案件中担任律师,同时被任命为或担任其他投资法律案件中的仲裁员,反之亦然。这通常被称为"问题冲突",[①]或者正如一位学者所说的那样,"角色或问题冲突";因为冲突的产生更多是由于个人的不同角色,而不是仲裁程序中涉及的问题。[②] 在这种情况下,仲裁员可能会试图以某种方式来决定一个争议问题,这种方式可能有利于同一位仲裁员在另一投资争端中扮演律师的角色。国际蓝色银行诉委内瑞拉(*Blue Bank International* v. *Venezuela*)一案对这一具体事实提出质疑。[③] 很多人建议应该要求仲裁员和律师决定是做仲裁员还是做律师,至少在某段时间内是这样,[④]某些专业人士也是这样做的。[⑤] 然而,实践表明,其他的仲裁员或指定机构在处理取消仲裁员资格或特设仲裁庭成员资格时遇到此类问题,很

---

① See Blackaby *et al.*, *Redfern & Hunter on International Arbitration*, para. 4. 125.

② Lutrell, 'Bias Challenges in Investor – State Arbitration', p. 479.

③ *Blue Bank International & Trust (Barbados) Ltd* v. Bolivarian Republic of Venezuela, *ICSID Case No. ARB 12/20*, *Decision on the Parties' Proposals to Disqualify a Majority of the Tribunal*, 12 *November* 2013. 又参见 *Buergenthal*, '*The Proliferation of Disputes*', *p*. 498, *and Schill*, '*Crafting the International Economic Order*', pp. 419 – 420。

④ Buergenthal, 'The Proliferation of Disputes', p. 498.

⑤ 例如,参见 Sands, 'Conflict and Conflicts in Investment Treaty Arbitration', p. 21。

少能够支持这一质疑。①

第二个考虑与前一个有关，涉及“重复仲裁员”问题。这种现象所指的是由同一当事方或同一律师事务所在不同争议中任命同一仲裁员的情况。②《华盛顿公约》和其他主要仲裁机构的仲裁规则通常不涉及重复仲裁员的问题。这个问题只能由有关仲裁员的独立性和公正性的一般规则管辖。③ 某些仲裁员之所以由或曾经由同一方，甚至是外国投资者或国家等一类当事人重复任命，是由于可以获得在以前的案件中关于仲裁员立场的公开信息，因此任命

---

① 然而，ICSID 副秘书长在 *Vito G. Gallo* v. *Canada* 一案中，就仲裁员必须在继续担任仲裁员或律师作出选择的问题上，支持了该挑战的诉求。*Vito G. Gallo* v. *Canada*, UNCITRAL, NAFTA, Decision on the Challenge to Mr J. Christopher Thomas QC, 14 October 2009. 又参见 *ICS Inspection and Control services Ltd* v. *The Argentina Republic*, UNCTTRAL, PCA Case No. 2010 – 9, Decision on Challenge to Arbitrator, 17 December 2009, and the decision of the District Court of The Hague, which, in a PCA – administered investment arbitration conducted under the UNCITRAL Arbitration Rules, emphasized the incompatibility of arbitrator Emmanuel Gaillard as arbitrator in the procedure and his role as counsel in another case which raised similar questions to the *Telekom Malaysia* case where he was appointed as arbitrator. The District Court decided that the arbitrator should resign as counsel in the other dispute within ten days. The tribunal itself and the PCA Secretary – General had previously rejected the challenges (*Telekom Malaysia Berhad* v. *Republic of Ghana*, District Court of The Hague, Civil Law Section, Challenge No. 13/2004, Petition No. HA/RK2004/667, Decision, 18 October 2004). For a discussion, see Judith Levine, 'Dealing with Arbitrator "Issue Conflicts" in International Arbitration', *Dispute Resolution Journal*, 61(1)(2006): 60; and Sands, 'Conflict and Conflicts in Investment Treaty Arbitration', p. 29。也参见 *Blue Bank International* v. *Venezuela*, ICSID Case No. ARB 12/20, where the chairman of the ICSID Administrative Council upheld the challenge of an arbitrator based on the fact that the law firm, of which the arbitrator was a partner, represented the claimant in a case against the same respondent, which moreover concerned similar issues (paras 66 – 69)。

② 相关概述，参见 Houchi Kuo, 'The Issue of Repeat Arbitrators: Is it a Problem and How Should the Arbitration Institutions Respond?' *Contemporary Asia Arbitration Journal*, 4(2)(2011): 247。

③ IBA Guidelines on Conflicts of Interest in International Arbitration, approved on 22 May 2004 by the Council of the International Bar Association, available at: www.ibanet.org/Publications/publications_IBA_guides_and_free_materials.aspx#conflictsofinterest accessed 16 April 2012.

方可能希望指定一名有可能作出有利于该指定方的决定的仲裁员。这样做可能不一定本身就是独立性和公正性的问题，也可能由有限数量的有意愿并有能力担任仲裁员的人提出并促成。[①] 但与此同时，一些学者认为“重复仲裁员”有可能是一个问题，考虑到一方重复任命该仲裁员，仲裁员可以被认为不再独立，因为其已经形成了对该当事方的一定的财务依赖。[②] 对“重复仲裁员”这一问题的这些相互矛盾的看法也许可以解释为什么这个问题没有被《华盛顿公约》及 ICSID 仲裁规则或其他主要仲裁机构的仲裁规则所明确规定。尽管国际律师协会（International Bar Association，IBA）关于国际仲裁利益冲突的指导方针并不构成具有约束力或强制性的文书，但确实提到了这个具体问题。[③] 所谓的“橙色清单”包含几种情况，其指导原则为“（根据特定案件的事实）在当事人的眼中可能会引起对仲裁员的公正性或独立性的正当怀疑”。“橙色清单”特别针对“仲裁员在过去三年内由一方或其中一方的关联机构两次或多次任命为仲裁员”的情况。[④] 事实上，将之名为“橙色清单”，就已经说明了这个问题并不像看起来那么明确。将问题留给仲裁员独立性和公正性的一般规则管辖可能是明智的，并且信任负责处理异议问题的仲裁员的判断，而不因同一当事人或律师事务所一再任命同一名仲裁员而推断任何事实上的结论。ICSID 仲裁庭一般采用这种方法，并且已经确认了他们考虑到 IBA 指南的同时，适用关于仲裁员的独立性和公正性的一般规则时的自主权。例如，在 Tidewater

---

① 相关讨论，参见 Kuo，‘The Issue of Repeat Arbitrators’，p. 253。

② 相关概述，参见 Alan Scott Rau，‘On Integrity in Private Judging’，*Arbitration International*，14(2)(1998)：115。

③ IBA Guidelines on Conflicts of Interest in International Arbitration，Part II：Practical Application of the General Standards，para. 3.

④ *Ibid.*，para. 3.1.3.

诉委内瑞拉案件中，[①]仲裁庭其余成员指出，“《华盛顿公约》规定了取消资格的一般标准，这与IBA指南中提出的‘合理怀疑’要求不同”。此外，在任何情况下，取消资格提案中所依据的情况都包含在IBA指南的“橙色列表”之中，只要它们完全属于指南规定的范围。[②] 仲裁庭指出，“重复任命可能与仲裁员的独立性和公正性的结果一样，是合理怀疑的结果”，[③]“仅仅在事实上由同一当事方在多次不同的案件中任命同样的仲裁员，不会更多地表明显著缺乏独立性或公正性”。[④]

虽然适用于投资协定仲裁中的仲裁员独立性和公正性要求的标准与国际商事仲裁中适用的标准并无根本区别，但ICSID规则中的“显著”标准，则可能对挑战仲裁员造成完全不同的情况。由于投资协定仲裁的国际公法性质和国际投资争端涉及公共利益的特点，确实出现了挑战仲裁员的情况，但“问题或角色冲突”和“重复仲裁员”问题在国际商事仲裁中更为罕见。不过总之，ICSID判例法显示挑战仲裁员很少得到支持。[⑤] 然而，这可能更多是ICSID规则中挑战的门槛较高的结果，而不是在投资协定仲裁中仲裁员公正性和独立性的重要性有限的结果。与此同时，这清楚地表明了体系内在的紧张关系，仲裁的基础是当事人选择必须决定争议的仲裁员。因此，对仲裁员资格的过于严格的规定可能与仲裁的灵活性相悖。

---

① *Tidewater Inc.*, *Tidewater Investment Srl*, *Tidewater Caribe CA*, *Twenty Grand offshore LLC*, *Point Marine LLC*, *Twenty Grand Marine Service LLC*, *Jackson Marine LLC and Zapata Gulf Marine Operators LLC* v. *The Bolivarian Republic of Venezuela*, ICSID Case No. ARB/10/5, Decision on Claimants' Proposal to Disqualify Professor Brigitte Stern, Arbitrator, 23 December 2010.

② *Ibid.*, para. 43.

③ *Ibid.*, para. 61.

④ *Ibid.*, para. 64.

⑤ 相关概述，参见 Lutrell, 'Bias Challenges in Investor - State Arbitration', pp. 462 - 481。

三、投资协定仲裁裁决的法律推理

仲裁员在投资协定仲裁中缺少国际公法的法律背景而产生的主要后果之一体现在仲裁裁决的推理过程。笔者不会对仲裁员所作的众多裁定和仲裁员的法律专业知识对仲裁庭法律推理的影响进行实证分析。[①] 此处的目的是要说明投资协定仲裁和国际投资争端的国际公法性质如何直接或间接影响了仲裁裁决法定推理的要求。这不仅普遍影响了投资协定仲裁所要求的推理水平,而且影响了对于先前的仲裁裁决作为事实上判例的运用和理解。

(一)作出合理裁决的义务

仲裁庭作出合理裁决的义务载于《华盛顿公约》第48(3)条:"裁决应处理提交仲裁庭的每一个问题,并说明所根据的理由"。《ICSID仲裁规则》第47(1)(i)条重申了这一要求。《UNCITRAL仲裁规则》第34(3)条也类似地规定了提供合理裁决的义务,除非双方当事人已经另有决定。国际商事仲裁中的大多数仲裁规则同样规定了提供合理裁决的义务。[②]

然而,需要指出的是,根据《华盛顿公约》,双方当事人可能无权免除仲裁庭作出合理裁决的义务。对《华盛顿公约》起草历史的分析表明,条款初稿规定了作出合理裁决的义务,其最初包括当事人有权利免除仲裁庭的这一义务。[③] 然而,各缔约国采用的

---

① 参见 Generally, Schill, 'Crafting the International Economic Order', p. 406。

② Blackaby *et al.*, *Redfern & Hunter on International Arbitration*, paras 9.119 – 9.124.

③ 相关讨论,参见 Guillermo Aguilar Alvarez and W. Michael Reisman, 'How Well are Investment Awards Reasoned?', in Guillermo Aguilar Alvarez and W. Michael Reisman (eds.). The Reasons Requirement in International Investment Arbitration: Critical Case Studies (*Leiden*: *Martinus Nijhoff*, 2008), p. 2。

最终版本排除了放弃的可能性，从而将说明裁决理由规定为争端各方不能减损的强制性条款。[①] 根据《UNCITRAL 仲裁规则》，情况并非如此，因为其中包含当事各方另有协议的可能性。[②] LCIA[③] 和 SCC[④] 的仲裁规则中也包含了类似的规定。但是，国际商会的仲裁规则确实规定需要陈述理由的义务，而不存在任何当事方放弃的可能性，[⑤]这不仅因为它符合现代仲裁惯例，而且更重要的是允许国际仲裁院审查在国际商会主持下的仲裁，这是国际商会仲裁的一个具体特征。[⑥]

根据《华盛顿公约》，当事人不能偏离这一要求的事实符合程序的国际公法层面要求，也符合国际法中的现代仲裁惯例。[⑦] 此外，在 ICSID 体系中，没有说明合理理由可能等于撤销该裁决决定，这强化了需要说明该裁决所基于的理由属于义务这一基本特征。在 ICSID 体系之外，如果根据适用的程序规则，当事人未豁免仲裁庭这一义务，国际仲裁法庭因未陈述理由而裁决无效的可能性反映了国际公法的一般原则。[⑧]

---

① *Ibid*.

② 《联合国国际贸易法委员会仲裁规则》第 34(3) 条："仲裁庭应说明裁决依据的理由，除非各方当事人约定无须说明理由。"

③ 《伦敦国际仲裁院仲裁规则》第 26(1) 条："仲裁庭须以书面方式作出裁决，而且应说明其裁决所依据的理由，除非所有的当事人另有书面约定。"

④ 《斯德哥尔摩商会仲裁院仲裁规则》第 36 条："仲裁庭的裁决应以书面形式做出，除非当事人另有约定，仲裁庭应当说明裁决的理由。"

⑤ 《国际商会仲裁院仲裁规则》第 31(2) 条。

⑥ Yves Derains and Eric A. Schwartz, *A Guide to the ICC Rules of Arbitration* (The Hague: Kluwer Law International, 2005), p. 309.

⑦ 《华盛顿公约》第 52(1)(e) 条。

⑧ 有关投资仲裁以外的讨论，参见 International Court of Justice, *Arbitral Award of 31 July 1989* (*Guinea – Bissau* v. *Senegal*), Judgment, *ICJ Reports*, 1991, 53. See, generally, Shabtai Rosenne, *Interpretation, Revision and Other Recourse from International Judgments and Awards* (Leiden: Martinus Nijhoff, 2007)。

(二)国际投资仲裁的法律逻辑拓展级要求

规定提供合理裁决这项义务的原因有很多。① 从本质上讲，合理裁决的要求是事实的合理结果，即当事人选择了基于法律适用的解决争端的法律方法，而不是基于公平原则(ex aequo et bono)。因此仲裁庭有义务根据法律的合理适用而不是以自己的正义观来作出裁决。② 大多数 ICSID 特设仲裁庭遵循的原则是，合理裁决的要求包含仲裁庭应说明理由，以便读者了解仲裁庭如何得出结论。③ 这些要求与作出合理裁决同样包含根据当事方和/或仲裁员定义的法律作出裁决的义务适用的程序规则。

除了通常需要提供合理裁决理由的一般原因之外，国家参与投资条约仲裁的程序和投资条约仲裁的国际公法特征通常也意味着提供合理裁决以及裁决的理由的需要也会高于国际商事仲裁案件。④ 这一观点在 Glamis 诉美国的仲裁裁决中得到了很好的反映：

> 所有的仲裁庭都要为他们的裁决提供理由，这一要求同时归因于私人和政府当局。然而，在仲裁庭看来，缔约国需要收到详细和有说服力的裁决的理由有三个。

---

① See, generally, Thomas Bingham, 'Reasons and Reasons and Reasons: Differences Between a Court Judgment and an Arbitral Award', *Arbitration International*, 4(2)(1988): 141; Pierre Lalive, 'On the Reasoning of International Arbitral Awards', *Journal of International Dispute Settlement*, 1(1)(2010): 55; and Toby Landau, 'Reasons for Reasons: The Tribunal's Duty in Investor – State Arbitration', in A. J. van den Berg(ed.), *ICCA Congress Series No.* 814 *Dublin Conference*, 2008(The Hague: Kluwer Law International 2009), p. 199.

② Landau, 'Reasons for Reasons', pp. 188 and 190.

③ For a discussion, see Tai – Heng Cheng and Robert Trisotto, 'Reasons and Reasoning in Investment Treaty Arbitration', *Suffolk Transnational Law Review*, 32(2)(2009): 409.

④ See Landau, 'Reasons for Reasons', pp. 195 – 197, and Federico Ortino, 'Legal Reasoning of International Investment Tribunals: A Typology of Egregious Failures', *Journal of International Dispute Settlement*, 3(1)(2012): 31.

> 第一，一个国家是由多个政府部门组成的复杂组织，并与人民互动而形成。对国家不利的裁决要求得到遵守，并且遵守该特定裁决在政治上可能要求政府和公众对仲裁过程的完整性有信心。第二，仲裁的公司当事人可能在未来不再利用仲裁，或不在特定国家从事业务时利用该理由退出，NAFTA 的三个缔约国对经济合作关系的深化作出了不加限制的承诺。从这个意义上讲，不仅遵守特定的裁决，而且长期维持这一承诺需要政府和公众对仲裁过程的完整性保有信心。第三，通过仲裁裁决的撤销制度撤销不公正裁决的可能性，可以维持对仲裁制度的最低水平的信心。然而，撤销裁决所需的时间和费用是可以避免的。理由的详细说明可能无法避免撤销程序的启动，但希望这些理由将帮助审查机构迅速解决此类动议①。

毫无疑问，国际投资仲裁庭的裁决中涉及与国家行使其主权权力有关的国际公法争议，可能会对国家的经济和金融稳定，以及外国投资政策产生重大的长期影响。② 因此，与普通国际公法的诉讼案件一样，人们当然可以同意东道国国民有合法的权利来知道和理解仲裁庭决定所依据的理由。③

特别的是，Glamis 仲裁庭援引支持在投资条约仲裁论证中推理的重要性的前两个理由，对分析该问题的目的很有意义，因为这两个理由都明确与国际投资争端的国际公法性质相关。这两

---

① *Glamis Gold Ltd* v. *United States of America*, UNCITRAL, Final Award, 8 June 2009, para. 8 (internal footnotes omitted).

② Aguilar Alvarez and Reisman, 'How Well are Investment Awards Reasoned?' p. 2.

③ *Ibid*.

个理由与裁决的公开可获得性有关,这与国际商事仲裁相反。正如前面提到的,国际商事仲裁通常以保密的方式进行。Glamis 仲裁庭的理由基本归结为一个争论,即一个国家在仲裁程序中的参与,就其行使主权权力的行为而言,给仲裁程序带来了国际公法维度的问题,而这又同时需要政府和公众对仲裁过程的合法性和有效性都保有信心。虽然对仲裁过程合法性的信心无疑是仲裁长久作为争端解决方法的一个基本前提,特别是对于争端各方而言,但是 Glamis 仲裁庭的考虑很容易得到认同,即国际投资争端解决需要获得广泛的信任度以及争端之外的个人和实体对于仲裁程序的合法性和有效性的信心。正如 Kingsbury 和 Schill 所指出的:

> 然而,不仅从参与诉讼的各方角度来看,而且从仲裁庭更广大的受众,包括不参加仲裁的当事国之外的国家来看,这种推理应该是透明且公开的,包括外商投资活动背景下的整个投资群体以及可能受到特定决策影响的群体。①

再者,与国际商事仲裁的差异和通过这一机制所解决争端的种类变得明显。在后一种程序中,仲裁裁决的范围很少超过争端当事人所提出的要求,因为争端基本上局限于两个实体之间具有私人性的合同关系。相反,仲裁庭在投资协定仲裁中的裁决有更广泛的影响,而不仅是影响争端的当事方。根据说明裁决理由义务背后的逻辑,裁决应包含理由以使裁决的更广泛的受众

---

① Benedict Kingsbury and Stephan W. Schill, 'Investor – State Arbitration as Governance: Fair and Equitable Treatment, Proportionality and the Emerging Global Administrative Law', *IILJ Working Paper* 2009/6, Global Administrative Law Series, available at: http://lsr. nellco. org/nyu_plltwp/146, p. 45, accessed 19 April 2012.

了解裁决。[1]

(三)判例与"一致判例"(jurisprudence constante)

由于投资协定仲裁的特殊性，国际投资仲裁庭是否在一个一致和有序的国际法体系的发展中扮演特殊角色，在于其所使用的争端解决方法之间存在的紧张关系，即国际仲裁和国际投资争端的国际公法性质之间的紧张关系。[2] 本书认为，国际仲裁作为一种临时性的争端解决机制，不允许对适用于国内公法诉讼的判例规则进行转致。正如在导论中已经提到的，仲裁作为争端解决的机制有其特有的概念和原则，这些概念和原则没有改变国际仲裁本质。

正如沙哈布丁法官(Judge Shahabuddeen)在国际法院对于判例的开创性工作那样，[3]判例可以简单地以三种方式运作：(1)司法和仲裁的判例可由法官或仲裁员用作确定法律的法律材料，而不必遵循先前的判决或裁决；(2)法官或仲裁员可能有义务以与先前案件相同的方式判决案件，除非有充分的理由偏离先前的案件；(3)法官或仲裁员可能有义务用与判例相同的方式判决案件，即使有充分的理由不这样做，这通常称为"具有约束力的判例"或"遵循先例"(*stare decisis*)。[4] 国际法在很大程度上遵循大陆法系，因为没有规定法院或仲裁庭有义务遵循早先法院或法庭

---

① 除了投资条约仲裁的公共性外，还有人指出，投资条约仲裁制度本身就意味着更理性的裁决。有人可能会争辩说，由于投资条约中投资保护的广泛公开标准，赋予仲裁员的权力应该非常明确地行使，因此需要更加重视仲裁庭的法律推理。另外，缺乏上诉机制和对仲裁决定所载理由质量进行审查的总体制度，仲裁庭有更高义务说明裁决所依据的理由。See Landau, 'Reasons for Reasons', pp. 195 – 197.

② See, generally, De Brabandere, 'Arbitral Decisions as a Source of International Investment Law'.

③ Mohamed Shahabuddeen, *Precedent in the World Court* (Cambridge University Press, 1996), p. 1.

④ *Ibid.*, p. 9.

作出的决定，或者按照上文所讨论的法院或仲裁庭以前的决定。有个在投资条约仲裁中经常被援引的相关概念是“一致判例”。“一致判例”在大陆法系中经常被用来表示一系列关于类似问题的案例，这些案例形成了对某一规则统一和一致的解释或适用。[①] 在这个意义上，判例的价值存在于事实上而不是法律上——在“具有约束力的判例”或“遵循先例”的情况下——承认某种“说服力”(persuasive authority)。[②]

毫无疑问，投资协定仲裁不存在具有约束力的判例，就像一般国际公法中没有这样的规则一样。《华盛顿公约》第53(1)条包含了这一基本原则，该条规定仲裁庭作出的裁决对当事人具有约束力，因此默认排除了根据《华盛顿公约》裁决的判例价值。[③] 此外，准备工作文件(travaux preparatoires)中没有任何内容表明“遵循先例”的原则适用于投资仲裁之中。[④] 然而，SGS 诉菲律宾仲裁庭却质疑《华盛顿公约》第53(1)条的措词是否可以理解为暗示仲裁裁决没有任何判例价值：“《华盛顿公约》只规定了其所提供的裁决对当事各方具有约束力。第53(1)条，可能被认为是针对已决案件的裁决效力(the *res judicata* effect)，而不是它们在

---

① See, generally, Robert L. Henry, ‘*Jurisprudence Constante* and *Stare Decisis Contrasted*’ *American Bar Association Journal*, 15(1)(1929): 11, 11 – 13, and Vincy Fon and Francesco Parisi, ‘Judicial Precedents in Civil Law Systems: A Dynamic Analysis’, *International Review of Law and Economics*, 26(4)(2006): 519.

② Albert Tate Jr., ‘Techniques of Judicial Interpretation in Louisiana’, *Louisiana Law Review*, 22(4)(1962): 727, 743.

③ See also Christoph Schreuer and Matthew Weiniger, ‘A Doctrine of Precedent?’ in Peter Muchlinski, Frederico Ortino and Christoph Schreuer (eds.), *The Oxford Handbook of International Investment Law* (Oxford University Press, 2008), p. 1189; and Schreuer *et al*, *The ICSID Convention*, p. 1101.

④ Schreuer *et al.*, *The ICSID Convention*, p. 1101.

后来案件中的判例”。[①] 同时，该案中的仲裁庭证实，“如果判例遵循单一裁决的约束效力这一规则，国际法中就没有判例的理论”。[②] NAFTA 第 1136 条规定了对先前判例缺乏约束价值的具体规则，该条规定：“仲裁庭的裁决除争议当事人之间和特定案件之外不得有约束力”。

另一角度来看，投资协定仲裁的公共职能需要制定一套一致的法律，以确保东道国和外国投资者之间在国际法律关系上的可预测性和稳定性。根据某些学者的观点，国际投资法中缺乏具有约束力的判例会破坏国际投资法的一致性[③]以及国际商事交易之中可预测性的必要性[④]。其他学者认为，目前在事实上不受约束地使用判例的制度在投资协定仲裁中并不适用，而是主张适用一致判例原则[⑤]。有些仲裁庭甚至进一步主张，仲裁庭有义务协调统一国际法。例如，在 Saipem 诉孟加拉国一案中，仲裁庭虽然坚持“不受先前裁决约束”的原则，[⑥]但是指出：

它必须充分考虑国际仲裁庭先前的裁决。一方面，

---

① *SGS* v. *The Philippines*, ICSID Case No. ARB/02/6, para. 97 (internal footnotes omitted).

② *Ibid.* (internal footnotes omitted)

③ Ian Laird and Rebecca Askew, 'Finality versus Consistency: Does Investor - State Arbitration Need an Appellate System'. *Journal of Appellate Practice and Process*, 7(2)(2005): 285, 285.

④ Frank Spoorenberg and Jorge E. Viñuales, 'Conflicting Decisions in International Arbitration', *Law and Practice of International Courts and Tribunals*, 8 (1) (2009): 91, 92.

⑤ Andrea K. Bjorklund, 'Investment Treaty Arbitral Decisions as Jurisprudence Constante', in Colin B. Picker, Isabella D. Bunn and Douglas W. Arner (eds.), *International Economic Law: The State and Future of the Discipline* (Oxford: Hart, 2008), pp. 270 ff. See, however, Marie - Louise M. Rodgers, 'Bilateral Investment Treaties and Arbitration: An Argument and a Proposal for the ICSID's Implementation of a System of Binding Precedent', *Transnational Dispute Management*, 5(3)(2008): 5 - 6.

⑥ *Saipem* v. *People's Republic of Bangladesh*, ICSID Case No. ARB/05/7, Award, 30 June 2009, para. 90.

> 除非有令人信服的反对理由，否则就有义务采纳一系列一致的案例中所建立的解决方案。另一方面，根据特定条约的具体情况和实际情况，它有责任为投资法的和谐发展作出贡献，从而满足国家和投资者对法治确定性的合理预期①。

因此，这个想法是为了促进一致性，必须建立“一致判例”，特别是在那些尚未发展的法律领域。②

然而，仲裁的具体特征排除了任何形式使用约束力判例或一致判例。事实上，尽管笔者原则上同意“一致性”对于国际投资法来说是个好的发展方向，但是正如一般国际公法或任何法律制度一样，这种想法下产生的仲裁庭的任何义务都与仲裁程序的实质恰恰相反。换句话说，投资协定仲裁的特殊性不允许修改适用于仲裁程序的规则，而不改变仲裁的实质。将投资协定仲裁与国际商事仲裁区别开来，以支持“一致判例”的需求是不必要的。第一，在投资协定仲裁中向仲裁庭提交的争端类型不允许偏离仲裁的基本原则，即仲裁受当事人选择的适用法律，或在投资仲裁中受《华盛顿条约》仲裁规则的约束。投资协定仲裁适用的法律不包括以前的裁决，除非当事人明确规定。第二，在投资协定仲裁中没有约束力的判例和一致判例，事实上并不违背投资协定仲裁的国际公法特征。首先，在一般国际法中，既没有约束力的判例也没有义务形成一致判例。此外，在投资协定仲裁中存在一种状态，即国家根据国际法承担责任受到了威胁，而公共利益并不意味着投资协定仲裁需要以具有约束力的判例或一致判例制度来发挥作用。事实上，有约束力的判例和一致判例都会违反国家的

---

① *Ibid.*, para. 90.

② Gabrielle Kaufmann – Kohler, ‘Arbitral Precedent: Dream, Necessity or Excuse?’ *Arbitration International*, 23(3)(2007): 357, 377.

同意,包括在适用法律上。如前所述,国家选择国际仲裁作为争端解决方法的事实需要得到尊重,这意味着每一案件将根据案件的具体事实和法律情况重新审查。

普遍而言,与常设司法机构或集中式争端解决机制相比,投资协定仲裁没有集中的常设裁决机构,并且其包含的某些具体特征突出了将以前的裁决视为法律渊源,即具有约束的特性的不恰当性。

首先,投资协定仲裁是一种分散的特设的争端解决法律制度。与其他争端解决机构相比,例如,根据世界贸易组织(WTO)争端解决机制所建立的体系,该体系也适用于特设委员会,但具有上诉机制和上诉机构,具有约束力的判例概念似乎也不合适,因为它缺乏分层结构。遵循判例和一致判例常常假设法院和仲裁庭存在等级体系,与各个国家的法律制度一样。[①] 不能指望投资仲裁庭像国家法院一样,拥有垂直法律体系并适用具有约束性判例或一致判例的规则。[②] 事实上,各国选择建立横向系统,即没有上诉机制的特设仲裁,使每个仲裁庭都无须考虑或适用以前的判例法。正如 SGS 诉菲律宾仲裁庭指出的那样,"国际法庭没有层次,即使有,也没有充分理由让一审法庭及时解决所有后来法庭遇到的问题"。[③]

其次,投资协定仲裁与常设国际法院和仲裁庭有很大不同,主要原因是国际仲裁庭的设立只是为了解决双方之间的一个具体争端,因此仲裁庭的组成因案例而异。虽然人们希望仲裁庭以

---

① See Catherine Kessedjian, 'To Give or Not to Give Precedential Value to Investment Arbitration Awards', in Catherine A Rogers and Roger p. Alford (eds.). *The Future of Investment Arbitration* (Oxford University Press, 2009), p. 63.

② Schreuer and Weiniger, 'A Doctrine of Precedent?', p. 1189.

③ *SGS* v. *The Philippines*, ICSID Case No. ARB/02/6, para. 97 (internal footnotes omitted).

同样的方式来决定类似的问题，但它是一个临时法庭而不是一个常设机构，这削弱了对“一致性”的期望，并因此削弱了任何形式的具有约束力的判例。可以这么说，除了争议客体和程序规则的相似之外，各个独立于彼此运作的投资仲裁庭之间没有相互联系。

最后，虽然公布裁决已成为在《华盛顿公约》下仲裁庭作出投资裁决的标准，但在其他规则下进行仲裁并非如此。因此，并非所有仲裁员都知道投资争端中先前作出的所有裁决。[①] 当然，仲裁裁决的公布鼓励引用判例作为想法来源。[②] 这个问题本身并无错误，而且实际上是一个受欢迎的发展。然而，在这种情况下对判例的引用并不等同于将判例作为法律渊源来对待，或等同于认为仲裁庭有责任为一致的法律制度的发展作出贡献。

投资协定仲裁中缺乏具有约束力的判例的主要原因和好处是，当事各方可以确信，仲裁庭将根据案件的具体事实情况、适用于该争议的法律和当事各方提出的法律论点来审理案件。

Vivendi Ⅱ 特设委员会的一位成员在另一补充意见中指出：

> 需要注意到的是，在国际公法中，从来没有一个具有约束力的判例规则，而这个事实的产生是有一定的理由的……仲裁庭和特设委员会……必须根据出现的事实找到法律。当然，这并不排除先前的案件可能具有说服力的价值，但有关的法庭或特设委员会在考虑到当事

① See also Gilbert Guillaume, ‘The Use of Precedent by International Judges and Arbitrator’, *Journal of International Dispute Settlement*, 2(1)(2011): 5.14.

② See De Brabandere, ‘Arbitral Decisions as a Source of International Investment Law’.

方提交的意见的情况下，可以根据不同情况作出决定。①

因此，许多法庭已经确认仲裁庭的独立性，即使在非常相似事实的案件中。②

四、当事人意思自治与仲裁庭权力

同意是投资协定仲裁的基础，仲裁庭的管辖权是不可争议的。因此，一般而言，仲裁协定的某些程序性方面的缔约方合意必须由仲裁庭加以考虑，后者的权力是建立在该法律文书上的。

一般而言，各方在国际仲裁中的意思自治是仲裁庭仲裁程序的根本基础之一。由于投资协定仲裁与国际公法诉讼之间的相似性，一些学者认为当事人意思自治原则是不合理的。③ 关于国际商事仲裁的等距离原则（the equality of arms principle）不应该同样地适用于投资协定仲裁，据称，根据反对公法或国际公法的

---

① *Compañiá de Aguas del Aconquija SA and Vivendi Universal SA* v. *The Argentine Republic*, ICSID Case No. ARB/97/3, Decision on the Argentine Republic's Request for Annulment of the Award rendered on 20 August 2007, 10 August 2010, Additional Opinion of Professor J. H. Dalhuisen under Article 48(4) of the ICSID Convention, paras 16 and 18.

② 举例来说，在有着相似的事实和法律论据，并由同一个仲裁庭审理的 LESI 和 AstdcU 案中，仲裁庭肯定地确认了："En dépit du fait que le present Tribunal arbitral est composé des mêmes personnes que celles qui formaient le premier, il n' est pas lié par les positions qui ont été prises sur les objections que la Défenderesse a formées, en des termes paifois idendques, à l' encontre de la compétence du Tribunal arbitral et de la recevabilité de la demande" (*LESI and Astaldi* v. *Algeria*, ICSID Case No. ARB/05/3, para. 56).

③ Van Hasten, *Investment Treaty Arbitration and Public Law*, pp. 130 ff.

说法,对国家给予一定的特权和尊重是错误的。[①] 他们之间确实没有"冲突",因为等距离原则是国际公法的一项基本原则,就像在国际商事仲裁之中一样。[②] 在国际司法程序中也有当事人意思自治原则,尽管不是纯粹的形式。[③]

然而,相比于国际商事仲裁,在国际投资仲裁中,当事人意思自治(争议当事方)对程序行为的影响力较小。首先,建立在国际公法之上,投资仲裁庭和仲裁员都受到国际公法诉讼中一些具体原则的影响,如法官知法原则。其次,仲裁员在程序过程中的自由裁量权的灵活性,使其能够考虑到投资协定仲裁中的国际公法特征。特别是涉及一些案件之中的国际仲裁员在事实认定或者承认法庭之友(*amicus curiae*)意见的情况下的"主动性"程度问题时,会在第五章中进行讨论。

在谈及这些内容之前,为了完整性,笔者应当指出,在《华盛顿公约》下进行投资协定仲裁时,当事双方受公约的程序规则约束。[④] 公约载有各方不得减损的强制性条款。但是,当事方可以不遵循《ICSID 仲裁规则》中的某些原则,特别是当《华盛顿公约》

---

① 详情讨论参见 Thomas Wälde, 'Procedural Challenges in Investment Arbitration Under the Shadow of the Dual Role of the State: Asymmetries and Tribunal's Duty to Ensure, Proactively, the Equality of Arms', *Arbitration International*, 26 (1) (2010): 3. Wälde nevertheless concludes that in both instances equality of arms should prevail。

② For a discussion, see Eric De Brabandere, 'Individuals in Advisory Proceedings Before the International Court of Justice: Equality of the Parties and the Court's Discretionary Authority', *Law and Practice of International Courts and Tribunals*, 11 (2) (2012): 253.

③ See Stephan Wittich, 'The Limits of Party Autonomy in Investment Arbitration', in Christina Knahr, Christian Koller, Walter Rechberger and August Reinisch (eds.), *Investment and Commercial Arbitration. Similarities and Divergences* (Utrecht: Eleven International, 2010), pp. 50 ff.

④ 《华盛顿公约》第 44 条:"任何仲裁程序应依照本节规定……"

或仲裁规则明确允许当事方背离某一规则时。①

在这些强制性条款中，有一些与仲裁庭的权力有关，例如仲裁自裁管辖原则（*compétence de la compétence*）；②禁止事实不清（the prohibition of *non liquet*）；如果一方当事人不出庭，③法庭有义务处理该方提交给它的所有问题，④以及适用裁决方面的原则，比如之前已讨论过的陈述理由的义务。⑤

（一）法院知法原则

仲裁庭的法院知法原则，即仲裁庭必须了解法律，同时必须依职权适用法律（the law *ex officio*）。这是一个与"*da mihi factum dabo tibi jus*"（给我事实和我将给你法律）格言相关的原则，是司法程序的基本原则之一。这意味着适用法律的内容无须同事实要素一样，需要由当事方证明。这是国际法院长期以来在国际司法程序方面承认的一项原则。在1974年渔业司法管辖权案中，其中一方未能出庭，国际法院指出：

> 然而，国际法院作为国际司法机关，需要考虑到国际法之中的内容，因此根据《国际法院规约》第53条，如在任何其他情况下，必须自行考虑与争端的解决相关的所有国际法规则。在本案规定的情况下，法院的职责是查明和适用相关法律，建立或证明国际法规则的责任不

---

① 举例而言，在适用法律时可参照：《华盛顿公约》第42(1)条：仲裁庭应依照双方可能同意的仲裁规则对争端作出裁决。如无此种协议，仲裁庭应适用作为争端一方的缔约国的法律（包括其冲突法规则）以及可能适用的国际法规则（着重部分由作者标明）。相关概述，参见 Bockstiegel，'The Role of the Arbitrators in Investment Treaty Arbitration'，p. 369，and Wittich，'The Limits of Party Autonomy in Investment Arbitration'，p. 54。

② 《华盛顿公约》第41(2)条。

③ 《华盛顿公约》第41(2)条。

④ 《华盛顿公约》第45条。

⑤ 《华盛顿公约》第48条。

能强加给任何当事人,因为法律属于法院的法庭知识。[①]

这一原则唯一的传统例外是国内法,它不被国际司法程序中的格言所覆盖。[②]

在国家司法程序中,该原则同样适用,但外国法律应被当事人证明。[③] 然而,就仲裁程序而言,问题在于是否任何法律一般都需要当事人以与案件事实相同的方式加以证明,或者仲裁庭是否可以自由地确立适用法律的内容,而不必考虑当事人的论点。[④]国际商事仲裁的实践与国家仲裁的实践不尽相同,还远没有达到统一的程度。[⑤]

这项原则的每一次讨论无疑都与准据法相关的原则有关,因此应该牢记,仲裁员在任何情况下都受到由当事各方所界定的适用法律的约束。[⑥] 此外,应该补充说的是,法院知法原则原则上不

---

① International Court of Justice, *Fisheries Jurisdiction* (*United Kingdom* v. *Iceland*), Judgment, *ICJ Reports*, 1974, 3, para. 17. See also the Separate Opinion of Judge de Castro to the *Fisheries Jurisdiction case* (p. 79), and International Court of Justice, *Military and Paramilitary Activities in and against Nicaragua*, Judgment, *ICJ Reports*, 1986, 14, 24 – 25. 然而,这一在国际刑事诉讼中普遍适用的原则并没有得到普遍接受。相关讨论,参见 International Criminal Tribunal for the Former Yugoslavia, *Prosecutor* v. *Zoran Kupreskic*, *Mirjan Kupreskic*, *Vlatko Kuprekic*, *Drago Josipovic*, *Dragon Papic and Vladimir Santic*, Case No. IT – 95 – 16 – T, Judgment, 14 January 2000。

② 例如,参见 Permanent Court of International Justice, *Brazilian Loans*, Judgment, 12 July 1929. *PCIJ Reports*, Series A 20/21 (1929), p. 124. For a discussion of the application of this principle before the ICJ, see André Nollkaemper, 'The Role of Domestic Courts in the Case Law of the International Court of Justice', *Chinese Journal of International Law*, 5(2)(2006): 301。

③ 但是,这种例外情况再次受到若干例外影响。关于外国法在意大利的地位, see Francesco Galgano, 'The New *Lex Mercotoria*', *Annual Survey of International & Comparative Law*, 2(1995): 99。

④ See, generally, Gabrielle Kaufmann – Kohler, 'Globalization of Arbitral Procedure', *Vanderbilt Journal of Transnational Law*, 36(4)(2003): 1313, 1331 ff.

⑤ *Ibid.*, p. 1332.

⑥ 参见下文第四章。

涉及禁止仲裁庭裁决超小型争议案件。[①] 描述仲裁庭任务的这一特定原则确实与适用于案件实质的法律，以及仲裁庭是否受到当事方意见书的约束无关。问题是，仲裁庭可以在多大程度上考虑当事各方所界定的准据法中争议各方尚未提出或请求的法律论点。

一些学者指出，法院知法原则一般不适合国际仲裁，因为“外国法”的概念在国际仲裁中因为没有法律约束力，所以没有实际意义[②]。一般而言，国际仲裁规则以及关于国际仲裁的国内法律对仲裁法庭在这方面的权力没有保留。一个明显的例外是LCIA的仲裁规则，它替代了英国仲裁法的规定。[③]《LCIA仲裁规则》规定，由仲裁庭自己决定是否应主动确定准据法的内容。除了这种例外情况，我们可以普遍认为，在国际商事仲裁中适用法院知法原则在学术上存在一定的排斥，[④]并且在国内法上存在

---

① 不同观点，参见 Teresa Giovannini, ‘International Arbitration and *Jura Novit Curia*: Towards Harmonization’, Transnational Dispute Management, 9(3)(2012): 3。

② 例如，参见 Gabrielle Kaufmann – Kohler, ‘The Governing Law: Fact or Law? A Transnational Rule on Establishing its Content’, in Markus Wirth(ed.), *Best Practices in International Arbitration*, ASA Swiss Arbitration Association Conference, January 27, 2006, Zurich, Special Series No. 26 (Basel: Association Suisse de l’ Arbitrage, 2006), p. 84; Gabrielle Kaufmann – Kohler, ‘Iura novit arbiter: Est – ce bien raisonnable?’ in Anne Héritier and Laurent Hirsh(eds.), *De Lege Ferenda. Réflexions sur le droit désirable en l’ honneur du Professeur Alain Hirsch* (Geneva: Editions Slatkine, 2004), p. 74; and Giovannini, ‘International Arbitration and *Jura Novit Curia*’, p. 2。

③ 《伦敦国际仲裁院仲裁规则》第22(1)(c)条：“除非当事人于任何时候另有书面约定，仲裁庭有权根据当事人的申请或者依照仲裁庭自己的动议进行下列事项，但必须事先给予各方当事人合理的机会表达他们的意见……进行仲裁庭认为有必要或有用处的查询，包括仲裁庭是否应该和应该到什么程序，去主动找出问题并确定有关的事实和适用于该仲裁的法律或法律规范，当事人争议以及仲裁协议的实质性问题。”

④ 相关概述，参见 International Law Association, Committee on International Commercial Arbitration, Final Report, ‘Ascertaining the Contents of the Applicable Law in International Commercial Arbitration’, Rio de Janeiro Conference, 2008, available at: www. ila – hg. org/en/committees/indes. cfm/cid/19, accessed 20 April 2012。

分歧。①

法院知法原则在ICSID仲裁庭实践中的应用

仲裁庭在投资协定仲裁中的实践显然背离了国际商事仲裁的实践。这一点已经在《华盛顿公约》下作出的众多撤销裁决中得到证实,其中特设委员会根据除当事方提出的理由以外的其他理由撤销了裁决②。例如,在*Klöckner* v. *Cameroon*一案中,特设委员会总结了这一原则的适用情况如下:

> 至于仲裁庭本身,在审议过程中,达成了临时结论,即其判决的真正法律基础很可能与当事方各自的论点不同,但并非如下所述原则上禁止选择自己的论点。在作出决定之前是否重新开始程序,并允许双方对仲裁员的"新"论点提出意见,这是一个权宜问题。真正的问题是,仲裁庭是否因为自己的理论和论点超越了申诉人和被诉人确定的"法律框架"。例如,如果仲裁庭根据侵权行为作出裁决,而当事人的请求却是以合同为基础。在争议的"法律框架"内,仲裁员必须自由地找到最好的论据,即使这些论点并非由当事人提出(尽管他们本来可以)。即使仲裁员最好避免将其决定基于当事方尚未讨论过的论点,显然并不表示他们因此实施了"严重背离基本程序规则"的行为。任何其他解决方案都会使仲裁员不得不去做各方的工作,为他们提供法律咨询服务,

① 相关讨论,参见Giovannini,'International Arbitration and *Jura Novit Curia*',pp. 4 –6。

② Christoph Schreuer,'Three Generations of ICSID Annulment Proceedings',in Emmanuel Gaillard and Yas Banifatemi(eds.),*Annulment of ICSID Awards*(Huntington,NY: Juris,2004),p. 30.

并有可能使仲裁解决程序放缓甚至瘫痪。①

Vivendi I 中的特设委员会也更加含蓄地确认了该原则的适用和仲裁庭酌情决定对法律和事实的解释：

原告辩称仲裁庭的裁定未经宣布，因此他们没有机会使用与特许经营合同第16(4)条有关的事实理由反驳其对原告请求提出的异议。仲裁庭可能采取特殊的做法试图调和案件中各种冲突的因素，并给当事人带来一些意外，或者至少对其中一些人产生意外。但即使这是真的，在国际或国内的司法决策中，这绝不是前所未有的，它与《华盛顿公约》第52(1)(d)条所设想的撤销裁决的理由无关②。

这一考虑被仲裁委员会在 *Helnan* v. *Egypt* 案中采纳。③

在 *RSM Production Corporation* v. *Grenada* 案中，委员会同样"越权"来考虑当事人没有提出的论据：

申诉人或被申诉人都没有引用，但还有一些仲裁裁决涉及国际法院和仲裁庭重新审理新发现证据的权力。根据法院知法原则，仲裁委员会能够考虑这些决定的相关性。④

---

① *Klöckner Industrie - Anlagen GmbH and others* v. *United Republic of Cameroon and Société Camerounaise des Engrais*, ICSID Case No. ARB/81/2, Decision of the Ad Hoc Committee, 3 May 1985. See also *Wena Hotels Ltd* v. *The Arab Republic of Egypt*, ICSID Case No. ARB/98/4, Decision on Annulment, 5 February 2002, para. 70.

② *Campañiá de Aguas del Aconquija SA and Vivendi Universal* v. *Argentina*, ICSID Case No. ARB/ 97/3, Decision on Annulment, para. 84.

③ *Helnan International Hotels A/S* v. *Arab Republic of Egypt*, ICSID Case No. ARB/05/19, Decision on the Application for Annulment, 14 June 2010, para. 23.

④ *RSM Production Corp.* v. *Grenada*, ICSID Case No. ARB/05/14, Decision on RSM Production Corporation's Application for a Preliminary Ruling, 29 October 2009, para. 23.

对法院知法原则的存在是否意味着仲裁庭有义务有效行使该权力存在不同看法。米切尔诉刚果案(*Mitchell* v. *Congo*)的特设委员会认为,仲裁庭没有这样的义务,但这可以期待从仲裁庭获得:

> 仲裁庭可以根据公约所允许的那样,侧重于强调条约中其他条款的原意,这可能为对申诉人采取的措施进行辩解。类似的方法是沿用法院知法原则——DRC在废止裁决程序中特别倾向的理由——但这并不是仲裁庭真正需要的,因为严格地说,它不适用于任何适用法律的义务。这只是一种选择——并且各方应该有机会在这方面进行辩论——因此,仲裁庭不适用该原则是不可能得出任何结论的。①

在安然诉阿根廷案件(*Enron* v. *Argentina*)的问题上,特设委员会还认为:

> 从仲裁庭收到的材料来看,当事人在仲裁庭上的陈述似乎没有明确地指出和论证上述问题,这可以解释仲裁庭为什么没有明确地解决这些问题。仲裁庭不需要明确地说明当事人提出的每一个论点,因此,仲裁庭不必强调当事人没有提出的论点。②

除了这个一般原则,安然诉阿根廷案的仲裁委员会决定根据仲裁庭未能适用准据法而撤销原仲裁裁决。③ 但是,这本身并不

---

① *Patrick Mitchell* v. *Democratic Republic of the Congo*, ICSID Case No. ARB/99/7, Decision on the Application for Annulment of the Award, 1 November 2006, para. 57.

② *Enron Corporation and Ponderosa Assets LP* v. *The Argentine Republic*, ICSID Case No. ARB/01/3, Decision on the Application for Annulment of the Argentine Republic, 30 July 2010, para. 375.

③ *Ibid.*, paras. 376 ff.

违背仲裁庭没有义务适用法院知法原则的一般原则。仲裁委员会只是提出了对该原则适用范围的限制:虽然仲裁庭没有义务考虑当事人没有提出的法律论证理由,但这可能不会导致不适用当事人所选的法律。换言之,即使当事人没有提出构成准据法的一部分的基本法律论证,在本案中,用于解释 ILC 第 25(1)(a)条中对国家责任的"唯一方式"这一要求的国际惯例,让仲裁庭不能免除适用相关法律规则的义务。基于这些案例,似乎在《华盛顿公约》下运作的国际投资仲裁庭不受当事人提出的唯一法律论证的约束,因为他们没有义务根据当事人提出的论点设立裁决。然而,这一原则不允许偏离争端各方定义的争议的准据法的范围。

法院知法原则与 ICSID 之外的投资协定仲裁

在正式的 ICSID 背景之外,投资协定仲裁中对于"法官知法"这一格言的适用稍有争议。基本上基于国际商事仲裁适用的程序规则,"法官知法"这一原则的适用在非 ICSID 仲裁中并没有被统一接受,主要是因为对于国际商事仲裁中的当事人意思自治原则的强调。[①] 然而,非 ICSID 仲裁中的若干仲裁庭也支持了投资仲裁庭的固有权力,以适用各方尚未提出的法律论据,这可能证明,在基于条约的投资仲裁中,即使在 ICSID 框架之外,该原则也应该被适用。根据《UNCITRAL 仲裁规则》进行的 CME 诉捷克共和国一案的仲裁庭认为,仲裁庭不是"必须研究、查找和适用当事方尚未辩论或提及且尚未被当事方确定的国家法律,仲裁庭对仲裁庭的决定至关重要"。[②] 然而,这一声明涉及国内法的适用问题,因此,仲裁庭不太可能设想假定一项适用于国际法的一般原

---

① Kaufmann - Kohler, 'Iuia novit arbiter Est - ce bien raisonnable?', p. 72 and Giuditta Cordero - Moss, 'Tribunal's Powers versus Party Autonomy', in Peter Muchlinski, Frederico Ortino and Christoph Schreuer (eds.), *The Oxford Handbook of International Investment Law* (Oxford University Press, 2009), pp. 1210 - 1211.

② *CME* v. *Czech Republic*, UNCITRAL, Final Award, para. 411.

则。在提到"ICSID 惯例"时，波格丹诺夫诉摩尔多瓦一案（*Bogdanov* v. *Moldova*）仲裁庭根据 SCC 仲裁规则进行了一项被诉方缺席的案件，[①]裁决指出：

> 关于在瑞典发生的国际仲裁，有时会适用法院知法原则，但仲裁员应当告知当事人并介绍新的法律渊源，以便他们有可能对新的法律渊源进行评论[②]……
>
> ……仲裁庭决定的依据不限于当事人提出的论点。只要仲裁庭将评审的范围限于当事人所陈述的事实，它就在准据法的范围内（特别是只要它仍在仲裁程序中所提到的法律渊源的框架内）是有自由裁量权的，用来确定法律资格以及决定其认为正当的法律后果，即使当事人没有申辩……在目前的程序中，即使申诉方没有援引 BIT 中任何特定的条款，该 BIT 构成了仲裁程序的法律基础，因为申诉方已在该 BIT 之下启动了本程序，并将该 BIT 列为需要适用的法律来源之一。因此，在作出裁决的时候，对 BIT 的考虑可能不应被认为在当事任何一方的预期范围之外。[③]

这里提到的"在瑞典进行的国际仲裁"，一方面似乎表明，这一判决是基于瑞典的仲裁实践和规则。同时，需要重点注意的是仲裁员在第二段中提到的"该 BIT 构成仲裁程序的法律基础"这一事实。

在 1979 年 BP 勘探公司（利比亚）有限公司诉利比亚［*BP Ex-*

---

① *Iurii Bogdanov, Agrudino - Invest Ltd and Agurdino - Chimia JSC* v. *Republic of Moldova*, SCC Case No. 93/2004, Arbitral Award, 22 September 2005, para. 2. 2. 1, p. 10.

② *Ibid*.

③ *Ibid*., para. 4. 2. 2, p. 14.

ploration Co.（*Libya*）*Ltd* v. *The Government of the Libyan Arab Republic*］一案的裁决中，由一名独任仲裁员组成的仲裁庭发现，仲裁庭不仅有权，而且还被迫需要对其认为相关的法律问题进行独立审查，并在申诉方所依赖的材料范围内进行大量的法律研究。因此，裁决中的结论是基于较索赔问题的更广泛的考虑，而不是申诉方支持其主张的论点所允许的。① 这一考虑是基于仲裁程序中被诉方的缺席。

法院知法原则和邀请各方对对方没有提出的论点进行评论的必要性

一个相关的问题是，如果仲裁庭决定适用的论证理由与当事人所提出的法律论证不同，其应该邀请当事人对具体的法律论证作出评论。这在一些国内法律体系中是必需的，②但在《华盛顿公约》下进行的投资协定仲裁中一般不被认为是强制性的。③ 虽然在 ICSID 仲裁规则中没有明确规定，但由于各种撤销裁决的决定一直不允许根据当事人未提出的法律论点作出裁决，因此裁定仲裁庭可以基于当事人没有提出的法律理由作出裁决，且无须邀请当事人对此进一步评论。然而，*Mitchell* v. *Congo* 案的特设委员会确实认为，当仲裁庭行使其职权，而不是当事人提出法律论证时，应当听取各方的意见。④ 实际上，在某些场合，仲裁庭要求当

---

① *BP Exploration Co.*（*Libya*）*Ltd* v. *The Government of the Libyan Arab Republic*, Award, *International Law Reports*, 53(1979): 297 at 313(p. 22 of the original award).

② 例如法国，参见 Catherine Kessedjian, 'Principe de la contradiction et arbitrage', *Revue de l'arbitrage*, 3(1995): 381, 399。

③ See Schieuer, 'Three Generations of ICSID Annulment Proceedings', p. 30.

④ *Mitchell* v. *Congo*, ICSID Case No. ARB/99/7, para. 57.

事人对仲裁程序后期作出的不包括当事人意见的裁决作出评论。[①] 在 ICSID 正式体系之外，实践与应用的原则一样是有所不同的，并且可以依赖于适用法院地法（*lex fori*）。[②]

仲裁庭可以适用当事人未提交的法律论点这一观点显然是有局限性的，这是仲裁作为争端解决方法的本质。例如，如果仲裁庭引入了一些新的法律渊源，如条约等没有被纳入双方书面陈述之中的法律，或者要求双方引入新的证据或事实，而这些新的证据或事实根据当事人提出的原始论点不存在关联性，征求意见似乎是可取的，即使不是必需的。[③] 一般而言，当仲裁庭对当事人提出的事实适用与其不同的法律要求时，只要仲裁庭的推理纯粹合法，就没有什么理由不在合理范围内适用其认为合适的法律推理。当仲裁庭被要求适用国际公法的规则和原则时更应如此。[④]

法院知法原则与投资协定仲裁的国际公法基础

在投资协定仲裁中，对法院知法原则普遍接受的理由，至少就 ICSID 仲裁而言，显然在于投资争端的国际公法性质，以及作为一般的适用原则，国际公法在争端中的适用问题。在 ICSID 仲

---

① 相关讨论，参见 Andres Rigo Sureda, 'Precedent in Investment Treaty Arbitration', in Christina Binder, Ursula Kriebaum, August Reinisch and Stephan Wittich (eds.), *International Investment Law for the 21st Century. Essays in Honour of Christoph Schreuer*(Oxford University Press, 2009), pp. 834 – 5，以及案例有 *Malaysian Historical Salvors SDN, BHD* v. *Malaysia*, ICSID Case No. ARB/05/10, Award, 17 May 2007, and *Zhinvali Development Ltd* v. *Republic of Georgia*, ICSID Case No. ARB/00/1, Award, 24 January 2003 (unpublished)。

② 相关讨论，参见 Cordero – Moss, 'Tribunal's Powers versus Party Autonomy', p. 1241 and Giovannini, 'International Arbitration and Jura Novit Curia', p. 9。

③ Condero – Moss, 'Tribunal's Powers versus Party Autonomy', p. 1241. See also ILA, Committee on International Commercial Arbitration, Final Report, 'Ascertaining the Contents of the Applicable Law in International Commercial Arbitration'.

④ See also Schill, 'Crafting the International Economic Order', p. 422.

裁规则与 BIT 中，一般没有任何规定，也不存在能够作为仲裁庭这类权力来源的条款。显然，这样的权力不能建立在某些投资协定中公允善良原则之上。[1] 这种权力属于国际投资仲裁庭的固有权力。然而，这并不能解释为什么国际投资仲裁庭特别具有这种固有权力，特别是当它与国际商事仲裁相比较时。[2] 唯一合理且合乎逻辑的解释，保证了在投资协定仲裁中应用法院知法原则，是将国际公法作为适用法律的一部分。[3] 参照 ICJ 在上述渔业管辖权案（*Fisheries Jurisdiction* case）中的意见，Paulsson 认为，国际投资争端的国际公法特征使法官知法原则在国际投资仲裁庭上的适用正当化。在提出"无论这项权力在何时由投资条约所规定适用的国际法所确立，国际仲裁庭是否因为属于国际法律系统中解决投资争端机构，而受到国际公法适用的限制，无论这些国际公法原则是否被当事人所提及"这个问题后，Paulsson 认为，"一个投资争端仲裁庭不能满足于无谓的请求，而只能支持两者中最不令人难以置信的那一个"。[4] 这种考虑的前提是争端中的国际公法适用以及一国主权范围在争端中的覆盖。国际投资仲裁庭的法律推理不能仅仅依赖于当事人提出的论点，否则将违背国际投资争端在国际公法角度内的一些问题。没有理由认为，该裁决可以依赖于研究不足和论证不足的法律理由，因为裁决无疑在争端各方之外具有更广泛的影响，例如，仲裁庭拥有审查主权国家

---

① 不同观点，参见 David M. Bigge，'*Iura Novit Curia* in Investment Treaty Arbitration：May？Must？'，Kluwer Arbitration Blog，29 December 2001，available at http://kluwerarbitrationblog.com/blog/2011/12/29/iura－novit－curia－in－investment－treaty－arbitration－may－must，accessed 24 April 2012。

② 这点已经被某些学者讨论过。例如，参见 Bigge，'*Iura Novit Curia* in Investment Treaty Arbitration'。

③ See also Schill，'Crafting the International Economic Order'，p.425.

④ Paulsson，'International Arbitration and the Generation of Legal Norms'，p.14.

国民的权力。[1] 国际投资法中仲裁裁决的法律推理不能取决于律师的选择和质量,以及他们向仲裁庭提出的法律论证。[2] 此外,这又强调了任命了解国际公法原则的仲裁员的必要性。

更基础的是,国际商事仲裁作为投资协定仲裁的模板,前者中的当事人意思自治原则是否也应严格适用于后者,这也是个问题。事实上,在国际公法和投资协定仲裁中对法院知法原则应用的整体讨论,以及与适用于国际商事仲裁原则的差异,更普遍地涉及审判式和对抗式诉讼程序的区别。

(二)纠问式程序 v. 对抗式程序

国际仲裁程序中,仲裁员在事实发现方面的具体权力根据程序是纠问性质还是对抗性质而有很大差异。传统上认为,这种两分法因为在英美法系中法官和仲裁员是对抗性的角色,而在大陆法系中法官和仲裁员则更多是纠问者。至于这种区分是否合理,特别是关于两种类型的系统是否可能以“纯粹”的形式存在的问题,都存在争议。[3] 在这里,我们的目的并非参与这个讨论。然而,仲裁程序中的国际仲裁员是否具有对抗性或纠问性的作用,当涉及的争议是国际投资争端时,该问题具有更大的争议性。

仲裁庭的权力来源

一般而言,仲裁庭的权力可能有如下来源:当事人的协议和

---

① See also Schill,‘Crafting the International Economic Order’,p. 422.

② *Ibid.*

③ See Cordero – Moss,‘Tribunal's Powers versus Party Autonomy’,p. 1211.

适用于仲裁程序的法律，其中包括仲裁所在地的国家仲裁法。[①] 在国际商事仲裁中，裁判既不完全是对抗式的，也不完全是纠问式的。即使在普通法系中，仲裁庭也有相当大的权力主动采取行动，如前一节所示，包括适用当事人未提出的论点。普通法系和大陆法系对仲裁员的权利和义务的描述是有限的，在仲裁员的权利方面，所有适用的仲裁规则都是相对趋同的，且有时是通过起草文件来实现的，例如2010年IBA规则。[②] 该规则作为国际商事仲裁的适用标准，得到了广泛的支持和认可。[③] 此外，在大多数仲裁规则下，仲裁庭通常具有广泛的权力来确定程序，前提是当事人没有作出其他决定，并且当然受到兼听原则（the principle of *audi alteram partem*）的限制。[④] 例如，《UNCITRAL仲裁规则》第17条规定：

> 仲裁庭可以以其认为适当的方式进行仲裁，但条件是当事各方得到平等待遇，并且在仲裁程序的适当阶段，每一方都有合适的机会进行陈述。仲裁庭在行使酌情处理权时应同时进行仲裁程序，以避免不必要的拖延

---

① 相关概述，参见 Blackaby *et al.*, *Redfern & Hunter on International Arbitration*, para. 6.107。关于投资仲裁庭，参见 Chester Brown, 'The Inherent Powers of International Courts and Tribunals', *British Yearbook of International Law*, 76 (2005): 195; Chester Brown, '*A Common Law of International Adjudication*' (Oxford University Press, 2007), pp. 36 ff, and Martins Paparinskis, 'Inherent Powers of ICSID Tribunals: Broad and Rightly So', in Todd Weiler and Ian Laird (eds.), *Investment Treaty Arbitration and International Law* (Huntington, NY: JurisNet, 2012), pp. 11 – 76。

② International Bar Association, 'IBA Rules on the Taking of Evidence in International Arbitration', adopted by a resolution of the IBA Council 29 May 2010, available at: www.ibanet.org/Publications/publications_IBA_guides_and_free_materials.aspx, accessed 8 January 2014.

③ Blackaby *et al.*, *Redfern & Hunter on International Arbitration*, paras. 5.08 ff.

④ *Ibid.*, paras 5.14 ff. 又参见 Margaret L Moses, *The Principles and Practice of International Commercial Arbitration* (Cambridge University Press, 2008), pp. 165 ff。

和费用,并为解决当事人的争议提供公平和有效的程序。[①]

剩余的分歧通常会由特定仲裁员根据其法律文化背景和所受法律训练来决定。[②] 由于仲裁的基础是当事各方的同意,仲裁员除了根据有关程序规则规定的权力以及当事人授予仲裁庭的权力外,通常没有专门的审问权。因此,很难将仲裁员在国际商事仲裁中的权力划分为对抗性或纠问性。

在《华盛顿公约》下的投资协定仲裁中,仲裁庭的权力来自授予仲裁庭管辖权的法律文书,主要是双边投资条约或多边条约,如《北美自由贸易协定》或《能源宪章公约》,以及 ICSID 程序规则和《ICSID 仲裁规则》。投资仲裁庭在非 ICSID 仲裁中的权力同样受到表达仲裁同意的国际法律文书以及当事方确定的仲裁机构程序规则(LCIA,SCC 或 ICA)的约束或临时仲裁情况下的联合国国际贸易法委员会仲裁规则的约束。《ICSID 仲裁规则》是完全独立的,仲裁所在地的国家法律对程序的进行没有影响,很明显,在非 ICSID 管理的程序中则并非如此。

仲裁庭权力的一般原则

尽管《华盛顿公约》的仲裁规则与其他仲裁规则下的程序规则有一些显著的区别,其中一些上文已经强调过,但除仲裁庭可以独立或自行调查外,规范 ICSID 仲裁员具体权力的一般原则与国际商事仲裁规则的相关原则并没有很大差异。

正如国际商事仲裁中的情况一样,ICSID 仲裁庭在程序问题

---

① 也参见《国际商会仲裁规则》第 15 条:"(1)仲裁庭审理案件的程序应遵循本规则,本规则没有规定时,依当事人约定的规则;当事人未约定时,依仲裁庭确定的规则,可参照也可不参照仲裁所适用的某国程序法规则。(2)仲裁庭在任何情况下都应公平和公正行事,保证各当事人均有合理的陈述机构。"

② Kaufmann – Kohler,'Globalization of Arbitral Procedure',p. 1331.

上具有相当的自由裁量权：

> 任何仲裁程序应依照本节规定，以及除双方另有协议外，依照双方同意提交仲裁之日有效的仲裁规则进行。如发生任何本节或仲裁规则或双方同意的任何规则未作规定的程序问题，则该问题应由仲裁庭决定。[①]

说明国际商事仲裁和投资协定仲裁程序规则相对趋同的一个例子是对仲裁庭在事实和文件编制问题上的权力的规范。在国内和国际诉讼中，有关文件制作的程序明显是由国内法或法庭程序规则明确规定的。同样，在国内仲裁中，鉴于适用的程序法和习惯，文件编制问题和仲裁员在这方面可能会发挥的作用并不构成重大问题。[②] 然而，在国际商事仲裁和投资协定仲裁中，鉴于适用法律规则的复杂性，问题更为复杂。首先，就举证责任而言，国际商事仲裁一般与国际司法程序一样，要求当事各方提供证据支持其陈述[③]。《UNCITRAL 仲裁规则》第 24 条以及 ICJ 的议事规则均有此要求。[④] 其次，一般而言，仲裁规则规定了仲裁庭可以要求当事人提供补充信息和文件，并可以指定专家，该情况与国

---

① 《华盛顿公约》第 44 条。

② Blackaby *et al.*, *Redfern & Hunter on International Arbitration*, para. 6. 104.

③ *Ibid.*, para. 6. 92.

④ 例如，参见 ICJ 的议事规则第 38 条和第 49 条。又如，又参见 Pulp Mills 一案中，法院的法官在判决中重申："首先，法院认为，根据已确立的举证责任原则，当事人有责任确定这些事实的存在……自然，申请人须在一审时提交有关证据以证实其主张也是意料之中的事情。[International Court of Justice, *Pulp Mills on the River Uruguay* (*Argentina* v. *Uruguay*), Judgment, 20 April 2010, *ICJ Reports*, 2010, 14, paras 162 - 163.]

际诉讼规则相类似。[①] 例如,《华盛顿公约》第 43 条规定,“除双方另有协议,如果仲裁庭在仲裁的任何阶段认为有必要时,它可以:(一)要求双方提交文件或其他证据;(二)访问与争端有关的场地,并在该地进行它可能认为适当的调查”。《UNCITRAL 仲裁规则》第 27(3)条同样规定,“在仲裁程序进行期间的任何时候,仲裁庭均可要求各方当事人在应由仲裁庭决定的期限内出示文件,证物或其他证据”。LCIA 的仲裁规则也有类似的规定,即仲裁庭有权命令任何一方向仲裁庭提交并向其他当事方出示相关文件以供查阅。[②]

仲裁庭在投资协定仲裁中独立或自主询问

就仲裁庭的独立或自主询问而言,国际商事仲裁与投资协定仲裁的区别更为突出。

第一,在一方当事人未到庭时,《华盛顿公约》规定,在这种情况下,“另一方可以请求仲裁庭处理向其提出的问题并作出裁决”,但同时又补充说,不出庭“不得视为接受另一方的主张”。[③]《UNCITRAL 仲裁规则》同样规定,“如果根据本规则,接受正式通知的一方未在听证会上出现,而未说明未到庭的充分理由,仲裁庭可以继续进行仲裁”。[④] 因此,如果一方当事人未能参加仲裁程序,并且未能提出必要的事实信息用以反驳原告提出的请求,

---

① 例如,参见《国际法院规约》第 48 条:法院为进行办理案件应颁发命令;对于当事国每造,应决定其必须终结辩论之方式及时间;对于证据之收集,应为一切之措施。又参见第 49 条(法院在开始审讯前,亦得令代理人提出任何文件,或提供任何解释。如经拒绝应予正式记载)和第 50 条(法院得随时选择任何个人、团体、局所、委员会、或其他组织,委以调查或鉴定之责)。此外,这被认为是国际法院和法庭的固有权力,源于国际法院履行其在解决争端方面的职能的需要(Brown,‘The Inherent Powers of International Courts and Tribunals’,p. 90)。

② 《伦敦国际仲裁院仲裁规则》第 22(1)(e)条。又参见《国际商会仲裁规则》第 20 条和《斯德哥尔摩商会仲裁院仲裁规则》第 26 条。

③ 《华盛顿公约》第 45 条。

④ 《联合国国际贸易法委员会仲裁规则》第 30(2)条。

则仲裁庭可以继续进行程序以解决争端。但是，特别是在国际投资争端中，考虑到争端的国际公法性质和国家的参与，仲裁庭应调查原告提出的事实信息的相关性和法律价值。这一原则在《华盛顿公约》中有明确的规定，且在许多其他国际诉讼中也是常见的。因此，ICJ 的规约同样地，但更明确地规定："当一方当事人不出庭，或未能为其辩护时，另一方可请求法院作出决定，以支持其主张。在这样做之前，法院必须自己满足要求，不仅它要有管辖权，而且事实上与法律上该主张是有根据的"。[①] 国际商事仲裁和主要普通民法管辖下的仲裁之中，仲裁员一般没有或只有有限的、独立的实情调查权；而与之相比，国际投资仲裁庭应有效地参与调查事实情况，[②]特别是涉及第三方利益时。[③] 当然，这可以通过使用笔者在上面讨论过的《华盛顿公约》授予投资协定仲裁庭的权力来完成。同时，赋予国际仲裁员过于宽泛的纠问式角色，将与仲裁的性质背道而驰。

第二，仲裁庭在行使权力要求提供某些文件，以及在当事人一方未能提供仲裁庭要求的文件的情况下可能适用的制裁上的权力可能存在差异。《ICSID 仲裁规则》授权仲裁庭"在诉讼程序的任何阶段认为有必要……"(a)要求当事人出示文件、证人和专

---

① 《国际法院规约》第 53 条。

② 相关讨论，参见 ILA. Committee on International Commercial Arbitration, Final Report, 'Ascertaining the Contents of the Applicable Law in International Commercial Arbitration', p. 5(fn. 10)。

③ 又参见 Schill, 'Crafting the International Economic Order', pp. 423 – 424。

家;(b)视察与争端或文件有关的任何地方。[①] 如果一方当事人不能提供所要求的文件,规则并不当然认为文件不利于该方的利益,但需要简单标明“仲裁庭会正式记录,该当事人不能履行其该条款下的义务,也未给出任何理由”。[②] 然而,2010 年 IBA 关于在国际仲裁中取证的规则,相反地规定,在未能获得仲裁庭要求文件的情况下,存在仲裁庭可以裁定该文件不利于当事人的可能性。[③]

《关于 UNCITRAL 组织仲裁程序的非约束性注释》中包含了类似的规则,该规则规定,如果未能提交所要求的书面证据,仲裁庭可以自由地从未履行的行为中得出结论,并且可以根据收到的证据材料做出裁决”。[④] 然而,《UNCITRAL 仲裁规则》只规定“如果仲裁庭正式要求出示文件、证物或其他证据的当事人在规定的期限内未能如此行事,也没有表明有足够的理由不履行该义务,仲裁庭可以依据收到的材料作出裁决”。[⑤] 根据仲裁庭适用程序规则的裁量权,在适用的仲裁规则缺乏此类条例以及双方当事人之间达成协议的情况下,若干仲裁庭已转向或适用了 IBA《关于

---

① 《ICSID 仲裁规则》第 34(2)(a)条。有趣的是,我们注意到《ICSID 仲裁规则》的同一条款还明确授权仲裁庭“在整个仲裁期间如认为必要”可以“勘察争议所涉及的现场,或在此现场进行调查”。这种权力与国际法院进行现场勘查的权力非常相似:“法院得主动或根据当事国一方的请求随时决定其在与案件有关的地方或场所搜集证据的职务,但须按照法院在查明当事国双方意见后所决定的条件”(法院规则第 66 条)。尽管实践中并不经常使用,而且仲裁规则普遍对此未作出明确规定,但是国际商事仲裁庭拥有进行实地勘验的权力也被普遍承认。参见 Blackaby *et al.*, *Redfern & Hunter on International Arbitration*, para. 6. 175。又参见《关于取得国际仲裁证据的规则》第 7 条。

② 《ICSID 仲裁规则》第 34(3)条。

③ 《关于取得国际仲裁证据的规则》第 9(5)条。

④ UNCITRAL Notes on Organizing Arbitral Proceedings, para. 51.

⑤ 《联合国国际贸易法委员会仲裁规则》第 30(3)条。

取得国际仲裁证据的规则》作为适用于文件提交的规则。[1] 同样，在 ICSID 附属机构下运作的若干 ICSID 仲裁庭明确提到，如果拒绝出示所要求的文件，仲裁庭可能会提出不利的推论。[2]

由于国家在投资协定仲裁中的参与，以及仲裁庭评估国家主权的行使，在文件提交方面存在限制。首先，投资协定可能限制某些文件的提交。因此，NAFTA 第 2102 条规定，本协定中的任何内容不应被解释为要求任何一方提供或允许获取其确定与其本质安全利益背离的任何信息。类似的说法也出现在了一些 BIT 之中，通过所谓的“审议和预决特权”或“皇权特许”给予某些文件特定保护。BIT 可能因此限制仲裁庭下令提交某些受特权保护的文件。例如，《加拿大投资促进及保护协议范本》(Canadian Model FIPA)第 38(7)条规定：“仲裁庭不得要求当事人提供或允许获取信息，这些信息将妨碍执法，或违反当事人保护内阁机密、个人隐私或金融机构个人账户及财务的账目的要求，或者与金融机构的基本安全性背道而驰”。这一原则通常得到国际仲裁庭的支持，也被包括在 IBA《关于国际仲裁中取证规则》第 9(2)(f)条中。然而，仲裁庭同时也对国家强加了证明某些特权适用于所要求的文件的负担。如 ADF 集团诉美国一案的仲裁庭所指出的：

---

① 例如，参见 *CME Czech Republic BV* v. *Czech Republic*, UNCITRAL, Partial Award, 13 September 2001, para. 46, in which the Tribunal noted that ‘In accordance with Art 15. 1 of the UNCITRAL Arbitration Rules, the Tribunal decided to conduct the arbitration in the manner it considers appropriate. For this purpose, the Tribunal decided, to the extent appropriate, to apply the IBA Rules.’ 又参见 *International Thunderbird Gaming Corp*. v. *The United Mexican States*, UNCITRAL, Procedural Order No. 2, 31 July 2003。

② 例如，参见 *Waste Management, Inc*. v. *The United Mexican States*, ICSID Case No. ARB(AF)00/3, Procedural Order Concerning Disclosure of Documents, 1 October 2002, para. 6; and *Feldman* v. *The United Mexican States*, ICSID Case No. ARB (AF)/99/11, Procedural Order No. 2, 3 May 2000, para. 8。

> 仲裁庭注意到,被诉方提出的一般异议是指该文件“受到法律保护不被披露,包括但不限于被保护的律师委托人文件和政府审议及预决特权”。仲裁庭裁定,如果被诉方能够确定被提及的特权的适用性,被诉方将必须指定一个或多个特权要求的文件,以及要求的特定特权的性质和范围,以及显示后者于前者的适用性。这是一个未来确定的问题,如果被诉方决定在其特权要求下,实际保留其应向原告提供的特别文件。[①]

Biwater Gauff 诉坦桑尼亚一案的仲裁庭指出,坦桑尼亚宪法中包含的“公共利益豁免”原则(the doctrine of “public interest immunity”)在该仲裁过程中已经由该国援引,“不是对于《ICJ 规约》第38(1)(c)条旨在规定的一般原则的理解。《华盛顿公约》或《ICSID 仲裁规则》(赋予 ICSID 仲裁庭下令提交文件的更广权力)也没有规定,而且“接受被诉方的理论会造成双方之间的不平衡,仲裁庭认为这是不可接受的。这确实是国际仲裁最基本的原则之一,即“平等对待各方”。[②] 与此同时,仲裁庭认为,“该国拒绝向本仲裁庭提交文件的唯一理由是保护包括国家机密在内的特权或政治敏感信息”。[③] 因此,ADF 集团诉美国案的仲裁庭,向被诉方强加了以下义务:

> 确定相关文件,并说明为什么按照上述原则应该扣留相关文件或为了保密而披露受到特定限制……仲裁庭在这方面强调,文件可能会对被诉方在本次仲裁中的

① *ADF Group Inc.* v. *United States of America*, ICSID Case No. ARB(AF)/00/1, Award, 9 January 2003, para. 38.

② *Biwater Gauff(Tanzania) Ltd* v. *United Republic of Tanzania*, ICSID Case No. ARB/05/22, Procedural Order No. 2, 23 May 2006, paras 8 – 9.

③ *Ibid*.

立场产生不利影响，不足以将该文件限定为具有政治敏感性。[①]

仲裁庭指定的专家

最后，仲裁庭有权力任命专家来协助仲裁庭。一般而言，主要仲裁规则赋予仲裁庭指定该庭专家的权力，通常规定很明确，例如，在ICC、LCIA和UNCITRAL仲裁规则中，[②]只要当事人平等地受到尊重，当事人就有机会充分陈述他们的案件。[③]

与上述规则相反，《华盛顿公约》和《ICSID仲裁规则》都没有明确规定这种可能性。然而，在有限数量的案件中，仲裁庭已经借助对专家的任命，协助仲裁庭对损害进行评估。[④] 这一权力建立在《华盛顿公约》第43条基础上，允许该仲裁庭："除双方另有协议，如果仲裁庭在程序的任何阶段认为有必要时，它可以：(一)要求双方提出文件或其他证据；(二)访问与争端有关的场地，并在该地进行它可能认为适当的调查"。《华盛顿公约》第44条包含仲裁庭更普遍的权力，来决定《华盛顿公约》或《ICSID仲

---

① *Biwater Gauff(Tanzania) Ltd* v. *United Republic of Tanzania*, ICSID Case No. ARB/05/22, Procedural Order No. 2, 23 May 2006, paras 8–9.

② 例如，参见《国际商会仲裁规则》第25(4)条、《伦敦国际仲裁院仲裁规则》第21(1)(a)条和《联合国国际贸易法委员会仲裁规则》第29(1)条。

③ Claus von Wobeser, 'The Arbitral Tribunal – appointed Expert', *Transnational Dispute Management*, 4(3)(2007): 2.

④ 例如，参见 *CMS Gas Transmission Co.* v. *The Argentine Republic*, ICSID Case No. ARB/01/8, Award, 12 May 2005; *LG&E Energy Corp.*, *LG&E Capital Corp. and International Inc.* v. *The Argentine Republic*, ICSID Case No. ARB/02/1, Award on Damages, 25 July 2007; *Sempra* v. *The Argentine Republic*, ICSID Case No. ARB/02/16, Award, 28 September 2007; *Enron Corporation and Ponderosa Assets LP* v. *The Argentine Republic*, ICSID Case No. ARB/01/3, Award, 22 May 2007; and *National Grid plc* v. *The Argentine Republic*, UNCITRAL, Award, 3 November 2008。完整的清单，参见 Schreuer *et al*, *The ICSID Convention*, in their discussion of Article 43 (at paras 11 and 97)。关于此实践的讨论，参见 Joshua B. Simmons, 'Valuation in Investor – State Arbitration: Toward a More Exact Science', *Berkeley Journal of International Law*, 30(1)(2012): 196.

裁规则》不涉及的任何程序问题。[①] 在国际商事仲裁或投资协定仲裁中,仲裁庭指定专家和惯例没有实质性的区别。然而,需要重点指出的是,无论是《华盛顿公约》还是《ICSID 仲裁规则》,都没有一个特定的规定明确地赋予仲裁庭指定专家的权力,这往往证实了一种更具对抗性而非纠问式的仲裁角色。

在投资协定仲裁的实践中,仲裁庭任命专家的问题并未引起太多关注,而且由于这种任命在大多数情况下都有效——有几个例外,其中一个笔者将会在下面讨论——已被明确或暗示地准许,或由当事人同意。[②] 可以指出,这种做法可能有助于向仲裁庭提供必要的技术和财务信息,以便对被诉方国家所造成的损害和赔偿进行评估,并可因此加强该裁决的合法性。[③]

然而,在最近的 Abaclat 案中,仲裁庭决定任命一名专家,不是协助仲裁庭对损害进行估价,而主要是审查和核实数据库中所载的信息,其中载有大量申诉人的在该"大规模索赔"程序中的细节信息。[④] 仲裁庭做出任命并授权该专家的这一决定,是在没有争端双方明确同意的情况下,仲裁员 Santiago Torres Bernardez 对

---

① 第 44 条:"任何仲裁程序应依照本节规定,以及除双方另有协议外,依照双方同意提交仲裁之间有效的仲裁规则进行。如发生任何本节或仲裁规则或双方同意的任何规则未作规定的程序问题,则该问题应由仲裁庭决定"。

② 相关讨论,参见 Abaclat and others(*case formerly known as Giovanna a Beccara and others*) v. *The Argentine Republic*, ICSID Case No. ARB/07/5, Procedural Order No. 15, 20 November 2012, Dissenting Opinion of Dr Torres Bernárdez, paras 41 ff。

③ Simmons, 'Valuation in Investor – State Arbitration', p. 242. See also the Separate Opinion of Domingo Belo Janeiro in Siemens v. Argentina, ICSID Case No. ARB/02/8, Award and Separate Opinion, paras. 4 – 5. See, however, David Caron, Matti Pellonpää and Lee M. Caplan, *The UNCITRAL Arbitration Rules. A Commentary*(Oxford University Press, 2006), p. 668.

④ *Abaclat* v. *Argentina*, ICSID Case No. ARB/07/5, Procedural Order No. 15, 20 November 2012, para. 19.

此表示严厉批评。[①] Torres Bernardez 不仅反对针对专业知识的条款和条件,[②]更重要的是,反对这种任命的法律依据。[③] 这位意见不同的仲裁员指出,被申诉人未同意,可以认为该决定违反了《华盛顿公约》第 43 条和第 44 条以及《ICSID 仲裁规则》第 34 条。[④] 尽管事实上如果没有当事方的同意,仲裁庭任命专家的权力是有争议的,但考虑到本案的特殊性质以及未经双方同意,很难从中得出任何确凿的结论。

① *Ibid.* ,Dissenting opinion of Dr. Torres Bernárdez.

② *Ibid.* ,paras 46 ff.

③ *Ibid.* ,paras 6 ff.

④ *Ibid.* ,para. 44.

第四章

投资协定仲裁中的准据法与非投资考量

《华盛顿公约》本身不包含关于国家对外国投资者的实质性义务的任何规定。该公约仅确立了有管辖条件(第 25 条)地适用于解决国家和外国投资者之间投资争端的程序。

投资协定仲裁现在是一种争端解决方法,主要目的是确定东道国是否违反了其国际投资协定下的国际义务,这意味着(投资仲裁的)准据法基本上由国际公法组成。这并不是说国内法没有任何作用,但与国际公法相比,其对争端本身的适用将是有限的。

本章的目的不是要提供投资协定仲裁准据法的一般概述。[①] 相反,笔者将确立适用于投资协定仲裁的主要原则,并且由此清晰地证实国际公法具有支配地位的影响力。对准据法的一般规则进行总结是必要的,特别是对国际公法是否以及在何种程度上适用于投资协定仲裁的问题而言。另外,笔者还将特别关注投资仲裁庭是否可以考虑国际人权法案和规则,以及国际投资协定和

---

① 就此问题,参见 Yas Banifatemi,'The Law Applicable in investment Treaty Arbitration',in Katia Yannaca - Small(ed.),*Arbitration under International Investment Agreements. A Guide to the Key Issues* (Oxford University Press,2010),pp. 191 - 210。

习惯法规则的问题。

笔者首先将简要介绍投资协定仲裁准据法的有关规则，然后讨论国际投资仲裁庭是否可以考虑非投资因素，特别是投资义务与人权义务之间可能呈现何种冲突及如何解决上述冲突的问题。

一、投资协定仲裁中的准据法：基本原则

由于投资协定仲裁以国际商事仲裁为模板，[①]且投资仲裁是一种仲裁程序，当事人意思自治原则，包括确定适用于实体争议的法律，是非常重要的。[②] 作为意思自治原则的应用，就准据法（的规定）而言，《华盛顿公约》包含一种对各方当事人选择适用的法律的反致，如果当事人未选择准据法，则是对争端缔约国的法律和国际法的有关规则的反致。

（一）当事人选择的准据法和《华盛顿公约》第42(1)条

原则上，规定仲裁庭解决争端的管辖权的法律文件，决定解决争端所适用的法律规则。如果该法律文件中没有关于准据法的具体规定，则各方当事人选择的程序规则通常会包含一项条款，使仲裁庭可以决定其应该适用的法律。因此，根据《华盛顿公

---

① See Aron Broches, 'The Convention on the Settlement of Investment Disputes Between States and Nationals of Other States', *Recueil des Cours*, 136(1972): 388 ff.

② 《华盛顿公约》中准据法的规定与确定中心的管辖权无关。正如诸多仲裁庭和专门委员会多次确认的那样，条约和公约第42条中的选择准据法的规定仅适用于争议的实体部分。例如，*CMS Gas* v. *Argentina* 一案中的专门委员会指出：委员会首先确认，中心（对投资纠纷）的管辖权不是由《华盛顿公约》第42(1)条决定的，而是由第25条决定的。仲裁庭的权限由表达各方同意（将争端）提请ICSID仲裁的文书条款决定，即在本案中是阿根廷与美国双边投资协定。因此，正如仲裁庭所正确认定的那样，"适用的有关管辖权的规定只是公约和双边投资协定中的相应条款，而不是国家立法可能产生的规定。正如本案裁决和许多其他ICSID裁决所确认的那样，在确定仲裁权的管辖权方面，阿根廷的法律是无关的。［*CMS Gas Transmission Co.* v. *The Argentine Republic*, ICSID Case No., ARB/01/8, Decision on Annulment, para. 68 (internal footnotes omitted).］

约》第42(1)条的规定，投资仲裁庭必须"依照双方可能同意的法律规则对争端作出裁决"。同时，《华盛顿公约》第42(1)条规定，"如无此种协议，仲裁庭应适用作为争端一方的缔约国的法律(包括其冲突法规则)以及可能适用的国际法规则"。《UNCITRAL仲裁规则》也有类似规定，根据这些程序规则开展工作的仲裁庭在决定准据法方面拥有广泛的自由裁量权，各方当事人未做出具体准据法的选择的，"仲裁庭应适用各方当事人指定适用于实体争议的法律规则。各方当事人未作此项指定的，仲裁庭应适用其认为适当的法律。"①

由此，《华盛顿公约》第42条建立如下规则：各方当事人选择的法律构成准据法，并且，如果当事人没有选择准据法，仲裁庭应当适用东道国的法律和国际法的有关规则。正如已经被注意到的，这一系统不仅提供了灵活性(协议仲裁参考适用各方当事人选择的法律)，还提供了确定性[《华盛顿公约》第42(1)条第二部分，即第二句，译者注]。② 此外，应当补充说明的是，依据《华盛顿公约》成立的仲裁庭不得借口法律无明文规定或含义不清而暂不作出裁决，③且华盛顿公约体系(ICSID system)下仲裁庭未适用应适用的法律可能导致仲裁裁决由于(仲裁庭)"明显越权"而被撤销。④

如今，大多数双边投资协定都包含与《华盛顿公约》第42(1)条第二部分非常相似的关于准据法的规定。⑤ 尽管如此，仍有一定数量的双边投资协定中缺少具体的法律适用条款的规定，这意

① Article 35(1) of the UNCITRAL Arbitration Rules.

② Schreuer *et al.*, *The ICSID Convention*, p. 550, para. 2.

③ Article 42(2) of the ICSID Convention.

④ Article 52(1)(lit b) of the ICSID Convention. See, generally, Lalive, 'On the Reasoning of International Arbitral Awards'.

⑤ See Kulick, *Global Public Interest in International Investment Law*, pp. 11 ff.

味着这些协定将根据《华盛顿公约》第42(1)条第二部分确定准据法。[①]

应当补充的是,由于通常认为各国同意签订投资协定是为了其各自国民的利益,[②]仲裁程序介于国家行为与非国家行为之间的事实并不使投资协定和公约中确定准据法的条款无效,而且解决争端适用的法律恰恰是各方当事人合意选择的。[③] 通过提出仲裁请求,外国投资者不仅表示同意仲裁,而且表示同意投资条约和《华盛顿公约》中准据法的条款。

(二)国际公法作为准据法

由于国际仲裁庭的主要目标是对东道国的国际法律责任作出裁决,为此目的而依赖国际公法的规则是完全合理和适当的。尽管早期大多数案件涉及所谓的"合同主张",[④]如今投资仲裁庭有权考量东道国是否存在违反国际条约的行为,国际法的适用本质上是这一事实的逻辑结果。基于条约的投资仲裁兴起之前,主流观点认为ICSID仲裁庭应当优先适用国内法。[⑤] 只有当国内法与国际法的规定不一致(通常称为"国际法的矫正功能"),或者没有可适用的国内法规则时[通常称为国际法的"(与国内法的)

---

① 例如,参见 the Model BITs of France and Germany。

② 参见上文第二章。

③ Banifatemi, 'The Law Applicable in Investment Treaty Arbitration', pp. 194 – 195. See, however, *AAPL* v. *Sri Lanka*, ICSID Case No ARB/87/3, paras 19 – 20.

④ 相关概述,参见 Antonio Parra, 'Applicable Law in Investor – State Arbitration', in Arthur Rovine (ed.), *Contemporary Issues in International Arbitration and Mediation* (Leiden: Martinus Nijhoff, 2008), p. 3。

⑤ 参见 Broches, 'The Convention on the Settlement of Investment Disputes Between States and Nationals of Other States', p. 392。

互补或补充”功能],才适用国际法。①

当然,尽管仲裁庭主要被要求适用国内法的观点近期受到了批评,②但这些原则是成立的。③ 国际法的“纠正”和“互补”或“补充”功能,是早期依公约进行的仲裁中国际法被认为适用性有限的主要原因。

正因如此,《华盛顿公约》第42条的起草历史在以条约为基础的现代投资仲裁中仅有有限的相关性。在适用国际投资条约,并因此提请仲裁庭决定东道国是否应承担因违法导致的国际责任时,国际法无疑成为主要的准据法。④ 国际法随之适用,是因为国际投资仲裁庭处理的争端事项受国际法而非国内法规制。因此,在 *LG&E* v. *Argentina* 一案中,仲裁庭认为,阿根廷共和国与LG&E之间没有合同约定首先适用国际法,从这一点上来讲,仲裁庭处理的投资争端仅受双边条约及以国内法为补充的规则的约束。⑤

(三)国内法的相关性

一些学者已经指出,国际投资仲裁庭同时也关注对东道国国际责任而言相对陌生的其他各种问题和因此对国际公法陌生的

① 参见 *Klöckner* v. *Cameroon*, ICSID Case No. ARB/81/2, para. 69, and *Amco Asia Corp. and others* v. *Republic of Indonesia*, ICSID Case No. ARB/81/1, Decision on Annulment, 16 May 1986, para. 22. See, generally, Schreuer *et al.*, *The ICSID Convention*, p. 583, paras 104 – 115。

② 相关讨论,参见 Kulick, *Global Public Interest in International Investment Law*, pp. 27 ff。

③ 近期示例,参见 *Autopista Concesionada de Venezuela CA* v. *Bolivarian Republic of Venezuela*, ICSID Case ARB/00/5, Award, 23 September 2003, para. 207。

④ 参见 *AAPL* v. *Sri Lanka*, ICSID Case No. ARB/87/3, paras 19 ff。然而,该案仲裁庭认为,准据法的选择不仅是因为双边投资协定是其管辖权的基础,而且,也可能主要是因为争端各方依赖国际法。

⑤ *LG&E Energy Corp.*, *IG&E Capital Corp. and IG&E international Inc.* v. *The Argentine Republic*, ICSID Case No. ARB/02/1, Decision on Liability, 3 October 2006, para. 98.

问题，例如“构成投资的私权利的存在、性质和范围”。[①] 此时，国际法不被认为是“外国投资领域自足的法律秩序”。[②] 显然，在这些情况下，准据法可能是国际法和国内法的结合，但是根据相关国际公法原则确定东道国的国际责任，仍然是处理条约索赔案件的投资仲裁庭首先关注的问题。这种传统观点体现在国际法委员会关于《国家对国际不法行为的责任条款》第3条中，该条规定，“将国家行为定性为国际不法行为由国际法规定。这种定性不受国内法将同样的行为定性为合法行为的影响”。

当然，国内法可能发挥重要作用，主要原因有二：首先，为了使投资本身合格，每项投资都必须存在于某一国内法律体系中。[③] 这并不是说国内法在确定受保护投资的资格方面起决定性作用，众所周知，适用的国际投资条约规定哪些类型的投资受条约保护。[④] 然而，一项投资能否成为“投资”属于国内法规制的事项，正如授权范围和授权性质一样是国内法规定的，又如政府是否存在投资承诺及投资承诺的范围也是国内法规定的。[⑤] 另外，投资是否属于适用的投资条约项下被保护的投资，并且因此符合该条约的规定，由国际法规制。作为这些原则的应用，一些投资条约明确规定了（投资者）依据东道国国内法进行投资的义务。[⑥]

其次，国内法是衡量是否存在违反合同义务情形而适用的法

---

① Douglas, *The International Law of Investment Treaty Claims*, p. 8.

② *Ibid.*

③ Newcombe and paradell, *Law and Practice of Investment Treaties*, para. 2. 11.

④ *Ibid.*

⑤ *Ibid.*, para. 2. 12.

⑥ 例如，在 *Inceysa* 一案中，仲裁庭的管辖权是根据萨尔瓦多法律进行投资的要求预先确定的，根据该仲裁庭（的说明），该法律包含“诚信”（good faith）的要求。通过伪造事实，*Inceysa* 自其投资时就违反了诚信原则，因此，*Inceysa* 的投资没有遵守萨尔瓦多的法律。面对这种情况，仲裁庭只能宣布无权审理 *Inceysa* 的申诉，因为其投资不受保护双边投资协定的保护。（*Inceysa Vallisoletana SL* v. *Republic of El Salvador*, ICSID Case No. ARB/03/26, Award, 2 August 2006, para. 230.）

律体系。这种衡量可能是必要的,或者因为合同本身即规定仲裁庭在这方面具有管辖权,或者因为分析是否存在违反条约义务的情形需要首先分析是否存在违反合同的情形,如保护伞条款的适用。[①] 这种疑问可能会导致仲裁庭需要调查合同义务是否已经履行,但这并不意味着国际法和国内法在同一层面上运作。正如国际法委员会在其对《国家责任条款》第3条的评述中指出的那样,在以下情形提及国际投资法:

> 确实,在这种情况下,是否合乎国内法规范与国际责任问题有关。但这是因为国际法的规则使其具有相关性,如将国内法合规标准纳入适用的国际标准或作为其一个方面。特别是在对外籍人士的人身及其财产侵权和人权领域,国内法的内容及适用往往与国际责任问题有关。[②]

仲裁庭和专门委员会同样确认了这些原则。正如 *Vivendi* Ⅰ 一案委员会所指出的:是否存在违反双边投资协定的情形与是否存在合同违约的情形是不同的问题。每一项主张将参照适当的或可适用的法律审理决定——就双边投资协定而言,适用国际法;就特许合同而言,依据适当的合同(选择的)法律。[③] 类似地,*Azurix* v. *Argentina* 一案中,仲裁庭指出:

> Azurix 的索赔申请已根据双边投资条约提出,并且正如 *Vivendi* Ⅱ 一案撤销委员会所述,仲裁庭的调查受《华盛顿公约》、双边投资协定及可适用的国际法约束。

---

① 比较前文第一章。

② Commentary to Article 3, ILC Articles on State Responsibility, UN Doc. A/56/10, para. 7.

③ *Compañiá de Aguas del Aconquija SA and Vived Universal* v. *Argentina*, ICSID Case No. ARB/97/3, Decision on Annulment, para. 96.

> 虽然仲裁庭的调查将以这一陈述为指导，但这并不意味着应当无视阿根廷的法律。相反，阿根廷法律应有助于仲裁庭进行关于特许合同违约情况的调查，合同准据法为阿根廷的法律，但鉴于索赔申请具有条约性质，这只是调查考虑的一项因素。[①]

2012年《美国示范双边投资协定》很好地反映了准据法对提交仲裁庭的争端管辖范围的明确划分功能。该示范条约规定，争端涉及声称违反“第3条至第10项之下的义务”(待遇标准)而提出的索赔时，仲裁庭将“根据条约、适用的国际法裁决争端涉及的问题”。[②] 然而，当争端涉及声称违反投资授权或投资协议而提出的索赔时，仲裁庭应适用下列规范：

> 1. 相关投资授权或投资协议中明确的法律规则，或争端各方可能同意的其他法律规则；或者
>
> 2. 如果法律规则未予具体说明或另行约定
>
> (1)被申诉人(东道国)的法律，包括其法律冲突规范；以及
>
> (2)可能适用的国际法规则。[③]

二、投资协定仲裁中的非投资规范：国际投资仲裁庭对人权义务的考量

在投资协定仲裁中考虑人权是相对较新的现象。对此的主要解释是，国际投资条约在人权问题上普遍保持沉默。主要的多边投资条约《北美自由贸易协定》和《能源宪章条约》均未提及人

---

① *Azurix* v. *Argentina*, ICSID Case No. ARB/01/12, Award, para. 67.

② 2012年《美国示范双边投资协定》第30(1)条。

③ 2012年《美国示范双边投资协定》第30(2)条(内部脚注已省略)。

权。近期,尽管各国高效地将人权规范引入其双边投资协定,[①]但大多数当代双边投资协定未提及人权。

尽管过去仲裁裁决中相对缺少对人权的考虑,最近提交投资仲裁庭的案件显示,对人权方面的考虑有所增加,但这些案件仍然相对勉强地回应其中一方当事人提出的人权论点,尽管案件有时与人权问题和东道国尊重人权的普遍重要性明显相关。[②] 有趣的是,许多仲裁庭尽管不愿意权衡作为排除不法情形提出的人权考量,但事实上却依靠人权法院的法理,特别是欧洲人权法院(ECtHR),来决定投资者的权利是否被侵犯。[③] 值得注意的是,仲裁庭因此认识到,它们并不是在排他性的法律体系下运作。事实上,在衡量是否发生征收时,[④]最常参考人权法院的判决,这不仅显示出两个法律部门之间的密切关系,[⑤]而且表明仲裁庭(审理案

---

① 相关讨论,参见 Bruno Simma,'Foreign Investment Arbitration: A Place for Human Rights?',*International and Comparative Law Quarterly*,60(3)(2011): 573, 581.

② *Ibid.*,p. 578.

③ 这方面的判例法分析,参见 Moshe Hirsch,'Investment Tribunals and Human Rights: Divergent Paths',in Pierre – Marie Dupuy,Francesco Francioni and Ernst – Ulrich Petersmann(eds.),*Human Rights in International Investment Law and Arbitration* (Oxford University Press,2009),pp. 99 ff。

④ 例如,参见 *Técnicas Medioambientales Tecmed SA* v. *The United Mexican States*,ICSID Case No. ARB(AF)/00/2,Award,29 May 2003,para. 122。

⑤ 投资条约和人权制度的确有几个共同的特点。除了个人和外国投资者相较于国家处于弱势地位相似之外,赋予个人和投资者保护权也导致了具体的争端解决机制的建立,以处理主张国家侵犯其权利的纠纷。在一定程度上,个人直接参与投资条约仲裁的途径类似于个人直接接触国际人权法院和机构实现权利的机制。人权诉讼与投资仲裁的主要区别在于,在国际人权诉讼中,接受个人直接主张权利的国家,也基本接受了本国国民对其主张的权利。此外,对外国投资者的保护仍然受到两国之间互惠原则的限制,但普遍认为,对个体人权的保护具有客观性,不受互惠原则的限制。[参见 Pierre – Marie Dupuy,'Unification Rather than Fragmentation of International Law? The Case of International Investment Law and Human Rights Law',in Pierre – Marie Dupuy,Francesco Francioni and Ernst – Ulrich Petersmann (eds.),*Human Rights in International Investment Law and Arbitration*(Oxford University Press,2009),p. 48]。

件时)可以原则上考虑人权法(的规定)。①

笔者将重点关注东道国援引的以“正当化”其违反投资义务的人权考量。因此,本章不涉及外国投资者的人权义务,也不涉及东道国对外国投资者的人权义务。② 然而,就后两个问题而言,判例法将在一定程度上被提及,明确区分管辖权和准据法。

考虑到投资仲裁庭管辖权范围有限,首先,笔者将讨论投资仲裁庭是否可以考虑非投资性论点的问题,特别是人权论点。正如后文将要指出的那样,投资仲裁庭管辖权的有限范围和准据法之间的确应该划定边界。接下来,笔者将总体上讨论人权义务和投资条约义务之间的“冲突”。笔者将讨论条约冲突的适用规则,以及投资仲裁庭如何处理援引人权作为违反投资条约义务的抗辩的情形。此时,这两套规范之间的“冲突”最为明显。

---

① 另请参见 Francesco Francioni, ‘Access to Justice, Denial of Justice, and International Investment Law’, in Pierre – Marie Dupuy, Francesco Francioni and Ernst – Ulrich Petersmann(eds.), *Human Rights in international Investment Law and Arbitration* (Oxford University Press, 2009), p. 63。然而,有些仲裁庭在承认欧洲人权法院的判例与投资法的相关性时更为谨慎。例如,*Azurix* v. *Argentina* 一案专门委员会回应阿根廷提出的论点(欧洲人权法院关于股东权限的判例适用于投资法)时指出,由于投资保护条约提供的保护范围取决于个案中有关条约的具体条款,专门委员会认为比较措辞不同的条约作用有限,特别是投资保护领域以外的条约。(*Azurix Corp.* v. *The Argentine Republic*, ICSID Case No ARB/01/12, Decision on the Application for Annulment of the Argentine Republic, 1 September 2009, para. 128.)

② 关于这些问题,参见 Eric De Brabandere, ‘Human Rights Considerations inInternational Investment arbitration’, in Malgosia Fitzmaurice and Panos Merkouris (eds.), *The Interpretation and Application of the European Convention of Human Rights: Legal and Practical Implications* (Leiden: Martinus Nijhoff, 2012), pp. 183 – 215; Marc Jacob, ‘International Investment Agreements and Human Rights’, INEF Research Paper Series on Human Rights, Corporate Responsibility and Sustainable Development 03/2010 (Duisburg: Institute for Development and Peace University of Duisburg – Essen, 2010), available at: www. humanrights – business. org/files/international_investment_agreements_and_human_rights. pdf; and Ursula Kriebaum, ‘Foreign Investments and Human Rights: The Actors and Their Different Roles’, *Transnational Dispute Management*, 10 (2013): 1.

(一)国际投资仲裁庭的有限管辖权及人权法作为准据法的一部分

投资协定仲裁制度的特殊性是重要的,因为它部分解释了投资仲裁庭相对不愿意参与非投资论点的考虑。外国投资者直接参与投资协定仲裁之所以被接受,仅因为这是对投资者提供保护的一部分,投资者可以主张因投资产生的索赔,同时,仲裁庭的管辖权也仅限于这些类型的争议。各国通过签署双边和多边投资条约表示同意(将与他国国民之间的争端提交仲裁),仅限于与投资直接相关的主张,因此不能延伸至投资者和东道国之间的其他任何类型的冲突。然而,这并不意味着仲裁庭可以不考虑东道国的其他(条约)义务,如适用。

投资协定仲裁是一类具体的混合争端解决方式,正如每个国际争端解决法庭一样,受到各国表示同意仲裁庭管辖的仲裁条款的限制。管辖范围由缔约国授予管辖权的协定,或者以其他形式表示同意的法律文书定义和限制。因此,仲裁庭对于各方当事人赋予其权限范围之外的事项无管辖权,仲裁庭也不能适用各方当事人未确定为准据法的法律体系。[①]

仲裁庭的管辖权

仲裁庭的管辖权限于双方接受的提请法院或仲裁庭处理的具体争议类别。在 *Channel Tunnel* v. *France and United Kingdom* 一案中,仲裁庭讨论了这一原则,明确区分了适用于争端的法律与仲裁庭的管辖权,即仲裁庭要求执行的各方当事人权利和义务的来源。[②] 申请人认为,法国和英国违反了其"特许协议"和双边

---

① Collier and Lowe, *The Settlement of Disputes in International Law*, p. 227.

② *Channel Tunnel Group* v. *France and United Kingdom*, Partial Arbitral Award, 30 January 2007, available at: www. pca – cpa. org/showpage. asp? pag_id = 1184, paras 134 ff, accessed 17 January 2014.

条约项下的义务，但主张各国在这方面的义务应结合包括欧洲人权公约在内的国家的其他国际义务加以解读。[①] 仲裁庭驳回了这一论点，并表示“特许协议”不要求缔约国作出遵守其本国法或欧洲法的承诺。缔约国作出该承诺与否，是其本国法院或欧洲法院管辖的事宜。简言之，依各国法或欧洲法对国家提出的主张受适当的国家法院或欧洲法院程序的约束。对比而言，仲裁庭处理的争议涉及“特许协议”的适用。[②]

对特定争端具有管辖权的投资仲裁庭不能将其管辖权扩展至当事人之间其他类别或类型的争端。《华盛顿公约》第25条将中心的管辖范围限定为“直接因投资而产生并经双方书面同意提交给中心的任何法律争端”。同时，投资协定含有限定条约适用范围的条款，因此也包含根据该条约设立的仲裁庭管辖权范围的条款。如果仲裁庭管辖范围限于“投资争议”，则仲裁庭的管辖范围不扩展至其他类型的争议。

Biloune v. *Ghana* 案阐明了这一原则，[③]该案中，外国投资者 Biloune 被逮捕并拘留13天，最终被驱逐到多哥。仲裁庭指出，根据投资者与东道国之间的协议，其管辖权限于与投资有关的争议。[④] 因此仲裁庭认为其无权处理侵犯外国投资者人权的行为，除非这种行为影响投资，进而成为投资争端。[⑤] 最近，*Bernhard von Pezold and others* v. *Zimbabwe* 案仲裁庭以其有限管辖权为基础，拒绝将索赔范围延展至涵盖人权。即使在本案中，额外的“索

---

① *Ibid.*，paras 107 – 110.

② *Ibid.*，para 148.

③ *Biloune and Marine Drive Complex Ltd* v. *Ghana Investments Centre and the Government of Ghana*, UNCITRAL, Award on Jurisdiction and Liability, 27 October 1989, *International Law Reports*, 95(1989): 184.

④ *Ibid.*，p. 188.

⑤ *Ibid.*，p. 203.

赔”是依据《国际投资争端解决中心仲裁规则》第37(2)(a)条由非争端当事方(non - disputing party)提出的,但仲裁庭重申的原则与其高度相关,这些原则亦就准据法和投资仲裁庭的管辖权作出区分,尽管区分不甚明确:

> 实际上,请愿人试图就与仲裁庭处理事项无关的法律和事实问题提出意见。在这一方面,仲裁庭与申请人意见一致,即双边投资条约中提及的“可适用的一般国际法规则”并未将全部国际法纳入双边投资协定或因双边投资协定产生的争端。此外,在这些程序中,当事人皆未将原住民的身份或待遇,尤其是原住民社区置于国际法(包括关于原住民的国际人权法)的语境下。
>
> ……请愿人欲提出依据国际人权法原住民社区作为“原住民”享有公认权利的意见,这是争议范围之外的问题,尽管它已经产生。事实上,正如申请人所指出的,为了让仲裁庭审议此意见,他们需要考虑并认定原住民社区是否属于原住民,以便根据国际人权法确定其权利。且无论仲裁庭是不是这一决定适当的裁决者,该决定本身显然超出了仲裁庭处理的争端范围。①

然而,管辖权与适用于争议的法律问题大不相同,②但它们无疑是相互关联的,特别是当涉及具体的与制度有关的争端解决机制时。

人权法作为准据法的一部分

仲裁庭的管辖范围有限并不意味着仲裁庭不能原则上考虑

---

① *Bernhard von Pezold and others* v. *Republic of Zimbabwe*, ICSID Case No. ARB/10/15, Procedural Order No. 2, 26 June 2012, paras 57 – 60.

② See International Law Commission, Final Report of the ILC Study Group on the issue of Fragmentation of International Law, UN Doc. A/CN. 4/L. 682, 13 April 2006, para. 44.

由一方当事人（依据国际人权法）提出的人权争议相关法律作为可适用的法律。实践中，仲裁条款的措辞是最重要的，不仅因为它限制了仲裁庭的管辖范围，还因为它确定了仲裁庭适用的法律。依据《东北大西洋海洋环境保护公约》（以下简称《奥斯陆—巴黎公约》）仲裁条款设立的仲裁庭在其仲裁裁决中强调了这一观点。[①] 仲裁庭注意到《奥斯陆—巴黎公约》第 36(6)(a)条的规定，即仲裁庭应当"依据国际法规则，特别是《奥斯陆—巴黎公约》规则"裁决。因此，仲裁庭接受《奥斯陆—巴黎公约》作为准据法的首要来源，但习惯法和一般原则亦可适用，除非各方当事人之间另有约定。[②] 就其他传统法律而言，仲裁庭援引了《奥斯陆—巴黎公约》第 2 条，该条规定了公约项下各缔约方的一般义务："缔约方应*根据公约的规定*采取一切可能的措施以防止和消除污染。"[③]仲裁庭基于这一明确规定，认为其他传统法律不能适用，因为法律规定不欲将仲裁庭的管辖权延伸至其他法律文件项下的义务。仲裁庭认为，采取与《奥斯陆—巴黎公约》相反的做法将会使奥斯陆—巴黎仲裁庭无异于普通的争端解决机构，这显然不是各方签署《奥斯陆—巴黎公约》时的意图。

显然，仲裁条款的措辞是至关重要的。在就投资争端裁决时，仲裁庭没有理由*在准据法上*将事实上的人权考虑因素排除在外。《华盛顿公约》第 42 条规定，在没有相反协议的情况下，"仲裁庭应适用作为争端一方的缔约国的法律（包括其冲突法规则）以及可能适用的国际法规则。"此外，大多数投资协定规定国际法适用于争端。例如，《北美自由贸易协定》第 1131 条规定，根据该

---

① *Ireland* v. *United Kingdom*('OSPAR Arbitration'), PCA, Final Award, 2 July 2003, *International Legal Materials*, 42(2003).

② *Ibid.*, paras 80 ff.

③ 作者强调。

公约第 11 章设立的投资仲裁庭“应根据本公约和可适用的国际法规则裁决争议事项”。又如《能源宪章条约》第 26(6)条规定,仲裁庭“应根据本条约及可适用的国际法规则和原则裁决争议事项”。《美国双边投资协定示范文本》中也有类似规定,“仲裁庭应依据本协定和可适用的国际法规则裁决争议事项”。[①] 这些规定为国际法习惯规则适用于投资争端提供了可能,并且,正如有些学者所主张的那样,也为国际条约法适用于投资争端创造了机会。[②] 然而,考虑到投资仲裁庭的具体而有限的管辖权,只有在当事人援引人权考量可以有效证明和论证在*投资争端*中两种规范存在冲突时,人权考量才会实际上被纳入仲裁庭考虑的范畴。[③]

WTO 国际贸易争端的解决与之相似。WTO《关于争端解决规则与程序的谅解》(WTO DSU)第 3(2)条指出,WTO 争端解决制度只适用于世界贸易组织协定引起的争议,因为它旨在“维护在成员国协定项下的权利和义务,按照国际公法解释的习惯规则澄清这些协定的现有规定”。因此,乍一看,当人权准则受到威胁时,WTO 专家组和 WTO 上诉机构都不能适用有争议的人权规范,而 WTO 争端解决机构一般也没有将人权主张纳入有管辖权的考虑范围。[④] 然而,尽管世界贸易组织争端解决机构对 WTO 案件的管辖权有限,但有人认为,就准据法而言,所有的国际法对

① Article 30,2012 United States Model BIT,available at:www. ustr. gov/sites/default/files/BIT% 20text% 20for% 20ACIEP20Meeting. pdf, accessed 28 December 2012.

② Dupuy,‘Unification Rather than Fragmentation of International Law?’,p. 56.

③ *Ibid.* ,p. 59.

④ 相关讨论,参见 Jan Klabbers, *Treaty Conflict and the European Union*(Cambridge University Press,2009),p. 107。

争端双方均有约束力,因此人权法可以作为*准据法*的一部分。[1]国际法委员会研究小组关于国际法破碎化问题的最终报告同样指出,“似乎……原则上没有理由不认为一般国际法补充 WTO 法,除非它被明确排除适用,其他条约的适用亦然,更为可取的是,其他条约应与 WTO 囊括的条约协调解读”。[2]

因此,当东道国援引人权义务以正当化其违反投资条约义务时,没有理由认为依据投资协定设立的仲裁庭不能将此类论点纳入准据法的考虑范畴。然而,实践表明极少有仲裁庭事实上采取了这样的做法。

(二)人权与投资义务之间的冲突

首先,应该指出的是,此处“冲突”的概念表示东道国在国际法律义务方面的冲突。换言之,人权规范与投资保护规定之间不存在必然的冲突。[3] 这里讨论的是特殊情况,国家面临人权法案和投资保护法案项下的义务存在冲突的情形。

实质上,如果国家的人权义务与其国际投资条约项下的义务发生冲突,这些条约的措辞以及国际法一般原则的适用,包括国家对国际不法行为的责任的法律,将是决定性的。一般来说,各国可以在其条约中纳入人权条款。[4] 但是,如前所述,这种对人权规范的引入通常是缺少的。然而,各国在签署新的条约时,需要考虑到各种国际法律义务,包括与人权有关的各项国际法律义

---

① Joost Pauwelyn, 'Bridging Fragmentation and Unity: International Law as a Universe of Inter – Connected Islands', *Michigan Journal of International Law*, 25(4)(2003/4): 903, 910.

② ILC, Final Report of the ILC Study Group on the Issue of Fragmentation of International Law, UN Doc. A/CN. 4/L682, para. 169.

③ See also Yannick Radi, 'The "Human Nature" of International Investment Law', *Transnational Dispute Management*, 10(2013): 1, 2 ff.

④ See Simma, 'Foreign Investment Arbitration', pp. 573, 581.

务,这一点已得到普遍认可。[1] 当各国就此进行谈判并签署投资条约时,它们有义务考虑其国际条约中包含的人权义务。同样的规则也需要适用于那些构成习惯国际法的一部分的人权义务。[2] 然而,如前所述,尽管在特定情况下国家可能面临明确的义务冲突,但人权义务和投资保护义务之间不存在在先的不兼容。因此,在签署投资条约时,各国未必要忽略对于其人权义务的考量。

条约解释与条约冲突

尽管人权规范与国家投资义务之间的潜在冲突可以被描述为两种不同的规范体现的"价值"的冲突,但这种描述方法对于有效地解决冲突并无作用。[3] 价值冲突不能通过适用国际法规则来解决,因为这样的解决方案将取决于国家共同体对规则所代表的特定价值主观等级化。[4] 此外,一些学者辩称,国际投资条约和贸易协定赋予外国投资者的许多权利本身即属于人权,[5]或者说至少与人权隐含的原则相同,即保护个人权利免于国家权力的侵犯。[6] 因此,这造成了不同人权规范之间的冲突,除非将某些人权定性为相较于其他人权更加基础而重要的权利,否则无法解决这一冲突。除强制性法律规范外,目前国际(人权)法律中缺少上述基础性权利的定性。等级化条约或规范就解决人权条约与投资

① See Jan B. Mus, 'Conflicts between Treaties in International Law', *Netherlands International Law Review*, 45(3)(1998): 208,227.

② See Dupuy, 'Unification Rather than Fragmentation of International Law?', p. 53.

③ Klabbers, *Treaty Conflict and the European Union*, p. 33 ff.

④ See ILC, Final Report of the ILC Study Group on the Issue of Fragmentation of International Law, UN Doc. A/CN. 4/L. 682, Part F.

⑤ Ernst - Ulrich Petersmann, 'Human Rights and International Trade Law: Defining and Connecting the Two Fields', in Thomas Cottier, Joost Pauwelyn, and Elisabeth Bürgi (eds.), *Human Rights and International Trade* (Oxford University Press, 2005), pp. 29 - 94.

⑥ Simma, 'Foreign Investment Arbitration', p. 576.

条约之间的冲突而言也无济于事,因为目前国际法的确缺少这方面的规则,《联合国宪章》第103条除外,但该条款对于人权条约与国际投资条约冲突而言相关性甚微。①

《维也纳条约法公约》(VCLT)②为条约解释及解决条约冲突提供了一些指导,③但应该注意的是,VCLT规则的制定本是为了解释条约而非解决条约间或条约义务间的冲突。VCLT第30条"关于同一事项先后所订条约之适用"规定如下:

> 1. 以不违反联合国宪章第一百零三条为限,就同一事项先后所订条约当事国之权利与义务应依下列各款确定之。
>
> 2. 遇条约订明须不违反先订或后订条约或不得视为与先订或后订条约不合时,该先订或后订条约之规定应居优先。
>
> 3. 遇先订条约全体当事国亦为后订条约当事国但不依第五十九条终止或停止施行先订条约时,先订条约仅于其规定与后订条约规定相合之范围内适用之。
>
> 4. 遇后订条约之当事国不包括先订条约之全体当事国时:
>
> (1)在同为两条约之当事国间,适用第3款之同一规则;
>
> (2)在为两条约之当事国与仅为其中一条约之当事

---

① 关于在国际环境条约中这种可能性的讨论,参见 Malgosia Fitzmaurice and Olufemi Elias, *Contemporary Issues in the Law of Treaties* (Utrecht: Eleven, 2005), p. 341 ff。

② Vienna Convention on the Law of Treaties, 23 May 1969, 1155 UNTS 331.

③ 参见 Diane A. Desierto, 'Conflict of Treaties, Interpretation, and Decision-making on Human Rights and Investment during Economic Crises', *Transnational Dispute Management*, 10(2013): 1。

国间彼此之权利与义务依两国均为当事国之条约定之。

5. 第4款不妨碍第四十一条或依第六十条终止或停止施行条约之任何问题,或一国因缔结或适用一条约而其规定与该国依另一条约对另一国之义务不合所生之任何责任问题。

该条所包含的最重要的规则之一是后法优于前法(*lex posterior derogat anteriori*),但须符合第3款和第4款描述的特定条件,即在后条约优于先前条约之规则。但是,这一规则并不能解决所有的规范冲突问题。首先,根据VCLT第30条的要求,投资条约义务和人权义务可以被视为涉及同一主题,这一命题并非不证自明。另外,当条约缔约方不相同时,VCLT并没有为条约冲突提供适当的解决方案。[①] 事实上,由于两条约的缔约方不相同,将后法优于前法原则适用于这些类型的条约往往会违背国际条约的相对性(*inter partes* effect)。即使将这一规则的适用限于两条约皆参加的缔约国,也很难找到关于后法或先法优先适用的一般规则。[②]

特别法优于一般法(*lex specialis derogat generali*)原则的适用情况也是如此,这一原则并非总是可以为人权与投资条约或规

---

① Klabbers, *Treaty Conflict and the European Union*, p. 87. 又参见Final Report of the ILC Study Group on the Issue of Fragmentation of International Law, UN Doc. A/CN. 4/L. 682 para. 243。

② 相关讨论,参见Final Report of the ILC Study Group on the Issue of Fragmentation of International Law, UN Doc. A/CN. 4/L. 682, paras 234 – 250。

范之间的冲突提供解决方案。[①] 特别法优先原则（*lex specialis*）意味着，如果某一由一般法和特别法规定的事项出现规范冲突的情形，特别法优先于一般法适用。[②] 实践中，确定哪一规则属于“一般”规则或“特定”规则并不容易，此外，特别法优先原则适用于人权和投资冲突并非不证自明。[③] 规范冲突适用于东道国义务冲突的具体情形，但这两套规则不一定涵盖相同的主题。考虑该原则的适用需预设一个前提，即存在冲突的两种规范处理的是同一主题的事项，并且其适用范围重合。然而在这种情况下，特别法原则是否适用都是值得怀疑的。[④] 正如国际法委员会在其对“国家责任条款”（该条款包含关于国家国际责任的特别法规则）的评述中指出的那样，[⑤]这一规则的适用要求“冲突规范之间必然存在某些切实的不一致性，抑或可以看出一项规定欲排除另一项规定的适用”。[⑥] 根据人权条约或习惯法，国家对其管辖范围内的个人负有义务；而根据投资条约，各国已经承担外国投资者待遇方面的义务。因此，这并不是关于哪一套规则比其他规则更一般或更具体的问题，问题是这两套国家义务适用于不同的领域，在特定情形下可能存在冲突。

---

① 关于这一原则及该原则在条约冲突中的适用（尤其是人权和人道主义法之间的冲突），参见 Jean d'Aspremont, 'Articulating International Human Rights and International Humanitarian Law: Conciliatory Interpretation under the Guise of Conflict of Norms – Resolution', in Malgosia Fitzmaurice and PanosMerkouris (eds.), *The Interpretation and Application of the European Convention of Human Rights: Legal and Practical Implications* (Leiden: Martinus Nijhoff, 2012), pp. 3 – 31。

② Final Report of the ILC Study Group on the Issue of Fragmentation of International Law, UN Doc. A/CN. 4/L. 682, para. 56.

③ *Ibid.*, para. 58.

④ See d' Aspremont, 'Articulating International Human Rights and International Humanitarian law'.

⑤ Article 55, ILC Articles on State Responsibility, UN Doc. A/56/10.

⑥ *Ibid.*, Commentary to Article 55, para. 4.

VCLT 第31(3)(c)条规定,在解释时,“适用于当事国间关系之任何有关国际法规则”应予以考虑(所谓条约的“系统性整体”),该条对解决条约之间的冲突也无济于事。事实上,与其他条款一样,第31(3)(c)条是解释条约的原则,而不是解决条约冲突的原则。[①] 但不应忽视的是,《维也纳公约》第31(3)(c)条在某些情况下可能为将人权纳入解释某些双边投资协定的规定提供必要的框架。[②]

在实践中,如果国家的人权和投资义务发生冲突,所谓的“政治决策原则”往往会被采用,尽管它不是解决冲突的一种方法。[③]对于这种冲突来说,这只是一种务实的政策解决方法。实质上,该原则认为,当条约冲突不能通过解释解决时,国家“只是”面临遵守一个条约而违背其他条约项下义务之选择。在作出这样的决定时,可以理解的是一个国家必须决定违反哪一条约义务,国家需要作出平衡的决定。作为应用“政治决策原则”的结果,国家将在两个条约发生冲突时违反其中一个条约项下的义务。当国家通过签署或适用国际投资条约而违反其人权义务时,或者反之国家通过签署或适用人权条约而违反其国际投资义务时,毫无疑问,国家承担侵犯这些权利的责任。当东道国对外国投资者的责任涉及违反投资条约的主张时,由于与国家人权义务的冲突,外国投资者可以向国际仲裁庭提出主张,并提供包含相关规定的条约。此时,问题在于考虑东道国的人权义务的同时,投资仲裁庭是否可以以及如何评估国家违反国际投资法义务时应承担的责任。在援引人权义务作为国际责任抗辩机制的情况下,情况尤其如此。

① Simma,‘Foreign Investment Arbitration’,p. 584.

② 关于此点的延伸,参见前注,pp. 584 – 586。

③ Klabbers, *Treaty Conflict and the European Union*, pp. 88 – 89.

作为对责任之抗辩而提出的人权义务

国际投资仲裁庭处理的许多争端案件，都与东道国外国公司的参与相关，即公共服务的私有化，如供水、污水系统和废物管理。[①] 近几十年来，许多国家已经私有化了公共服务，并在这些领域允许外国投资者获得特许权以及签订租赁合同。冲突则可能具体地发生在国家经济和社会权利方面的义务和对外国投资者的义务之间。

得到普遍承认的是，国家有责任确保在其领土上运作的私人公司不受干涉地享有人权，包括《经济、社会及文化权利国际公约》所载的人权。[②] 由于人权保障是东道国的义务，因此国家有义务确保尊重其境内的人权，包括使外国投资者免受侵害。东道国在行使其公共权力时为确保尊重这些人权而采取的法律和条例可能会与各国与外国投资者进行谈判和签署的投资条约或投资合同的某些条款发生冲突。此时，问题是国家的人权义务是否可以被援引作为正当化违反国际投资协议的理由。基本上，以人权为理由的抗辩以两种主张形式提出。或者国家主张保护人权可以作为一种“必要性”的形式——排除条约法所规定的违反投资条约的不法性（“不排除措施条款”），或者通过适用在国家责任条款中排除不法性的一般规则——或者可以保证，案件违反“公

---

① 相关概述，参见 Pierre Thielbörger, ‘The Human Right to Water versus Investor Rights: Double – Dilemma or Pseudo – Conflict?’, in Pierre – Marie Dupuy, Francesco Francioni and Ernst – Ulrich Petersmann (eds.), *Human Rights in International Investment Law and Arbitration* (Oxford University Press 2009), p. 487; Stephen C McCaffrey, ‘The Human Right to Water’, in Edith Brown Weiss, Laurence Boisson de Chazournes and Nathalie Bernasconi – Osterwalder (eds.), *Fresh Water and International Economic Law* (Oxford University Press 2005), pp. 93 – 115; and Laurence Boisson de Chazournes, *Fresh Water in International Law* (Oxford University Press, 2013)。

② 相关讨论，参见 Simma, ‘Foreign Investment Arbitration’, p. 576。

平与公正待遇”标准(FET)[①]或禁止间接或“渐进”征收是由投资者引起时,这些规则不排除东道国为保护人权采取的行动。[②] 考虑到本书的重点在于投资协定仲裁的国际公法性质的程序性影响,笔者将在此着重讨论第一种论证,它构成了准据法和仲裁庭管辖权辩论的一部分。

如果东道国援引人权来证明其违反国际投资条约下义务的行为是合理的,多数情况下,外国投资者一般认为虽然涉及东道国义务,但东道国的人权义务与违反投资条约规定的国家义务无关。这种二分法在 *Suez* v. *Argentina* 一案中得到很好的反映,这是少数几个涉及人权问题且被广泛讨论的案例之一。[③] 阿根廷及法庭之友(*Amicus curiae*)的意见书认为,人权法要求阿根廷采取措施确保提供适当的用水,因此,仲裁庭在解释和适用投资条约的有关规定时应考虑这一义务。[④] 另外,申请人认为,“在这些案件中,争议焦点是阿根廷是否违反了其在双边投资协定中承诺的法律义务,而人权法与这一决定无关”。[⑤]

事实上,阿根廷政府多次援引人权为理由,捍卫它在 2001 年

---

① See Radi,‘The “Human Nature” of International Investment Law’,p. 9 ff.

② 关于“公平公正待遇标准”和人权间的关系,参见 Ionna Knoll – Tudor,‘The Fair and Equitable Treatment Standard and Human Rights Norms’,in Pierre – Marie Dupuy,Francesco Francioni and Ernst – Ulrich Petersmann(eds.), *Human Rights in International Investment Law and Arbitration*(Oxford University Press,2009),p. 339,以及 Annika Wythes,‘Investor – State Arbitrations: Can the “Fair and Equitable Treatment” Clause Consider International Human Rights Obligations?’,*Leiden Journal of International Law*,23(1)(2010):241,241 –256。另请参见 Simma,‘Foreign Investment Arbitration’,p. 589,以及 Timothy G. Nelson,‘Human Rights and BIT Protection: Areas of Convergence’, *Journal of World Investment & Trade*,11(1)(2011):27,27 –47。

③ *Suez,Sociedad General de Aguas de Barcelona SA and Vivendi Universal SA* v. *The Argentine Republic*, ICSID Case No. ARB/03/19,Decision on Liability,30 July 2010.

④ *Ibid.* ,para. 256.

⑤ *Ibid.* ,para. 255.

开始的经济危机期间采取的紧急措施。实质上,阿根廷认为,发生的经济危机已经危及本国公民的基本人权,投资条约不能及于政府为弥补经济危机的影响进而维护其国民的基本人权而采取的紧急措施。[①] 在大多数案件当中,阿根廷的答辩和阿根廷政府面临的冲突并未被支持或考虑。仲裁实践的确显示,法庭相当不愿意讨论国家投资与人权义务之间的冲突,或者是涉及"必要性"的存在之主张,或者是对违反公平与公正待遇标准的行为之分析。[②]

在 *Azurix* 案中,阿根廷提出双边投资协定和保护消费者权益的人权条约之间存在冲突。[③] 阿根廷的专家之一,Solomoni 博士认为,"双边投资协定和人权条约之间的冲突必须以有利于人权的方式解决,因为消费者的公共利益必须优于服务提供者的私人利益"。[④] 仲裁庭指出,"案件事实没有得到充分的论证,仲裁庭未能理解目前案情中的不相容性",从而回避了这一冲突。[⑤] 同样,在 *Siemens* v. *Argentina* 一案中,阿根廷认为,"在当时阿根廷的社会和经济条件下,如果承认申请人宣称的财产权利,将违反阿根廷宪法规定的人权保障内容"。[⑥] 阿根廷援引了 *Tecmed v. Mexico* 案的裁决,在评估征收是否发生时,仲裁庭讨论并接受了

---

① 例如,参见 *CMS Gas* v. *Argentina*, ICSID Case No. ARB/01/8, Decision on Annulment, para. 114。

② 笔者在这里需要指出,以下分析的几个案例已根据公约规定的规则经过了撤销程序。尽管撤销程序并不总是导致仲裁庭所讨论事项的裁决无效,但这些裁决也并不一定反映程序的最终和有约束力的结果。然而,它们显示了仲裁庭通常如何处理东道国提出的人权问题,因此,在此得以提及和讨论。

③ *Azurix* v. *Argentina*, ICSID Case No. ARB/01/12, Award, para. 254.

④ *Ibid*.

⑤ *Ibid*., para. 261.

⑥ *Siemens* v. *Argentina*, ICSID Case No. ARB/02/8, Award and Separate Opinion, para. 75.

欧洲人权法院的相关判例法，以削弱对西门子的赔偿数额。[①] 然而，此案仲裁庭对这些案件进行了区分，并指出 *Tecmed* 案中提出的人权问题涉及是否发生征收的决定，而不是赔偿数额的确定。仲裁庭指出，阿根廷就这一方面的人权论证并不充分，而且在“缺少各方的进一步阐述和证实的帮助下，表面上看，这不是与案件实体问题有任何关系的论点”，而是一份相当隐秘的意见，暗示仲裁庭考虑其对该问题没有管辖权。[②]

在 *Sempra* v. *Argentina* 一案中，仲裁庭对于人权考量持更开放的态度，并认可了人权义务和投资义务之间的潜在冲突。[③] 阿根廷主张，其责任被“国际法规则中规定国家必要性的内容”所排除，“无论该责任是惯例还是包含在条约中”。[④] 争论主要是制度存在理由以及对宪法秩序的维护，包括尊重《美洲人权公约》的规定，是否能够作为侵犯投资者权利的行为提供辩护理由。[⑤] 仲裁庭承认，这一问题“引发了投资条约、紧急事件以及公民和财产所有者的人权之间的复杂关系”。[⑥] 然而，当评估该国的宪法秩序和生存状态是否受到危机的威胁，并因此是否可以在习惯国际法下构成“必要性”时，仲裁庭认为：

> 宪法秩序还没有濒临崩溃的状态，有许多例子证

---

① *Tecmed* v. *Mexico*, ICSID Case No. ARB(AF)/00/2.

② *Siemens* v. *Argentina*, ICSID Case No. ARB/02/8, Award and Separate Opinion, para. 79.

③ *Sempra* v. *Argentina*, ICSID Case No. ARB/02/16, Award. 然而，这一裁决因仲裁庭明显超越职权而被完全废止的，主要原因是仲裁庭没有适用双边投资协定第11条，该条包含基于条约的“必要性”例外的规定。*Sempra Energy International* v. *The Argentine Republic*, ICSID Case No. ARB/02/16, Decision on the Argentine Republic's Request for Annulment of the Award, 29 June 2010.

④ *Ibid.*, para. 98.

⑤ *Ibid.*, para. 331.

⑥ *Ibid.*, para. 332.

明,在几天内5个不同的总统间进行着有秩序的宪政过渡,紧接着是选举和重建公共秩序。即使在这种情况下紧急立法相当必要,合法取得的权利仍然可以通过临时措施和重新谈判来适应和调整。[①]

在这里,仲裁庭通过参考一般习惯国际法中"必要性"援引的条件来分析阿根廷提出的人权保护。*Biwater Gauff* 的仲裁庭也进行了类似的推理。坦桑尼亚声称,投资者"已经对公共健康和福利产生了真正的威胁",并且"水和卫生服务至关重要,而且在危机的情况下,国家不仅有权保护此类服务,它也有道德和法律义务"。[②] 然而,仲裁庭认为,"缺少必要性或迫在眉睫的公共目的以正当化政府的干预方式"。[③]

在 *LG&E* v. *Argentina* 案中,仲裁庭的结论认为,阿根廷采取的措施对于维护公共秩序和保护其基本安全利益是必要的。[④] 虽然仲裁庭从未明确提到人权,但它指出,阿根廷采取了措施来"确保人民获得基本保障物资和服务",[⑤]以应对危机。因此,仲裁庭从根本上分析了阿根廷的局势是否可以视为紧急状态,正如《美国—阿根廷双边投资协定》第11条和"国家责任条款"所理解的那样。[⑥] 在 *Continental* v. *Argentina* 一案当中,仲裁庭也有类似的推理。[⑦] 仲裁庭指出,阿根廷为保护宪法保障和基本自由所采取的措施是合理的,而且国家在决定采取何种措施方面有很大的自由裁

---

① *Ibid.*, para. 332.

② *Biwater Gauff* (*Tanzania*) *Ltd* v. *United Republic of Tanzania*, ICSID Case No. ARB/05/22, Award, 24 July 2008, paras 434 and 436.

③ *Ibid.*, para. 515.

④ *LG&E* v. *Argentina*, ICSID Case No. ARB/02/1, Decision on Liability, para. 226.

⑤ *Ibid.*, para. 234.

⑥ *Ibid.*, paras 245 ff.

⑦ *Continental Casualty Co.* v. *The Argentine Republic*, ICSID Case No. ARB/03/19, Award, 5 September 2008.

量权利。[1] 不过,该仲裁庭也没有明确提及阿根廷的人权义务。

上述 *Suez* v. *Argentina* 案仲裁庭拒绝接受必要性主张,认为国家责任条款规定的严格条件没有得到满足。[2] 关于阿根廷人权义务优先于其投资条约义务的主张,仲裁庭认为,“在双边投资协定和国际法中并不能找到这个结论的基础。阿根廷既然受国际义务,也就是人权和条约义务的约束,就必须平等尊重这两个国家层面的义务。在这些情况下,阿根廷的人权义务和其投资条约义务具有一致性、不矛盾或相互排斥。”因此,正如上面所讨论的,阿根廷本可以“履行这两种义务”。[3] 有趣的是,作为评估“必要性”主张的一部分,仲裁庭从规范冲突的角度来探讨了这个问题。这一观点非常符合上面所阐述的一般观点,即两种规范之间不存在固有冲突,一种规范并不优于另一种。

投资仲裁庭在处理投资索赔时依旧不愿意考虑人权问题。他们通常很少考虑国家所面临的相互冲突的投资义务和人权义务,至少在面对人权义务是否可能是国际法上“必然性”形式的争论作出回应时如此。虽然政府意愿与评估是否违反被指控的国家投资义务无关,但这些裁决并未详细阐述东道国以保护人权为基础的抗辩理由以及其产生冲突的义务,尽管这些义务是准据法律的一部分。[4] 除了上述阐释的准据法和投资仲裁庭有限管辖权的法律原则之外,投资仲裁和诉讼主要的私人和商业特征也可以解释为什么仲裁员缺乏解决人权问题的热情。[5]

---

① *Ibid.* ,paras 180 ff.

② *Suez/Vivendi* v. *Argentina*,ICSID Case No. ARB/03/19,Decision on Liability,para. 258.

③ *Ibid.* ,para 262.

④ 关于人权考量在任何情况下都不会影响仲裁实体裁决,只可能影响赔偿数额计算的观点,参见 Knoll – Tudor,‘The Fair and Equitable Treatment Standard and Human Rights Norms’,p. 342。

⑤ 关于仲裁员不熟悉作为解释因素的人权专门领域,参见前注。

第五章

投资协定仲裁中的透明度与公共参与

传统上，即使是在协议中缺乏明确的保密规定，国际商事仲裁也是以一种相对秘密（confidential）和私密（privacy）的方式进行的。① 存在的争议和争议解决中的程序细节都是不公开的；并且与争议无关方也没有可以接触仲裁程序的途径。② 这背后的主要原因是争议和争议所涉及的协议具有私人性质，③这种敏感的交易和商业信息不应当被披露。④ 然而，最近有学者质疑了这些观点的合法性（validity）。⑤ 在大多数情况下，仲裁规则规定了裁决未经当事双方同意不得公开，⑥即使在没有明确保密规定的情

---

① 确实，在过去的几年里，仲裁程序保密性原则呈现出不断削弱或被质疑的趋势。参见 Blackaby *et al.*, *Redfern & Hunter on International Arbitration*, para. 2. 152。更多讨论，参见 Alberto Malatesta and Rinaldo Sali（eds.），*The Rise of Transparency in International Arbitration*（Huntington, NY：Juris, 2013）。

② Blackaby *et al.*, *Redfern & Hunter on International Arbitration*, paras 2. 145 ff.

③ Moses, *The Principles and Practice of International Arbitration*, p. 162.

④ Schreuer *et al.*, *The ICSID Convention*, p. 834.

⑤ Stefano Azzali, ' Introduction：Balancing Confidentiality and Transparency', in Alberto Malatesta and Rinaldo Sali（eds.），*The Rise of Transparency in International Arbitration*（Huntington, NY：Juris, 2013），p. xxiii.

⑥ 例如，参见《UNCITRAL 仲裁规则》第 32（5）条和第 25（4）条。

况下，仲裁程序以秘密的方式进行也是被接受的。[①]

因一些合法性理由，投资协议仲裁已经从商事仲裁隐私原则（principle of privacy）和秘密原则（principle of confidentiality）中偏离。2006年《ICSID仲裁规则》的修订，以及2013年7月联合国国际贸易法委员会采用了“以条约为基础的投资国仲裁中的透明度”这一特定规则都证明了上述事实。[②] 应当注意到，新规则特定并且仅在对*以条约为基础*的投资仲裁中才可适用，这再次说明投资协定仲裁的国际公法（条约）基础影响了仲裁的实施。然而，新的UNCITRAL透明度规则仅适用于规定仲裁按照《UNCITRAL仲裁规则》进行的条约，并且该条约是在新规则生效后签订的。不过当事方可以就根据该规则被采用前已经缔结的条约而提起的仲裁同意适用透明度规则。[③]

秘密原则与隐私原则应当区分清楚。[④] 前一个概念围绕着仲裁程序的保密，即意味着这是一个关于仲裁程序和最终结果的信

---

① Paolo Comoglio and Chiara Roncarolo, ‘Presenting the Guidelines for the Publication of Arbitral Awards: Aiming to the Circulation of a Solid Arbitral Case Law’, in Alberto Malatesta and Rinaldo Sali (eds.), *The Rise of Transparency in International Arbitration* (Huntington, NY: Juris, 2013), p. 2.

② UNCITRAL Press Releases, ‘UNCITRAL adopts Transparency Rules for Treaty – based Investor – State Arbitration and Amends the UNCITRAL Arbitration Rules’, UN Doc. UNIS/L/186, 12 July 2013. See also United Nations General Assembly, UNCITRAL, Report of Working Group Ⅱ (Arbitration and Conciliation) on the Work of its 58th Session, New York, 4 – 8 February 2013, UN Doc. A/CN. 9/765, 13 February 2013.

③ United Nations General Assembly, UNCITRAL, Report of Working Group Ⅱ (Arbitration and Conciliation), UN Doc. A/CN. 9/765, para. 20.

④ 关于两个概念的定义的讨论，参见Jack J. Coe, ‘Transparency in the Resolution of Investor – State Disputes: Adoption, Adaptation and NAFTA Leadership’, *University of Kansas Law Review*, 54(4)(2005/6): 1339, 1342; and Rémy Gerbay, ‘Confidentiality vs Transparency in International Arbitration: The English Perspective’, *Transnational Dispute Management*, 9(2012): 3。

息是否可以,或者应当公开的问题(保密性与透明度相对)。[①] 后一个概念是关于仲裁程序是不是纯粹私人的,或者争议方之外的其他方是否可以进入仲裁程序(隐私与向无关方公开相对)。第一个问题将会在本章第2部分中说明,第二个问题将在本章第3部分中说明。在考察有关这些问题的实践和程序规则之前,似乎更重要的是,首先简要确定为什么关于保密性与透明度和隐私与无关方进入的讨论在投资协定仲裁中具有相关性。

一、为什么投资协定仲裁需要透明和公开?

为了更好地了解投资协定仲裁偏离相对隐私和秘密的程序背后的理由,理解这种发展背后的原因很重要。在投资协定仲裁中增加透明度和无关方进入有很多实践中和理论上的原因。一般来讲,这些讨论与投资协定仲裁的国际公法特征有关,这些特征逐渐滋生出在投资协定仲裁中增加透明度和公共参与的要求。确实,投资仲裁庭参与到评估各国主权特权的行使之中,会不可避免地导致程序的商业和封闭特性与这些争端所具备的国际公法的特性之间产生的紧张关系。

第一,需要指出一个事实,那就是考虑到投资保护和投资协定仲裁背后存在的一个主要政策理由就是加强外国投资者对东道国投资环境的信心,任何对东道国特定决定结果的保密都会对这个最关键目的的损害起到一定作用。[②] 事实上,对外国投资者

---

① 有关这一方面术语的讨论,参见 Alessandra Asteriti and Christian Tams, 'Transparency and Representation of the Public Interest in Investment Treaty Arbitration', in Stephan W. Schill(ed.), *International Investment Law and Comparative Public Law*(Oxford University Press, 2010), pp. 787 – 788。

② Schreuer *et al.*, *The ICSID Convention*, p. 838.

来说，为了保持其声誉，[①]满足内部或外部的企业社会责任要求，[②]也有类似的理由。一般而言，程序透明和公开意味着任何一方都没有任何东西需要隐藏。[③]

一般来讲，国际商事仲裁并非如此，其仅仅是具有相似目标的特定法律制度的一部分。投资保护条约有比单纯解决投资争端更广泛的目标的事实，实际上证明了投资协定仲裁与国际商事仲裁——很大程度上涉及解决两个或两个以上私人当事人之间的争端——的私人性质和封闭性质相区分是合理的。

第二，也是最重要的是，正如笔者在第一部分中介绍的那样，投资协定仲裁的国际公法特征将它与国际商事仲裁区别开来。一些提交给投资仲裁庭的问题普遍关注国家是否尊重它们的国际法律义务，所指控的行为与一般公共利益问题有关，如环境立法、劳工标准或者其他社会和经济权利，这些事实会影响人们支持投资仲裁程序的透明和无关方进入。[④] 因为这一决定对一国国民的潜在影响，投资仲裁程序的结果具有了一般公共利益。[⑤] 此外，鉴于投资仲裁庭可能因为一国行使其主权而作出给予外国投资者重大损失予以赔偿的裁决，仲裁程序的保密确实是不合理

---

① *Ibid.*

② 相关概述，参见 Peter Muchlinski, 'Human Rights, Social Responsibility and the Regulation of International Business: The Development of International Standards by Intergovernmental Organisations', *Non – State Actors and International Law*, 3 (1) (2003): 123, 123 – 152。

③ Coe, 'Transparency in the Resolution of Investor – State Disputes', p. 1361.

④ Christina Knahr and August Reinisch, 'Transparency versus Confidentiality in International Investment Arbitration: The Biwater Gauff Compromise', *Law and Practice of International Courts and Tribunals*, 6(1)(2007): 97, 113.

⑤ 参见 Meg Kinnear, Eloïse Obadia and Michael Gagain, 'The ICSID Approach to Publication of Information in Investor – State Arbitration', in Alberto Malatesta and Rinaldo Sali(eds.), *The Rise of Transparency in International Arbitration*(Huntington, NY: Juris, 2013), p. 108。

的。[1] 投资仲裁的这个特征与国际商事仲裁中的争端解决截然相反。[2] 换句话说，国际商事仲裁往往被限制在仅具有私人作用上，即只在当事方之间解决争议，相较而言投资协定仲裁不仅有私人作用的一面，同时还有非常重要的，突破当事双方双边私人关系的公共作用的一面。[3]

第三，因为一个国家的参与其中，在国家或者国家机构受公众期望的公开政府原则和民主选举的政府应当向它的选民报告的限制时，在这样的情境下公开报道责任也许可以适用。[4] 尽管存在争论，某些国家法院甚至在国家或者国家机构参与的国际商事仲裁中明确采用了上述公开报道责任。举例来说，正如 Mason CJ 在澳大利亚的 *Esso Australia Resources Ltd and others* v. *The Honourable Sidney James* 案中指出的那样，“在某些情况下，第三方和公众有权了解仲裁中发生了什么，这会引起‘公共利益’的例外”。[5] 在英国也存在类似的案例。[6]

第四，在投资协定仲裁中，仲裁程序的合法性，例如笔者在第三章讨论过的仲裁员的角色和作用，是极其重要的。因此，仲裁程序的结果和过程的公开对增加当事方对仲裁机制的信心是非常重要的。

---

① *Ibid.*

② 更多讨论，参见 Blackaby，‘Public Interest and Investment Treaty Arbitration’，p. 1。

③ *Ibid.*

④ *Ibid.*，p. 4.

⑤ High Court of Australia，*Esso Australia Resources Ltd and others* v. *The Honourable Sidney James Plowman and others*，FC No. 95/014，[1995] HCA 19，para. 38. See also Supreme Court of New South Wales，*Commonwealth of Australia* v. *Cockatoo Dockyard Pty Ltd*，[1995] 36 NSWLR 662.

⑥ 例如，参见 Court of Appeal of England and Wales，*Ali Shipping Corp.* v. *Shipyard Trogir* [1999] 1WLR 314。相关讨论，参见 Gerbay，‘Confidentiality vs Transparency in International Arbitration’。

第五,仲裁裁决的公开会增加各方对仲裁庭推理的认识,从而使东道国和外国投资者更好地了解他们在自己案件中的强处和弱点,尽管国际法和投资协定仲裁中一般不存在具有约束力的先例。[①] 另外,透明可以产生预测性,这反过来会为东道国和投资者双方的利益服务。[②]

然而,也有观点认为,纯粹的商事仲裁争议也可能会直接影响公众,同样地,各国也参与商事仲裁争议,而这不一定会影响国际商事仲裁的隐私和保密性。[③] 因此有人认为,仲裁员裁决投资争议的权力应当被另一种形式的争议解决方式取代,而不是通过增加透明度使仲裁程序合法化。[④] 这一论点的基础是,在国际商事仲裁中,如果出现妨碍通过仲裁私下解决争议的公共政策,则由可仲裁性原则(principle of arbitrability)确定该案件是否应通过法院而不是仲裁得到解决。[⑤] 然而,这一观点错误地将国际商事仲裁中的可仲裁性原则适用到了国际投资仲裁中。事实上,正如前面指出的一样,投资协定仲裁更类似于国家间司法纠纷解决,而可仲裁性原则并不像在国际商事仲裁中适用的那样在投资协定仲裁中适用。因此,在投资协定中表述的国家同意通过仲裁解决投资争议,不能因可仲裁性原则的适用而受到限制。此外,因为某些争议的仲裁条件本质上受一国国内法的规制,所以一国不能依据其国内法撤回其仲裁同意。

---

① See De Brabandere, ' Arbitral Decisions as a Source of International Investment Law' ,pp. 245 – 288.

② 国际商事仲裁领域有相似的观点,参见 Azzali, ' Introduction: Balancing Confidentiality and Transparency' ,p. xiv。

③ Ruth Teitelbaum, ' A Look at the Public Interest in Investment Arbitration: Is it Unique? What Should We do About It?' ,*Berkeley Journal of International Law Publicist*,5(2010): 54,56.

④ *Ibid.* ,p. 58.

⑤ *Ibid.*

二、投资协定仲裁中的透明度与保密责任

确保投资仲裁的透明度和公开的必要性是至关重要的，但是同样地，这种仲裁规则的适用不能改变仲裁程序的规范概念。[①]应当尊重国家选择仲裁作为解决投资争议的主要方式。问题仅在于如何作出适应当前体系的改变以试图维持其活力。通过向公众提供有关仲裁程序和最后结果的信息，以及在不违背仲裁程序的性质的前提下允许听证会公开，投资条约仲裁适当地背离了仲裁程序的保密性。这方面的规则很大程度上仍然取决于当事方的同意，并且在实践中还未完全采用此类规则。

投资协定仲裁中的公众获得信息与文件。《华盛顿公约》第48(5)条规定，“中心未经双方的同意不得公布裁决”。《ICSID仲裁规则》第48(4)条重申了此规定，但是增加规定“中心得将其仲裁庭推理的摘录录入其出版物”。[②] 为在《华盛顿公约》中增加投资仲裁的透明度，此后一部分在2006年得到了修改。[③] 先前，规则第48(4)条规定中心可以公布裁决摘录，[④]这是对禁止公布的初始规则的修改。[⑤] 如果各方同意公布仲裁的裁决，则秘书长有权采取必要步骤安排公布裁决或仲裁的会议记录和其他记录。[⑥]

---

① Coe, 'Transparency in the Resolution of Investor – State Disputes', p. 1354.

② 关于ICSID公约下的透明度规则的概述，参见Kinnear, Obadia and Gagain, 'The ICSID Approach to Publication of Information in Investor – State Arbitration', pp. 107 ff。

③ ICSID Secretariat, 'Suggested Changes to the ICSID Rules and Regulations', Working Paper of the ICSID Secretariat, 12 May 2005, available at: http://icsid.worldbank.org/ICSID/FrontServlet? requestType = ICSIDPublicationsRH&actionVal = ViewAnnounce PDF&AnnouncementType = archive & Announce No = 14_1. pdf, accessed 20 September 2011.

④ 相关讨论，参见Schreuer *et al.*, *The ICSID Convention*, p. 835。

⑤ Kinnear, Obadia and Gagain, 'The ICSID Approach to Publication of Information in Investor – state Arbitration', p. 114.

⑥ Regulations 22 and 23, ICSID Administrative and Financial Regulations.

应该补充的是，ICSID 秘书长同样有义务根据《华盛顿公约》对所有被提出的调解或仲裁请求进行登记和公开，至少包括参与争议的当事方名称和案件的登记时间。① 尽管这种做法现在看来似乎没有争议，但应当注意在 20 世纪 60 年代，ICSID 是引入这一规则的先驱，并且对该条款的修改被采用特别是因为“机构的公共性质”。② 同时，《华盛顿公约》或仲裁规则中的若干规则旨在维护仲裁程序中某种形式的隐私，但实质上这对保障程序的公正性和效率是必要的。例如，《ICSID 仲裁规则》第 6(2) 条规定，仲裁员应该签署一份声明，声明他将“对我参与本仲裁程序所得到的所有信息以及仲裁庭作出的任何裁决的内容保密”。

在实践中，经 ICSID 秘书处和当事方同意，或经争议(一方)双方，或经随后的国内法院或法庭的判决，绝大多数依据《华盛顿公约》作出的裁决已经可以被公众获悉。

除最终裁决之外的裁定，ICSID 秘书处对之以与裁决一样的方式处理，同样经当事双方或一方同意，也经常由 ICSID 秘书处对外公布。③

规定公布裁决的规则和条例仅适用于 ICSID，因此不禁止任何当事方公布该裁决，当然，除非双方均同意对仲裁决定保密或者有仲裁庭签发的保密命令。④ 在此应当补充一点，投资条约或者《华盛顿公约》的缔约国意图很重要，甚至胜过争端各方的意愿。⑤ 仲裁庭收到条约中包含的授予其管辖权的透明度和保密规

① *Ibid.*

② Kinnear, Obadia and Gagain, ‘The ICSID Approach to Publication of Information in Investor – State Arbitration’, p. 112; and Antonio R. Parra, *The History of the ICSID* (Oxford University Press, 2012), p. 104.

③ Schreuer *et al.*, *The ICSID Convention*, p. 838.

④ *Ibid.*, p. 836.

⑤ 对此的讨论，参见 Roberts, ‘Clash of Paradigms’, p. 48。

则的约束,也受到《华盛顿公约》的程序规则约束。这意味着,如果投资条约中没有规定这些规则,仲裁庭可以在与当事方协商的情况下自由决定适用的程序规则。

除仲裁决定之外的文件和信息的公开不受《华盛顿公约》或者《ICSID 仲裁规则》规制。所以问题是,投资条约仲裁中是否并且在何种程度上,存在一个一般性的保密原则。在 *Biwater Gauff* 诉坦桑尼亚一案中,仲裁庭对仲裁程序中容易得到的许多类型的文件和信息做了非常详细的分析,认为"在当事方之间对此未有任何协议的情况下,无论是《华盛顿公约》,还是适用的其他仲裁规则,都没有规定在 ICSID 仲裁中强加一个一般性的保密义务。然而,同样地,这些规则也没有强加一般性的透明度或不保密规则"。[①] 在《UNCITRAL 仲裁规则》中也是一样。[②]《华盛顿条约》的起草历史也揭示了当事方是不被禁止公布他们的辩论的,但他们可能会另外达成一致,"如果他们觉得公开会加剧争议"。[③] 这已经在 1983 年的 *Amco Asia Corporation and others v. Republic of Indonesia* 中得到仲裁庭的确认。[④]

根据 ICSID 附属机构规则而设立的仲裁庭也得出了相似结论。例如,在 *Metalclad v. Mexico* 中,仲裁庭认为:

> 但仍然存在一个问题,即是否存在任何一般的保密

---

① *Biwater Gauff(Tanzania) Ltd* v. *United Republic of Tanzania*, ICSID Case No. ARB/05/22, Procedural Order No. 3, 29 September 2006, para. 121.

② *Ibid.*, para. 132.

③ 对此的讨论,请参见 *ibid.*, para. 125.

④ *Amco Asia Corporation and others* v. *Republic of Indonesia*, ICSID Case No. ARB/81/1, Decision on Request for Provisional Measures, 9 December 1983, *ICSID Reports*, 1993, para. 4. 在此案中,被申请方请求仲裁庭命令申请方不得单方面发布关于案件的信息,但被仲裁庭驳回。最近有关信息,可见 *Abaclat and others(case formerly known as Giovanna a Becccara and others)* v. *The Argentine Republic*, ICSID Case No. ARB/07/5, Procedural Order No. 3(Confidentiality Order), 27 January 2010。

> 原则可以对禁止公众讨论任何一方的仲裁程序起作用。NAFTA和ICSID(附属机构)规则都没有明确规定限制双方在这方面的自由。虽然人们经常说,诉诸仲裁的原因之一是为了避免公开,但除非双方之间达成的协议包含这种限制,否则任何一方都仍然可以自由公开谈论仲裁。可以指出,《UNCITRAL仲裁规则》或国际法委员会通过的仲裁条款草案等主要仲裁文件不存在这种限制。①

在*Biwater Gauff*案中仲裁庭也提及到2006年《ICSID仲裁规则》中的改变,"清楚地反映了这一领域在透明度方面的整体趋势",②并总结道:

> 根据对特定文件披露的限制……任何一方不得被禁止在公开场合对案件做一般性讨论,只要任何这样的公开讨论应当限制在必要的限度(如根据共和国向公众提供有关政府和公共事务的信息的义务),并且不是用来进一步对抗当事方,加剧分歧,对其中一方施加不适当的压力,或者使争端的解决更加困难。③

此声明与*Metalclad*案中仲裁庭的裁决一致,在这一案件中,仲裁庭认为"仲裁程序的有序展开将有利于双方之间维持工作关系,如果在程序中双方都将对该案件的公开讨论限制在最低限

---

① *Metalclad Corp*. v. *The United Mexican States*, ICSID Case No. ARB(AF)/97/1, Decision on a Request by the Respondent for an Order Prohibiting the Claimant from Revealing Information, 27 October 1997, paras 9 – 10.

② *Biwater Gauff* v. *Tanzania*, ICSID Case No. ARB/05/22, Procedural Order No. 3, para. 122.

③ *Ibid*., para. 149.

度，任何一方的公开仅限于法律要求的任何外部强加的披露义务”。[①]

关于听证会、申请和备忘录的会议记录和档案，以及有关仲裁程序的信函，仲裁庭似乎更为仔细地对待，并明显倾向于在没有得到当事人同意的情况下禁止公布这些信息。这本质上是《ICSID 行政和财务条例》第 22 条规定的结果，ICSID 秘书长只能在双方同意的情况下才可以公布会议记录和其他记录，其不同于公开讨论案件的问题，不受《华盛顿公约》规制。在 *Biwater Gauff* 一案中，虽然仲裁庭允许公开讨论该案件，但禁止当事方披露听证会的会议记录或档案，对方在仲裁程序中产生的文件、申请或备忘录以及各方和/或仲裁庭之间的通信。[②] 在最近的一个案件，*Telefónica v. Mexico* 中，一个 ICSID 附属机构仲裁庭认为既不存在保密原则也不存在透明度原则，便适用了同样的禁止披露原则。[③] 这个仲裁决定被一个持不同意见的仲裁员严厉批评，因为仲裁庭在申诉人和被申诉人提出对抗性要求时，不公正地支持了“保密的推定”。[④]

在正式的 ICSID 背景之外，投资仲裁的裁决和决定，仲裁庭

---

① *Metalclad* v. *Mexico*, ICSID Case No. ARB(AF)/97/1, Decision on a Request by the Respondent, paras 9 – 10.

② *Biwater Gauff* v. *Tanzania*, Procedural Order No. 3, para. 42. 也参见 *Abaclat* v. *Argentina*, ICSID Case No. ARB/07/5, Procedural Order No. 3 (Confidentiality Order), 27 January 2010, paras 100 ff。

③ *Telefónica SA* v. *The United Mexican States*, ICSID Case No. ARB(AF)/12/4, Procedural Order No. 1, 8 July 2013.

④ *Telefónica SA* v. *The United Mexican States*, ICSID Case No. ARB(AF)/12/4, Dissent to Procedural Order No. 1, 8 July 2013.

一般是不公开发布的。[①]《UNCITRAL 仲裁规则》一般规定，听证会应当秘密进行并且裁决仅当双方都同意时才可公开。然而就投资协定仲裁而言，2013 年 UNCITRAL 透明度规则明显背离了透明原则。例如，第 2 条规定，争议一方应当向"存放处"递交仲裁通知，这将导致争议方的身份、出现争端的经济领域以及提出申诉所依据的条约公布于众。[②] 主要的仲裁程序官方文件也将向公众提供。[③]

尽管这些规则还没有应用于实践，在采用它们之前，NAFTA 框架下有许多采用《UNCITRAL 仲裁规则》组织的仲裁庭也接受了这样的观点——相较于国际商事仲裁，投资协定仲裁应该依据不同的规则：

> 仲裁庭认为，无论商事当事人私下协商一致的仲裁情况如何，在目前仲裁庭的仲裁中都没有确定任何普遍的保密原则。有利于保密的主要论点是基于仲裁协议中有一个假定的默示条款。但目前的投资协定仲裁是根据国际条约的规定进行的，而不是根据争端各方之间

① 然而，裁决被公开的另一种方式是通过后续在国内法院或法庭的诉讼，正如后面将要指出的那样，这种方式比在 ICSID 仲裁中更具可能性，毕竟《华盛顿公约》存在自动执行机制，而且缺乏国内法院和法庭的复审程序。例如，*Adria Beteiligungs GmbH* v. *The Pepublic of Croatia*, UNCITRAL, Award, 21 June 2010, the contents of which were partly made public through excerpts quoted in the Ruling on Application to Set – Aside the Award by the Hague Court, 15 August 2012, available at: www. italaw. com/sites/default/files/case – documents/italaw1221. pdf。

② United Nations General Assembly, United Nations Commission on International Trade Law, Settlement of Commercial Disputes: Preparation of a Legal Standard on Transparency in Treaty – based Investor – State Arbitration, Note by the Secretariat, UN Doc. A/CN. 9/WG. Ⅱ/WP. 17, 30 November 2012, para. 22, and UN General Assembly, UNCITRAL, Report of Working Group Ⅱ UN Doc. A. CN. 9/765, para. 90.

③ UNCITRAL, UN Doc. A/CN. 9/WG. Ⅱ/WP. 17, para. 25, and UNCITRAL, UN Doc. A/CN. 9/765, para. 91.

的仲裁协议。①

确实，NAFTA 是最早的需要增加透明度规则的条约之一。与其他投资条约一样，NAFTA 在其第 11 章中也未包含仲裁保密的一般性规定。另外，NAFTA 的某些规定目的十分明确，就是确保透明度，特别是通过其他 NAFTA 缔约国对仲裁程序的准入——笔者将在下文讨论，以及裁决的发布。② 另外，在其《关于第十一章规定的解释》中③，NAFTA 自由贸易委员会认为：

> NAFTA 并未对依据第 11 章提起仲裁的争议方设立任何一般性的保密责任，并且，根据第 1137(4)条的适用，NAFTA 并未排除争议方公开向依据第 11 章成立的仲裁庭提交的文件，或者仲裁庭作出的任何文件。
>
> ……按照第 1120(2)条的规定，NAFTA 缔约国同意，在相关仲裁规则中不设立任何保密责任或排除争议方公开向依据第 11 章成立的仲裁庭提交的文件，或者仲裁庭作出的任何文件，除非在这些规则中明确规定了有限的例外情况。
>
> ……缔约各方同意，及时向公众公开其向依据第 11 章成立的仲裁庭提交的文件，或者仲裁庭作出的任何文件，但下列信息须经修订方得公开：

---

① *S. D. Myers, Inc.* v. *Goverment of Canada*, UNCITRAL, Procedural Order No. 16 (concerning confidentiality in materials produced in the arbitration), 13 May 2000, para. 8. 然而，仲裁庭随后限制了当事方公开某些与申请有关的文件、程序命令和裁决的可能性(para. 16)。

② 在 NAFTA 第 1137(4)条，美国和加拿大事先同意公开在第 11 章规定下运作的仲裁庭的裁决，墨西哥则选择参考适用的仲裁规则。

③ NAFTA Free Trade Commission, Notes of Interpretation of Certain Chapter 11 Provisions, 31 July 2001, available at: www. international. gc. ca/trade - agreements - accords - commerciaux/disp - diff/NAFTA - Interpr. aspx? lang = en&view = d, accessed 6 February 2013.

1. 秘密的商业信息；

2. 根据缔约国国内法是保密的信息或不受披露的信息；

3. 一方依据相关适用的仲裁规则必须保留的信息。[①]

NAFTA 为 2006 年对《ICSID 仲裁规则》的一些修订铺平了道路，一些近期的双边投资条约也体现了投资协定仲裁对更多透明度的需求。例如，2012 年《美国示范双边投资协定》规定，在收到争议一方提交给仲裁庭的意向通知（notice of intent）、仲裁通知（notice of arbitration）、申请书（pleadings）、备忘录（memorials）和摘要（briefs），任何无争议一方的书面陈述、仲裁庭听证会的笔录或记录，以及仲裁庭命令、裁决和决定之后，被申诉方应当“立即将其转交给无争议方并向公众公开”。[②] 当然，这项义务有几个例外，如涉及“受保护的信息”。[③] 同样地，《加拿大投资促进及保护协议范本》规定“所有提交给仲裁庭，或是由仲裁庭发出的文件应当被公开，除非争议双方同意不公开，但必须删除的保密信息除外”，并且“根据本节，任何仲裁庭裁决均应公开，但必须删除保密信息的除外”。[④]

三、非争议方获取投资协定仲裁信息的渠道

投资协定仲裁向争议无关方公开的问题与这些程序的透明度问题有很大联系，但实际上前者更多地涉及程序隐私而不是透明度问题。此外，因为在 ICSID 仲裁规则和许多投资协议中已经

---

① Section A.

② 2012 年《美国示范双边投资协定》第 29(1)条。

③ 2012 年《美国示范双边投资协定》第 29(2)条和第 29(4)条。

④ Article 39(3) and(4), Canadian Model FIPA.

对无争议当事方的意见设计了具体的规则,这个话题值得特别的考虑。由于无争议当事方越来越多地利用这些文件规定的途径来获取投资协定仲裁程序信息,这个特定的机制很可能实际上构成了确保仲裁程序普遍公开的最充分的工具之一,并因此可能产生积极的结果。① 总体来说,越来越多的人接受非政府组织(NGO)参与国际争端解决方案,因为它们被视为"允许国际法中出现公民社会的概念作为解决投资争端的重要参与者",②以强化国际争端解决的透明度。③

在分析国际法上非争议方意见的概念和实践之前,笔者将首先讨论听证会的公开问题。

(一)公开听证会

增加程序中的文件和信息公开方面的透明度问题之后就是,近年来,投资协定仲裁听证会的公开已经有所增加,至少对依照《华盛顿公约》而进行的那些仲裁程序而言是这样的。听证会的公开非常接近透明度的概念,因为通过允许第三方参加听证会,争议的公共信息以及各方的论点都被公之于众。然而,公众参与并不意味着公众可以参与所有的听证会——对受保护机密和其他受保护的信息可能会采取限制。

就程序的透明度而言,NAFTA 已被证明是公众参与听证会的先驱。早在 2002 年,在 *UPS* v. *Canada* 一案中,仲裁庭就基于

① 然而,也有人指出,仅靠这种形式的参与并不能促进投资仲裁的透明化,因为这种参与并不包含接受申请书或参加听证会的权利,也不能加强投资仲裁的民主合法性,因为从他们不向其成员或公众负责这个层面而言,非政府组织本身也是非民主的[Charles H. Brower Ⅱ, 'Structure, Legitimacy, and NAFTA's Investment Chapter', *Vanderbilt Journal of Transnational Law*, 36(1)(2003):37, 72 – 73]。

② Francisco Francioni, 'Access to Justice, Denial of Justice and International Investment Law', *European Journal of International Law*, 20(3)(2009): 729, 742.

③ Laurence Boisson de Chazournes, 'Transparency and *Amicus Curiae* Briefs', *Journal of World Investment and Trade*, 5(2)(2004): 333.

双方同意授权公开了听证会。[①] 公开听证会也会在案件实体审理的阶段被授权,“除听证会中涉及保密信息的部分之外”。[②] 随后在2004年的 *Methanex* v. *United States* 和 *Canfor v. United States of America* 中也采用了公开听证会的形式。[③]

2006年修订后的《ICSID仲裁规则》第32(2)条规定:“除非任何一方反对,与秘书长协商后,仲裁庭可以允许其他人,包括但不限于当事方,他们的代理人、法律顾问和辩护律师、在作证期间的证人和专家,以及法庭的工作人员,根据合适的后勤安排,出席或者旁观全部或者部分听证会。仲裁庭应为此类情况设立保护专有的或秘密的信息的程序。”[④]

实际上,这项规定通过要求一方当事人反对向公众开放口头

---

① ICSID News Release, *United Parcel Service of America*, *Inc*. v. *Government of Canada*, NAFTA/UNCITRAL Arbitration Rules Proceeding, 28 May 2001, available at: https://icsid. worldbank. org/ICSID/FrontServlet? requestType = CasesRH&actionVal = OpenPage&PageType = AnnouncementsFrame&FromPage = NewsReleases&pageName = Archive_%20Announcement6, accessed 11 February 2013.

② ICSID News Release, *United Parcel Service of America*, *Inc*. v. *Government of Canada*, NAFTA/UNCITRAL Arbitration Rules Proceeding, 7 December 2005, available at: https://icsid. worldbank. org/ICSID/FrontServlet? requestType = CasesRH&actionVal = OpenPage&PageType = AnnouncementsFrame&FromPage = NewsReleases&pageName = Archive _% 20Announcement23, accessed 11 February 2013.

③ *Methanex Corp*. v. *United States of America*, UNCITRAL, Final Award of the Tribunal on Jurisdiction and Merits, 3 August 2005, para. 8. The transcripts of the hearings in *Canfor* v. *United States of America*, which was consolidated with two other cases in 2005 (*Tembec, Inc. and others* v. *United States of America* and *Terminal Forest Products Ltd* v. *United States of America*) are also available on the website of the US Department of State at: www. state. gov/s/l/c7424. htm, accessed 11 February 2013.

④ 此规则修改前原文如下:“法庭应当决定,在当事双方同意下,包括但不限于当事方,他们的代理人、法律顾问和辩护律师、在作证期间的证人和专家,以及仲裁庭工作人员可以参加听证会。”

听证来扭转仲裁的私密性质。[①] 换句话说，例如与裁决禁止公开除非当事双方都同意公开相比，这里的原则是一个 ICSID 仲裁庭在与 ICSID 秘书长协商后可以允许公众参与听证会，除非当事方中有一方反对。修订版虽然扭转了听证会的私人性质的逻辑，但却授权任何一方否决公众参与听证会。因此，结果基本上是相同的，但合理性却是根本不同的。

《UNCITRAL 仲裁规则》第 28(3)条包含了秘密听证会原则，除非当事双方达成其他同意，正如一般的商事仲裁案件一样。然而现在，2013 年 UNCITRAL 关于基于条约的投资仲裁中的透明度规则规定，听证会对公众开放，除非有必要保护保密信息或者仲裁程序的完整性。[②]

在上文讨论的 2006 年《ICSID 仲裁规则》的总体修订中引入此规则之前，仲裁庭在没有双方同意的情况下一般拒绝非争端方请求出席听证会的请求，这是旧版《ICSID 仲裁规则》第 32(2)条规定的明确要求之一。[③] 在实践中，尽管 2006 年修改了仲裁规则第 32(2)条，因当事方之一反对第三方出席听证会，甚至当争议清晰地展现出公共利益时，听证会大多数情况下仍秘密进行，并不

---

① 然而在 Schreuer *et al.*, *The ICSID Convention*, p. 699, para. 102，作者认为除此新规，“私密”规则本质上仍存在。

② UNCITRAL, UN Doc. A/CN. 9/WG. Ⅱ/WP. 17, para. 44, and UNCITRAL, UN Doc. A/CN. 9/765, para. 52.

③ 例如，参见 *Suez, Sociedad General de Aguas de Barcelona SA and Vivendi Universal SA* v. *The Argentine Republic*, ICSID Case No. ARB/03/19, Order in Response to a Petition for Participation as *Amicus Curiae*, 19 May 2005, para. 6，认为“尽管仲裁庭，正如申诉书所言，对仲裁程序具有一定的固有权力，但这种权力的行使不得对抗申诉方和被申诉方同意规制该案仲裁程序之仲裁规则的明确指示”。也参见 *Aguas del Tunari SA* v. *Bolivia*, ICSID Case No. ARB/02/3, para. 17。

对公众开放。[①] 只有在少数情况下，各方才不反对公众参与听证会，这种情况往往是与接受非争议方意见相结合的。[②] 笔者应当指出，投资条约可以规定公开听证会，在这种情况下，争议各方无法拒绝公众参与听证会，因为仲裁庭适用的程序不仅取决于所采用的仲裁规则或机构，而且包括国家在投资条约中表达关于仲裁同意时是如何定义的。2012 年美国 BIT 示范文本涉及上述内容的部分也采用了“公开听证会”(open hearings)原则，只要仲裁庭作出适当安排以保护受保护的信息免予披露，[③]《加拿大投资促进及保护协议范本》也如此。[④]

(二)投资协定仲裁中的非争议方意见

非争议方在国际程序中提出意见意味着非争议方有权在仲裁期间提交书面声明，但无权成为争议当事人。[⑤] 非争议方，特别是非政府组织在国际争端解决中所起的作用是显而易见的，在国际经济法和投资法领域中发挥的作用尤为明显，因为其正式提交法庭之友摘要的权利已被《ICSID 仲裁规则》和最近的 UNCITRAL 在基于条约投资国仲裁中的透明度规则明确接受。然而，

---

① 例如，*Biwater Gauff* (*Tanzania*) *Ltd* v. *United Republic of Tanzania*, ICSID Case No. ARB/05/22, Procedural Order No. 5, 2 February 2007, para. 71 和 *Philip Morris Asia Ltd* v. *The Commonwealth of Australia*, UNCITRAL, PCA Case No. 2012 – 12, Procedural Order No. 5, Regarding Confidentiality, 30 November 2012。

② 例如，*Commerce Group Corp. And San Sebastian Gold Mines, Inc.* v. *The Republic of El Salvador*, ICSID Case No. ARB/09/17, Award, 14 March 2011 和 *Pac Rim Cayman LLC* v. *Republic of El Salvador*, ICSID Case No. ARB/09/12, 18 May 2011。

③ 《美国示范双边投资协定》第 29(2)条。

④ 2007 年《加拿大示范双边投资协定》第 38(1)条。

⑤ 关于此概念的讨论，参见 Philippe Sands and Ruth Mackenzie, 'International Courts and Tribunals, *Amicus Curiae*', in Rüdiger Wolfrüm (ed.), *Max Planck Encyclopedia of Public International Law* (Oxford University Press, 2012), vol. Ⅱ, pp. 519 – 526。

不应忽视的是此做法在其他国际诉讼中也很普遍，[①]如 ECtHR、[②]美洲人权法院[③]以及国际刑事法庭和法院。[④]

一般国际争端解决中的法庭顾问

法规和条例通常包含第三方干预诉讼程序的明确规则，这使第三方能够直接参与诉讼程序——不同于以法庭顾问的身份参与诉讼——如果案件在国际法院时第三方具有可能受该案判决影响的法益。[⑤] 这样的授权通常在当事方同意自愿介入时也可以接受，而自愿介入在国际商事仲裁的若干仲裁规则中都有体现。[⑥]

在投资协定仲裁中，与争议问题无关的投资协定缔约国有资格向仲裁庭提交文件的某些规则是存在的。例如在 NAFTA 中，NAFTA 的缔约国有权"书面提醒争端各方向仲裁庭提交有关本

---

① 概述请见 Eric De Brabandere, 'NGOs and the "Public Interest": The Legality and Rationale of *Amicus Curiae* Interventions in International Economic and Investment Disputes', *Chicago Journal of International Law*, 12(1)(2011): 85。

② 1950 年 11 月 4 日签署的《保护人权和基本自由的公约》(此后称《欧洲人权公约》)第 36(2)条："法院院长可以为了正当司法的利益，邀请非诉讼一方的任何缔约方或者任何非申请人的有关人员提交书面意见或参加听证会"。

③ 参见 Jo M. Pasqualucci, *The Practice and Procedure of the Inter-American Court of Human Rights* (Cambridge University Press, 2003), p. 214。

④ 参见 Sarah J. Williams and Hannah Woolaver, 'The Role of the Amicus Curiae before International Criminal Tribunals', *International Criminal Law Review*, 6(2)(2006): 151, 151-189。

⑤ 例如《国际法院规约》第 62 条。

⑥ 例如《LCIA 仲裁规则》第 22(1)(h)条："除非当事人于任何时候另有书面约定，仲裁庭有权……仅在一方当事人提出申请的情况下，允许一个或一个以上的第三人作为当事人加入仲裁，但该第三人和提出申请的当事人必须已经书面同意上述事项；其后，仲裁庭可以对依此加入仲裁的所有的当事人作出单一的终局裁决或分开的裁决。"然而在其他仲裁规则中没有设定此权力，如《ICC 仲裁规则》。参见 Thomas Bevilacqua, 'Voluntary Intervention and other Participation of Third Parties in Ongoing International Arbitrations: A Survey of the Current State of Play', World Arbitration & Mediation Review, 1(4)(2007): 507。

协定解释的问题的文件”。[①] 2012 年美国 BIT 示范文本作了相似规定,“非争议方可以向仲裁庭口头或书面提交关于本条约的解释”。[②] 这一实践现在已经被 2013 年 UNCITRAL 透明度规则借鉴过来。[③] 然而,根本区别是这些程序并不适用于投资协议各方之外的非争议当事方参与。

在 2006 年《ICSID 仲裁规则》修订之前,没有规定不是投资协定缔约方的非争议方可以提交自愿申请。当投资仲裁庭首次面临非政府组织提交法庭之友摘要的自愿申请时,仲裁庭必须在国际法和它们自己的章程或者仲裁程序规则关于这方面都没有规定的情况下分析出此类介入的合法性和可接受性。因此它们逻辑上转向了其他国际法领域的做法。关于法庭之友摘要的问题始于国际贸易法领域并且主要在国际贸易法领域讨论。尽管争端的本质纯粹涉及国家的国际法律义务,但这种发展因其为非政府组织代表非国家利益介入国际争端解决提供了接口而大放异彩。非政府组织通过提交摘要而进入 WTO 争端解决过程的第一个争端案件是 *Shrimp - Turtles* 争端案。此案涉及美国企图禁止进口没有使用排出海龟装置的网而捕获的虾。该案首次提交 WTO 特别小组。三个非政府组织团体为了影响其决定向该小组提交了摘要。[④] 作为原则问题,专家组依法驳回了三个非政府组织主动提供的信息,因为 WTO 争端解决机制只允许特定当事方介入 WTO 争端解决程序。[⑤] 专家组报告被上诉至 WTO 上诉机

---

① NAFTA 第 1128 条。

② 美国示范 BIT 第 28(2)条,也见加拿大示范 FIPA 第 39 条。

③ 参见 UNCITRAL,UN Doc. A/CN. 9/765。

④ *United States - Import Prohibition of Certain Shrimp and Shrimp Products*, Report of the Panel, Doc. No. WT/DS58/R, 15 May 1998.

⑤ *Ibid.*, para. 3. 129.

构，该机构驳回了专家组给出的决定性理由解释。[1] 上诉机构确认每个国家都有权在法律意见书中附上法庭之友摘要，并且如专家组所做的那样将这些陈述与其他不属于国家正式提交的陈述区别开来。[2] 在上一个案件中，专家组有义务认真考虑提交的摘要，因为它是一国正式提交的文件的一部分。就非政府组织自愿提交而言，上诉机构认为 WTO 争端解决机制中没有规定禁止接受自愿提交的信息，因为"将寻求信息的授权等同于禁止接受未经要求而提交的信息是不适当的"。[3]

WTO 上诉机构启动的做法影响了国际法其他相关领域的类似发展。特别是尽管国际仲裁传统上是不对非争议方开放的，但国际投资法庭援引这些决定，接受了非政府组织提交的法庭之友文件。

投资协议仲裁中的非争议方意见

非政府组织参与投资协定仲裁的行为已经沿着其参与 WTO 体系的方向发展。《ICSID 仲裁规则》最初并未提及任何非争议方提交其意见。《UNCITRAL 仲裁规则》同样也未明确授权或禁止仲裁庭接受法庭之友摘要，而只是在程序规则和原则方面向仲裁庭传达出其具有广泛的自由裁量，仅受当事方相反的协议以及

---

① *Ibid.*, paras 102 - 110.

② *Ibid.*, para. 89："我们认为，将一个摘要或者其他材料附在上诉人或者被上诉人提交的文件中，无论这些材料如何出现或出自何处，都使该材料至少在表面上成为其提交文件的一个组成部分。"另见第 110 段。

③ *Ibid.*, para. 108. 就向上诉机构提交法庭之友摘要本身而言，上诉机构在随后的一个案件中作出决定，与专家组相似的，如果该机构认为"这样做是有针对性的和有用的"则接受和考虑法庭之友摘要（*United States - Imposition of Countervailing Duties on Certain Hot - Rolled Lead and Bismuth Carbon Steel Products Origination in the United Kingdom*, Report of the Appellate Body, Doc. No. WT/DS138/AB/R, 10 May 2000, para. 42）。参见 *European Communities - Measures Affecting Asbestos and Asbestos - Containing Products*, Report of the Appellate Body, Doc. No. WT/DS135/AB/R, 12 March 2001, para. 52。

平等原则的限制。[①] 适用修订后《UNCITRAL 仲裁规则》的伊朗—美国申诉仲裁庭适用了该规则第 15 条的解释，仲裁庭授权除伊朗或美国之外的第三方提交法庭之友摘要，但仅“在特殊情况下”。[②] 尽管在伊朗—美国申诉仲裁案之前，非当事方在仲裁中提交意见是相对被禁止的，[③]但仲裁庭原则上接受和考虑根据《UNCITRAL 仲裁规则》提交的法庭之友意见。该规则后来被用于投资仲裁中，这类仲裁同样要决定是否接受法庭之友意见摘要。

有趣的是，法庭之友摘要是在依《UNCITRAL 仲裁规则》进行的投资协定仲裁中第一次被接受。正如笔者在引言中强调的那样，这一发展明确地表明正是投资协定仲裁的国际公法性质影响到了程序，这一发展显然不限于 ICSID 仲裁。

2001 年，在具有开拓性意义的 *Methanex* v. *United States* 决定中，[④]该案仲裁庭依据NAFTA 第 11 章并适用《UNCITRAL 仲裁规则》，根据伊朗—美国申诉案形成的判例法和之前提到的 WTO 案件，仲裁庭得出结论认为其有权接受法庭之友摘要。仲裁庭认为无论《UNCITRAL 仲裁规则》还是 NAFTA 第 11 章都未包含关

---

① 第 15(1)条：“根据这些仲裁规则，仲裁庭可以其认为适当的方式进行仲裁，但条件是当事方具备平等待遇，并且在仲裁程序的任何阶段，每一方均有充分的介绍其案件的机会。”

② Iran – United States Claims Tribunal, Tribunal Rules of Procedure, Notes to Article 15, para. 5, 3 May 1983, available at: www. iusct. org/tribunal – rules. pdf, accessed 14 April 2010.

③ Jack J. Coe, ‘The Tribunal’s Transparency Features: Some Observations’, in Christopher R. Drahozal and Christopher S. Gibson (eds.), *The Iran – U. S. Claims Tribunal at 25: The Cases Everyone Needs to Know for Investor – State and International Arbitration* (Oxford University Press, 2007), p. 132.

④ *Methanex Corp.* v. *United States of America*, UNCITRAL, Decision of the Tribunal on Petitions from Third Persons to Intervene as *Amici Curiae*, 15 January 2001, para. 32.

于法庭之友摘要的明确规定。[①] 仲裁庭指出,《UNCITRAL 仲裁规则》第 15 条赋予其广泛的程序规则的自由裁量权。[②] 美赛尼斯诉美国案仲裁庭也正确地指出,接受除争议双方以外的其他方提交的法庭之友摘要并不等同于将该方作为仲裁当事方。[③] 需要指出的是,美赛尼斯诉美国案仲裁庭援引增加透明度的必要性并呼吁在事件涉及"公共利益"时支持仲裁庭有权接受非政府组织提交意见。[④] 仲裁庭在这种情况下还明确区分了仲裁庭接受非政府组织提交法庭之友摘要的一般能力——这是建立在上述法律论据的基础上的——和仲裁庭在特定案件中接受这些摘要的恰当性,就此笔者会放在下一部分讨论。

因为美赛尼斯诉美国案,NAFTA 自由贸易委员会发布了一个声明,确认在北美自由贸易协定中没有规定限制自由裁量权和仲裁庭接受非争议方提交意见书的权力。[⑤] 声明还建议依第 11 章成立的仲裁庭采用简单程序,该程序还特别规定了某些要求,这些要求将在下一节讨论。许多后来的依 NAFTA 第 11 章仲裁案件在接受法庭之友摘要时遵循了美赛尼斯诉美国案中原则性

---

① *Ibid.*,para. 47. 参见 Patrick Dumberry,'The Admissibility of Amicus Curiae Briefs by NGOs in Investor – States Arbitration: The Precedent Set by the Methanex Case in the context of NAFTA Chapter 11 Proceedings',*Non – State Actors and International Law*,1(3)(2001):201。

② *Methanex* v. *United States*,UNCITRAL,Decision of the Tribunal on Petitions from Third Persons to Intervene as *Amici Curiae*,paras 29 – 32.

③ *Ibid.*,para. 30.

④ *Ibid.*

⑤ Statement of the Free Trade Commission on Non – Disputing Party Participation,para. A. 1,available at: www. international. gc. ca/trade – agreements – accords – commerciaux/assets/pdfs/Nondisputing – en. pdf,accessed 7 April 2010.

的决定,包括 UPS 诉加拿大案[①]以及 Glamis 诉美国案。[②] 仲裁庭基于前文提到的《自由贸易委员会关于非争议方介入的声明》明确了接受和考虑摘要的授权,[③]但未说明提交此种文件是否与《UNCITRAL 仲裁规则》一致。[④]

就 ICSID 仲裁而言,虽然早期的仲裁庭决定拒绝当事方提交基于对投资仲裁性质限制性解释的文件,但在随后的案件中,[⑤]若干 ICSID 仲裁庭已经确认了其接受法庭之友摘要的权力。在 Suez/Vivendi 诉阿根廷案中,ICSID 仲裁庭第一次承认了接受法庭之友摘要的权力。[⑥] 专家组接受法庭之友摘要的权力建立在《华盛顿公约》第 44 条的基础上,此条款允许仲裁庭有权决定《华盛顿公约》没有规定的程序问题,[⑦]并明确引用了 *Methanex* 案仲裁庭对《UNCITRAL 仲裁规则》第 15 条的解释。*Suez/Vivendi* 案的仲裁庭也再次强调,作为法庭之友的参与和作为仲裁当事方的参与是不同的,重申了法庭之友的作用是通过提供当事方也许不能提供的专门知识和意见来为法院或仲裁庭提供帮助。[⑧]

Suez/Vivendi 案仲裁庭作出决定之后,《ICSID 仲裁规则》和许多 BIT 都正式接受了对仲裁庭可以接受法庭之友摘要的授权。

---

① *United Parcel Service of America Inc.* (*UPS*) v. *Canada*, UNCITRAL, Decision of the Tribunal on Petitions for Intervention and Participation as *Amici Curiae*, 17 October 2001.

② *Glamis Gold Ltd* v. *United State of America*, UNCITRAL, Decision on Application and Submission by Quechan Indian Nation, 16 September 2005.

③ *Ibid.*, para. 10.

④ *Ibid.*, para. 8.

⑤ *Aguas del Tunari SA* v. *Bolivia*, ICSID Case No. ARB/02/3, Appendix Ⅲ, text of 29 January 2003, letter from the Tribunal to Earthjustice, counsel for petitioners.

⑥ *Suez/Vivendi* v. *Argentina*, ICSID Case No. ARB/03/19, Order in Response to a Petition for Participation as *Amicus Curiae*.

⑦ Ibid., para. 16.

⑧ *Ibid.*, para. 13.

在此情况下,《ICSID 仲裁规则》于 2006 年修订,明确规定在一定条件下,仲裁庭有权允许对该案有重大利益的非争议方提交书面意见:

> (2)在协调双方后,仲裁庭可以允许与争端无关的人或实体(在本规则中称"非争议方")向仲裁庭提交关于争端范围内事项的书面意见。在决定是否允许提交此类文件时,仲裁庭应考虑,除其他事项外,下列事项的程度:
>
> ①非争议方提交意见将协助仲裁庭确定与仲裁有关的事实或法律问题,通过提供具有与争议方不同的角度、特定知识或洞察力;
>
> ②非争议方提交的事项在争端范围内;
>
> ③非争议方对仲裁案件有重大的利益。
>
> 仲裁庭应当确保非争议方提交的意见不妨碍任何一方的程序或造成不适当的负担或者不公平的偏见,确保双方都有机会就非争议方提出的意见表达他们的观点。①

修改后的规则对非政府组织参与投资仲裁具有直接影响。例如,在 Biwater Gauff 诉坦桑尼亚案中,当事方接受在此争端中适用这项新规,尽管争端是在新 ICSID 规则生效之前就提出仲裁请求的。②

2013 年 UNCITRAL 关于投资协议仲裁透明度规则现在也规定,"第三人"可以在投资协议仲裁中提交意见,只要他们"在仲裁中有重大利益"以及提交的意见可以"通过提供具有与争议方不

---

① 《ICSID 仲裁规则》第 37(2)条。

② *Biwater Guaff* v. *Tanzania*, Procedural Order No. 5, para. 16.

同的角度、特定知识或洞察力辅助仲裁庭确定与仲裁程序有关的事实或法律问题”。[①]

这些发展促使某些国家在其双边投资协定中也包括非政府组织提交法庭之友摘要的可能性和限制条件。[②] 例如,在《美国—乌拉圭双边投资协议》中,双方同意仲裁庭有权接受和考虑“与争端无关的人或实体”提交的法庭之友意见书。[③]

非争议方意见和“公共利益”

虽然法庭之友摘要主要适用于非政府组织,但其实践也有益于私人或公共组织,包括亚国家政府(subnational governments)。[④] 因此在 *Electrabel* v. *Hungary* 中,欧盟委员会适用《ICSID 仲裁规则》第 37(2)条规定的程序提交了一份声明,特别是关于仲裁庭的管辖权,以及欧洲共同体法与能源宪章之间的关系,后者提供了仲裁庭管辖权的基础。[⑤] 然而,作为非争议方的干预可能不一定是透明度问题,而是针对具体问题提出专家法律意见的

---

① 联合国大会,UNCITRAL,UN Doc. A/CN. 9/765, para. 35。

② 关于此观点的概论,参见 Kyla Tienhaara, ‘Third Party Participation in Investment – Environment Disputes: Recent Developments’, *Review of European Community & International Environmental Law*, 16(2)(2007): 230, 233 – 233。

③ Treaty Between the United States of America and the Oriental Republic of Uruguay Concerning the Encouragement and Reciprocal Protection of Investment, 4 November 2005, Article 28(3), available at: http://tcc. export. gov/static/Uruguay – 11. 4. 05. pdf, accessed 2 April 2010.

④ 关于后者,参见 Andrea K. Bjorklund, ‘The Participation of Sub – national Government Units as *Amici Curiae* in International Investment Disputes’, in Chester Brown and Kate Miles (eds.), *Evolution in Investment Treaty Law and Arbitration* (Cambridge University Press, 2011), pp. 298 – 315。

⑤ *Electrabel* v. *Hungary*, ICSID Case No. ARB/07/19, paras 4. 89 ff.

问题。[①]

某些在 NAFTA 第 11 章和《华盛顿公约》共同规制下运作的国际投资仲裁庭从一开始就区分开了建立非政府组织作为法庭之友参与仲裁的合法性——上段中已讨论过——和这种情况下提交意见的适当性,后者则与特定的非国家或者非公司在案中的利益相关。非政府组织在国际争端解决——在涉及公共利益的案件中的参与,特别是涉及环境和水资源以及其与外国投资关系方面,都是非常显著的。在这个意义上,非政府组织参与对法庭或法院的利益来讲不是必要的,但是对于更大的"公共利益"来讲是有必要的,因为其参与增加了投资协议仲裁的合法性、透明度和开放性。[②]

然而,法庭之友提交摘要的可能并不是不受限制的。在实践中,仲裁庭已经指出此类提交需要符合特定的条件。这些条件归结为此类参与背后的基本原理:首先,争议的"公共"利益特征和非政府组织作为该利益代表的作用;其次,因为摘要提供了与争议当事人不同的观点而在辅助仲裁庭方面具有效用。这两个条件都与存在"公共利益"——与国家和公司的利益不同——的要求相关。实际上,对摘要通过提出不同于争议双方的观点而具有协助法庭的作用的要求意味着,非政府组织应当实质上代表一种"公共",即一种非国家和非公司的利益。国家和公司的利益已经由当事双方所代表了。由于投资协定仲裁传统上只对国家和公

① 例如在 *Electrabel* 案中,仲裁庭提道:"虽然欧盟委员会是欧洲共同体法的专业解释者,可以通过解决若干法律问题来协助仲裁庭,但其法律意见的范围原则上应针对解决以下问题:(1)欧洲共同体法和其与《能源宪章条约》之间的联系;(2)共同体法与国家援助调查匈牙利签署的电力购买协议;(3)欧洲共同体对其成员国决定的影响,特别是匈牙利"(*ibid.*,para. 24)。

② 参见 Sands and Mackenzie,'International Courts and Tribunals,*Amicus Curiae*',pp. 29 – 31。

司或个人投资者开放，因此在此类仲裁中只有国家和投资者的利益才能被代表。非政府组织参与通常被认为是仅考虑国家和投资者利益的一种补救办法。非政府组织所代表的“更广泛”利益既可以是一般性的，也可以是与人权或环境问题相关的，也可以是相对具体的或产业的，例如代表受法庭或法院决定影响的特定社会群体的权利，否则便没有参与仲裁的机会。因此，非政府组织作为法庭之友而参与的正当性也相对矛盾地成为此类参与的固有限制。

许多投资协定仲裁庭已经明确要求在“公共利益”案件中有更大的透明度，以支持在非政府组织作为法庭之友参与仲裁的主张。*Methanex* 案中仲裁庭指出，仲裁呈现了一个公共利益问题，因为它涉及提供公共服务和与健康有关的事务，因此“远远超过了商事主体间国际仲裁所引起的问题”。[①] 仲裁庭进一步指出，NAFTA 第 11 章仲裁可以从“更加开放或透明”中获益。[②] 同样，*UPS* 案中的仲裁庭回顾了最近对确保投资协定仲裁更加透明的关注，不能“等同于私主体之间国际商事仲裁的标准运行”。[③] 在这种情况下，仲裁庭因此接受了通过提交法庭之友摘要以代表加拿大邮政工作者劳工权利。在 *Glamis* 案中，非政府组织的参与使得原住民可以参与到仲裁之中。[④] *Glamis* 案的仲裁庭的确接受了 Quechan 印第安民族（Quechan Indian Nation）提交的意见，其很可能受仲裁庭裁决结果的影响，并且如果其不通过提交法庭之友摘

① *Methanex* v. *United States*, UNCITRAL, Decision of the Tribunal on Petitions from Third Persons to Intervene as Amici Curiae, para. 49.

② *Ibid*.

③ *UPS* v. *Canada*, UNCITRAL, Decision of the Tribunal on Petitions for Intervention and Participation as *Amici Curiae*, para. 70.

④ 参见 Megan Davis, 'New Developments in International Advocacy: *Amicus Curiae* and the World Trade Organization', *Indigenous Law Bulletin*, 5(2003), available at: www. austlii. edu. au/au/journals/ILB/2003/28. html, accessed 11 February 2011。

要而参与仲裁就不会有机会参加仲裁。自由贸易委员会在 *Methanex* 案决定之后的声明也证实了法庭之友摘要的正当性和局限性。该声明要求仲裁庭,特别是,评估非争议方是否对仲裁有“重大利益”,是否“对仲裁标的物有公共利益”。① 然而,后者经常存在于投资协定仲裁的案件。

就一般的 ICSID 仲裁而言,*Suez/Vivendi* 案仲裁庭解释了接受法庭之友的适当性,指出该案件不仅涉及所有 ICSID 案件中存在的公共利益事项,还包括:

> 造成这一案件存在特别公共利益的因素是投资争端围绕着一个大都市区,布宜诺斯艾利斯城市和周边城市的水资源分配和污水系统。这些系统为数百万人提供基本公共服务,因此可能会引发各种复杂的公共和国际法上的问题,包括人权方面的考虑。在本案中,作出的任何决定,无论是有利于申诉人还是被申诉人,都有可能潜在地影响这些系统的运作,从而影响它们所服务的公众。②

2006 年修订的《ICSID 仲裁规则》要求仲裁庭在决定是否允许提交摘要时,特别要考虑法庭之友意见“在仲裁程序中有重要利益”的外延。③ 在 *Biwater Gauff* 案中,仲裁庭引用了 *Methanex* 案和 *Suez/Vivendi* 案在有关这些争端的公共利益方面的命令。④ 仲裁庭同样指出,又一次引用 *Methanex* 案的决定,即使承认没有

---

① Statement of the Free Trade Commission on Non - disputing Party Participation, para. B. 6.

② *Ibid.* , para. 19.

③ ICSID Rules of Procedure for Arbitration Proceedings(Arbitration Rules) Art. 37(2)(c), available at: http://icsid. worldbank. org/ICSID/StaticFiles/basicdoc/CRR English - final. pdf, accessed 14 April 2010.

④ *Biwater Guaff* v. *Tanzania*, Procedural Order No. 5, paras 52 - 52.

特殊或更广泛的利益攸关，仲裁程序通常也可以从提高透明度中受益。[①] 因此，仲裁庭接受了5个非政府组织提交的一个摘要，但拒绝了他们要求获得当事方提交文件的请求和他们要求出席或参与听证会的请求。[②]

因为通过这一程序的参与只是*间接的*，不能等同于作为争端当事方的参与，非政府组织提出的意见都只限于争议的主题，需要代表一种与争议方不同的利益。从这个意义上讲，法庭之友摘要本质上被视为于法院或仲裁庭有利，因为它向法院或仲裁庭提供除了当事人提供的信息之外的有用信息和论证过程。提交的法庭之友意见的主要功能是协助仲裁庭开展工作，因此该意见摘要需要与争端中正在讨论的问题相关，这一看法通常已被许多仲裁庭所接受，同时也被新修订的《ICSID 仲裁规则》所接受。只有那些通过提供与争议方不同的专门知识和意见向法院或仲裁庭提供帮助所提交的意见最终会被法院或仲裁庭接受。[③] 因此，*Bernhard von Pezold and others* v. *Zimbabwe* 案的仲裁庭拒绝将其延伸至一项有关人权的请求，一个由非争议方提起的“申请”。[④]

经修订的《ICSID 仲裁规则》还限制了对这些意见书进行干预的可能性，“这将有助于仲裁庭确定与仲裁程序有关的事实或法律问题，通过提出一种与争议各方不同的观点、特定的知识或见解”。[⑤] 在《ICSID 仲裁规则》修订之前，Suez/Vivendi 诉阿根廷

---

① *Ibid.*, para 54.

② *Ibid.*, paras 62 – 72.

③ 参见 *Suez/Vivendi* v. *Argentina*, ICSID Case No. ARB/03/19, Order in Response to a Petition for Participation as *Amicus Curiae*, para. 13。

④ *Bernhard von Pezold and others* v. *Zimbabwe*, ICSID Case No. ARB/10/15, Procedural Order No. 2, para. 60, and the citation accompanying n. 45, Ch. 4, above.

⑤ 《ICSID 仲裁规则》第37(2)条。

案的仲裁庭已经注意到,希望提交仲裁庭法庭之友摘要的非政府组织必须满足以下条件:他们有必要的专业知识、经验和独立性,以在该案中提供协助。[①] Biwater Gauff 诉坦桑尼亚案中,在已经准许一组非政府组织提交一份单独的摘要后,仲裁庭最后的裁决指出,非政府组织的利益、专业知识和观点"存在重大差异,并因此为这些仲裁程序提供了有益的贡献"。[②] 同样,NAFTA 自由贸易委员会声明要求仲裁庭,特别是,评估所提交的意见书在多大程度上可以"协助仲裁庭解决与仲裁有关的事实或法律问题,通过提出与争端当事人的观点、特殊知识或见解不同的意见"。[③]

---

① *Suez/Vivendi*, ICSID Case No, ARB/03/19, Order in Response to a Petition for Participation as *Amicus Curiae*, para. 24.

② *Biwater Gauff* v. *Tanzania*, Procedural Order No. 3.

③ Statement of the Free Trade Commission on non – disputing party participation, para. B. 6.

第六章

投资协定仲裁中的国际公法救济

投资协定仲裁中的补偿问题在国际投资法中一直是一个有争议的领域。[①] 在计算征收案件中的赔偿额时尤其如此，而且在赔偿形式和金钱赔偿数额方面也是如此。

具体地说，在国际投资法方面，必须区分两种容易被提交投资仲裁庭的索赔要求。首先，在直接或合法征收中，最恰当的救济方式就是金钱补偿，虽然对这一补偿的估价应适用何种标准仍有许多争论，但在把金钱补偿作为唯一补偿形式的原则上几乎没有不同意见。[②] 这实际上形成了规制征收的基本国际法规范的一部分，因此与违反国际法义务的赔偿有很大的不同。第二类索赔涉及对一个国家违反其国际投资义务的有关索赔的赔偿，包括对非法征收或间接征收案件的赔偿。[③] 与第二类索赔有关的赔偿仍然是一些争议的对象。例如，一个具体的问题是，与恢复原状或

① 本部分内容可参见 Oscar Schachter 于 1982 年形成的观点，'Editorial Comment. Compensation for Expropriation'，*American Journal of International Law*，78(1)(1984)：121。

② 参见 McLachlan *et al.*，*International Investment Arbitration*，p. 315 ff。

③ 在此种情况下，金钱赔偿已成为被普遍接受的赔偿方法。(*Ibid.*，p. 331)

道义赔偿相比,金钱赔偿是不是最适当的赔偿形式。与这个问题相关,近年来,投资仲裁庭是否可以或应当判决精神损害赔偿引起了很多关注,尤其是对于某些仲裁庭因外国投资者所遭受的精神损害裁决获得金钱赔偿而引发争议的案件。①

首先,应该指出的是,外国投资者行使要求赔偿国际不法行为所造成损害的权利,必然意味着向外国投资者(个人和公司)适用根据投资条约授予的权利。② 这与这些权利是“直接的”或“衍生的”特征并不相关。

本章将集中讨论对非征收性的国际法违法行为的赔偿问题,即关于国际不法行为赔偿的次要规则,就本书的论述顺序以及在征收案件中相对明确地接受了金钱赔偿而言,估值标准是个例外。从国际投资法的国际公法性质来看,这是关于赔偿的辩论中最具争议的一个方面。

笔者将在这里使用国际法中使用的“补偿”(compensation)概念,表示为了支付任何财务上可评估的损害,包括因非法行为而造成的利润损失而获得的金钱金额。③ 另外,“赔偿”(reparation)被用作涵盖可以修复损害的各种方式的通用术语。

---

① See Patrick Dumberry, ‘Compensation for Moral Damages in Investor – State Arbitration Disputes’, *Journal of International Arbitration*, 27(3)(2010): 247, and Patrick Dumberry, ‘satisfaction as a Form of Reparation for Moral Damages Suffered by Investors and Respondent States in Investor – State Arbitration Disputes’, *Journal of International Dispute Settlement*, 3(1)(2012): 205.

② Pierre d’Mgent, ‘Le droit de la responsabilité internationale complété? Examen des Principes fondamentaux et directives concernant le droit à un recours et à réparation des victimes de violations flagrantes du droit international des droits de l’homme et de violations graves du droit international humanitaire’, *Annuaire Fancais de droit international*, 51(2005): 27, 44.

③ 不同观点参见 Charles N. Brower and Michael N. Ottolenghi, ‘Damages in Investor – State Arbitration’ *Transnational Disputes Management*, 4(2007): 6, 该文指出合法的国家行为适用“赔偿”一词,而“损害”的概念适用于对非法国家行为的救济。

在谈到投资协定仲裁中的非金钱救济和精神损害的具体问题之前,笔者将首先讨论有关国际投资法中规定赔偿的一般法律制度。

一、投资协定仲裁中的补偿

投资协定仲裁中关于补偿的争议起点是规制赔偿国际不法行为的一般国际公法框架,因为投资协定仲裁与国际投资条约下国家所承担的关于违反国际义务的责任相关。尽管源于违反以保护外国投资为主导的投资协定的国家责任一直被认为是民事或商事的,但国家因违反国际投资协定所承担的责任与违反其他国际法律义务所承担的责任并无不同。[①] 因此,由于这些违法行为而遭受损害赔偿的适当规则是国家因国际不法行为而承担国际责任的一般规则,国际法很好地确立了这些规则,并且这些规则最近被写入国际法委员会关于《国家责任条款》中。

(一)完全赔偿原则(the principle of"full reparation")

国际法中的赔偿受到国际常设法院在 *Chorzów Factory* 案的裁判中阐明的两项基本原则的规制。[②] 第一项原则是"违背约定涉及以充分形式作出赔偿的义务"。[③] 第二项原则是"完全赔偿"原则。这两项原则意味着必须作出赔偿,以便恢复违约行为之前的情况,而且国际法早已承认:

> 一项非法行为的实际概念所包含的基本原则——一项似乎由国际惯例,特别是仲裁庭的裁决所确立的原

---

① 参见 Douglas, *The International Law of investment Treaty Claims*, p. 7。

② Permanent Court of International Justice, *Factory at Chorzów*, Jurisdiction, Judgment, 26 July 27, PCIJ Reports, Series A, No. 9 (1928), and Merits, Judgment No. 13, 13 September 1928, PCIJ Reports, Series A, No. 17 (1928).

③ *Ibid.*, Jurisdiction, p. 21.

> 则——就是赔偿必须尽可能消除这一非法行为的所有后果，并重新建立如果没有这一行为，在所有可能的情况下，很可能已经存在的情况。[①]

这些原则反映在国际法委员会的《国家责任条款》第 31 条中，其中规定“责任国有义务对国际不法行为造成的损害作出完全赔偿”。这种损害包括“一国的国际不法行为造成的任何物质或精神损害”。[②] 国际法委员会《国家责任条款》所载关于赔偿的一般原则被认为是代表与赔偿有关的习惯法原则，并且如将说明的，这些原则既反映也被反映在国际法庭和仲裁庭的相对一致的判例中。[③] 许多投资仲裁庭也同样承认这一原则，即国际不法行为导致赔偿所受的经济损害的义务，[④]原则上，赔偿应是对所受损

---

① *Ibid.*, Merits, p. 47.

② 国际法委员会关于《国家责任条款》第 31(2)条。UN Doc, A/56/10。

③ 参见 James Crawford, 'State Responsibility', in Rüdiger Wolfrüm (ed.), *Max Planck Encyclopedia of Public International Law* (Oxford University Press, 2012), vol. IX, p. 31。又参见 *ADC Affiliates Ltd and ADC & ADMC Management Ltd* v. *The Republic of Hungary*, ICSID Case No. ARB/03/16, Award of the Tribunal, 2 October 2006, para. 495 and *Nykomb Synergetics Technology Holding AB* v. *The Republic of Latvia*, SCC Case 118/2001, Final Award, 16 December 2003, p. 38。联合国国际法委员会的规则规定“本部分不妨碍任何人或国家以外的实体由于一国的国际责任可能直接取得的任何权利”。[联合国国际法委员会《国家责任条款》第 33(2)条, UN Doc. A/56/10]。该款意图涵盖非国家实体可通过特别程序自行援引国家责任条款的情况，如投资协定仲裁。只有存在特定主要规则的情况下，国家以外的实体方可援引《国家责任条款》。[参见《国家责任条款》第 33(2)条评注, UN Doc, A/56/10, para. 4]。但是关于赔偿形式的规则和原则，有权享有国家的责任的非国家实体与国家实体类似。

④ 例如, *S. D. Myers, Inc.*, v. *Government of Canada*, UNCITRAL, Partial Award, 13 November 2000, paras 312 – 315; *CME* v. *Czech Republic*, UNCITRAL, Partial Award, Paras 583 ff, *LG&E* v. *Argentina*, ICSID Case No. ARB/02/1, Award on Damages, para. 31, 以及 *Biwater Gauff* v. *Tanzania*, Procedural Order No. 3, para. 773。

害的"完全赔偿"。[①]

但是,应当记住,由于国际法委员会的《国家责任条款》的附属性质(subsidiary character),投资协定可以规定更具体的规则,然后作为特别法(*lex specialis*)适用这些规则,而不是适用国际法委员会《国家责任条款》中的一般规定。[②] 然而,投资协定很少规定适用于赔偿的具体规则,下文将讨论一些例外情况。投资协定中经常包含关于合法征收补偿的规定,然后由仲裁庭适用,但这不是一种对国际不法行为的赔偿形式。[③]

违反投资条约导致国家有义务为其造成的损害提供赔偿,这一点是相对明确的,而赔偿应恢复到违约前的状况这一原则也是相对明确的。然而,问题是,在违反投资保护条约的情况下,哪种形式的赔偿是最适当的。事实上,由于仲裁庭裁决的金钱赔偿数额庞大,人们可以合理地提出这样一个问题,即其他形式的赔偿是否可以、可能或应当由仲裁庭在投资协定仲裁中适用。[④]

(二)赔偿的形式

国际法委员会《国家责任条款》第 34 条规定,对一项国际不法行为所造成的损害的完全赔偿可以采取"恢复原状、补偿和道

---

① 例如,参见 *Metalclad Corporation* v. *Mexico*, ICSID Case No. ARB(AF)/97/1, Award, 30 August 2000, para. 122, 以及 *Petrobart Ltd* v. *The Kyrgyz Republic*, SCC Case No. 126/200Arbitral Award, 29 March 2005, pp. 77 and 78。

② 有关讨论,参见 David D. Caron, 'The ILC Articles on State Responsibility: The Paradoxical Relationship between Form and Authority', *American Journal of International Law*, 96(4)(2002): 857, 857 – 873. See also *ADC* v. *Hungary*, ICSID Case No. ARB/03/16, paras 480 ff。

③ 例如, *ADC* v. *Hungary*, ICSID Case No. ARB/03/16, para. 481。

④ McLachlan *et al.*, *International Investment Arbitration*, p. 341, 另见最近对利比亚的总金额为 936,940,000 美元的裁决,这是投资协定仲裁有史以来的第二大裁决金额, *Mohamed Abdulmohsen AI – Kharali & Sons Co.* v. *Libya and others*, Cairo Regional Center for International Commercial Arbitration (CRCICA), Final Award, 22 March 2013。

义赔偿中的单项或组合项”的形式。包括投资仲裁庭在内的各个法院和仲裁庭也确认了这一原则。[①]

恢复原状通常被视为主要的赔偿方法，只有在不可能恢复原状的情况下才给予补偿。正如国际常设法庭在上述 *Chorzów Factory* 案中所指出的：

> 恢复原状，或在不可能的情况下，支付一笔相当于恢复原状所能承担价值的款项；如有必要，对不属于赔偿范围的损失作出赔偿，以实物赔偿或以付款代替赔偿，这是确定违反国际法行为应得到赔偿数额的原则。[②]
>
> 这项原则也反映在国际法院的“沃尔咨询意见”（Wall Advisory Opinion）中。[③]

恢复原状可以采取两种形式：“物质的”或“司法的”。在第一个相对不言自明的情况中，恢复原状可以包括“归还领土、人员、财产，撤销某些法律行为，或它们的某些组合”。[④] 另外，司法恢复原状涉及“在责任国的法律制度内或在其与受害国的法律关系内修改法律的情况”，并可包括撤销、废止或修订违反国际法规则颁布的宪法或法律规定，撤销或重新考虑对外国人的人身或财产非

---

① 例如，在 *CMS Gas* v. *Argentina* 一案中，仲裁庭指出：“国际法领域内普遍认可的 3 种赔偿形式为恢复原状、补偿和道义赔偿”（*CMS Gas* v. *Argentina*, ICSID Case No. ARB/01/8, Decision on Annulment, para. 399）。

② PCIJ, *Factory at Chorzów*, Judgment No. 13, p. 47.

③ 该意见由此认为以色列有义务归还为了在被占领巴勒斯坦区域内修建隔离墙，而从任何自然人或法人手中没收的土地、果园、橄榄园和其他不动产。当此类归还被证明在实质上是不可能实现时，以色列有义务赔偿有关人员遭受的损害。国际法院还认为，根据国际法规则，以色列同样有义务赔偿所有因墙体施工而遭受任何形式物质损害的自然人或法人。（International Court of Justice, *Legal Consequences of the Construction of a Wall in the Occupied Palestinian Territory*, Advisory Opinion, ICJ Reports, 2004, para. 153.）

④ Commentary to Article 35, ILC Articles on the Responsibility of States, UN Doc. A/56/10, para. 5.

法采取的行政或司法措施,或要求(在国际法允许的范围内)采取措施终止条约。① 虽然根据上述原则,恢复原状是赔偿的主要形式,以便重新恢复不法行为之前的情况,②但是投资仲裁庭通常认为,这在实质上是不可能的。③ 另外,人们接受,投资仲裁庭可以原则上裁决非金钱上的救济,例如一项禁令或某种特定履行的命令,作为一种赔偿形式。④ 然而,这种赔偿形式在投资协定仲裁中几乎没有,但有几个例外,下文将对此进行讨论。

补偿,通常被称为“损害赔偿”,是恢复原状的附属措施,因为一项国际不法行为造成损害提供补偿的义务只存在于损害不能通过恢复原状得到赔偿的情况之下。⑤ 因此,补偿应包括“任何财务上可评估的损害,包括已确定的利润损失”。⑥ 正如国际法委员会对本条的评注所指出的,“任何财务上可评估的损害”(any financially assessable damage)是指“任何能够从金融财务角度加以估算的损害”,和包括国家本身所遭受的两种损害(对其财产或人员或为补救或减轻国际不法行为造成的损害而合理发生的开支)以及国家在外交保护框架内所代表其要求的国民,无论是个人还是公司所遭受的损害。⑦ 然而,国际法委员会关于《国家责任条款》规定的补偿并不包括对一国遭受的“精神损害”的补偿,即对“侵犯与财产或个人实际损害无关的权利所造成的侮辱或伤害”

---

① *Ibid.*, para. 5.

② 例如,*CMS Gas* v. *Argentina*, Decision on Annulment, para. 400, and Nykomb v. Latvia, *SCC Case* 118/2001, *Final Award*, *paras* 38 – 39。

③ 例如,*ADC* v. *Hungary*, ICSID Case No. ARB/03/16, para. 495。

④ 例如,*Enron* v. *Argentina*, ICSID Case No. ARB/01/3, Award, para. 81。

⑤ Article 36(1) of the ILC Articles on the Responsibility of States, UN Doc. A/56/10.

⑥ Article 36(2) of the ILC Articles on the Responsibility of States, UN Doc. A/56/10.

⑦ Commentary to Article 36, of the ILC Articles on the Responsibility of States, UN Doc. A/56/10, para. 2.

的补偿。[①] 对国家遭受的精神损害的赔偿通常采取道义赔偿的方式，国际法委员会关于《国家责任条款》第37条对此作了规定。[②] 然而，补偿包括国家所代表的国民而遭受的"精神损害"。[③]

这一原则是经常被引用的卢西塔尼亚裁决(*Lusitania* decision)中适用的规则，其中仲裁员认为：

> 受伤的人根据国际法规则，有权因造成精神痛苦、感情受伤、屈辱、耻辱、堕落、丧失社会地位和信誉或名誉受损而获得赔偿，毫无疑问，这种赔偿应该与伤害相称。这种损害是非常真实的，不会仅仅因为这些损害难以用金钱标准来衡量或估计，而减损它们的真实性，而且没有理由不把这些损害作为应予补偿的损害，而不是作为惩罚。[④]

补偿由于其他方式经常不适当或实际情况不可能恢复原状，是投资协定仲裁中使用最广泛的赔偿形式。[⑤] 与此同时，仲裁庭也确认了这种赔偿形式的附属性质，"即只有在损害不能通过恢复原状得到赔偿时才要求相当合理的补偿"。[⑥] 国际法委员会关于《国家责任条款》第36条所使用的标准也已得到若干仲裁庭的认可，即补偿"应包括任何财务上可评估的损害，包括利润损失"。[⑦]

---

① *Ibid.*, para. 1.

② *Ibid.*

③ *Ibid.*

④ *Mixed Claims Commission*(*United States and Germany*), 1 November 1923 - 30 October 1939, Opinion in the Lusitania Cases, UNRIAA, Vol. Ⅶ, 1 November 1923, p. 40.

⑤ Mc Lachlan *et al.*, *International Investment Arbitration*, p. 341.

⑥ *CMS Gas* v. *Argentina*, ICSID Case No. ARB/01/8, Decision on Annulment, para. 401.

⑦ 例如，*CME* v. *Czech Republic*, UNCITRAL, Final Award, para. 501; *CMS Gas* v. *Argentina*, Decision on Annulment, para. 401; and *LG&E* v. *Argentina*, ICSID Case No. ARB/02/1, Award on Damages, para. 41。

最后,道义赔偿是赔偿的第三种形式,根据国际法委员会的条款,只有在一项不法行为所造成的损害无法通过恢复原状或补偿加以弥补的情况下,道义赔偿才适用。① 道义赔偿"可能包括承认违背义务、表示遗憾、正式道歉或另一种适当的方式"。② 道义赔偿常常被视为对经济上无法评估的伤害进行赔偿的适当方法,尤其是对国家造成精神或法律损害的不法行为。③ 道义赔偿通常采取承认或发现违约行为的事实,或对违约行为正式道歉的形式。在国家间争端中,道义赔偿常常被用作一种赔偿方法。④ 这些原则已在投资仲裁庭的各项裁决中得到确认。在投资条约仲裁中,道义赔偿作为一种适当的赔偿形式通常被认为是"不相关的"。⑤ 如前所述,只有在不能通过恢复原状或补偿来弥补所造成的损害时,才有可能得到道义赔偿。在 *CMS Gas* 诉阿根廷(*CMS Gas* v. *Argentina*)一案中,仲裁庭指出,"由于这不是一个向受害国作出赔偿的案件,可以从一开始就排除道义赔偿的可能性"。⑥ 但是,仅仅因为不欠另一个国家的赔偿而放弃道义赔偿是不适当的,因为在同时无法恢复原状和补偿的情况下,道义赔偿实际上可能是一种适当的补救办法。这点在 Biwater Gauff 诉坦桑尼亚(*Biwater Gauff* v. *Tanzania*)案中被大多数仲裁员承认:

> 鉴于坦桑尼亚违反双边投资协定没有造成 BGT 现在要求赔偿的损失和损害,因此,BGT 的每一项损害赔

---

① 国际法委员会关于《国家责任条款》第 37(1)条,UN Doc. A/56/10。

② 国际法委员会关于《国家责任条款》第 37(2)条,UN Doc. A/56/10。

③ Commentary to Article 37, ILC Articles on the Responsibility of States. UN Doc. A/56/10, para. 3.

④ 例如,参见 International Court of Justice, *Arrest Warrant of* 11 *April* 2000 (*Democratic Republic of the Congo* v. *Belgium*), *ICJ Reports*, 2002, 31。

⑤ *LG&E* v. *Argentina*, ICSID Case No. ARB/02/1, Award on Damages, para. 32, n. 6.

⑥ *CMS* v. *Argentina*, Decision on Annulment, para. 399.

偿要求都必须被驳回，对共和国行为的唯一适当补救办法可以是宣示性的。①

二、投资协定仲裁中的非金钱救济（non – pecuniary remedies）

尽管国际法规定的赔偿方式有多种，但通常来讲，投资仲裁庭就东道国对外国投资者违反义务所造成的损失会裁决给予金钱赔偿。然而，如上所述，国际公法中的金钱赔偿只是几种赔偿形式中的一种，这与国际商法和仲裁中对金钱赔偿的排他性关注形成了鲜明的对比。② 没有理由排除投资仲裁庭事先裁定非金钱赔偿的可能性。

（一）投资仲裁庭可以且应该在投资协定仲裁中裁决非金钱救济吗？

非金钱赔偿裁决的普遍缺乏是由几个考虑因素造成的，同时也解释了金钱赔偿作为一种赔偿形式在国际投资纠纷中的重要性。

第一，鉴于仲裁庭的权力，在某些案件中，恢复原状在法律上是不可能的。例如，如果损害是“通过对缔约国国家的子公司采取造成损失的行动而间接造成的”，而仲裁却由控股公司提起，就会出现这种情况。③ 因为遭受直接损失的实体不是仲裁程序的一方，仲裁庭将无法裁决恢复原状，因为赔偿旨在救济仲裁程序一方的损失，而不是争议各方的附属机构。另一个例子是在同时将

---

① *Biwater Gauff* v. *Tanzania*, Procedural Order No. 3, para. 807.

② 参见 Thomas W. Wälde and Borzu Sabahi, ‘Compensation, Damages and Valuation in International Investment Law’, in Peter Muchlinski, Frederico Ortino and Christoph Schreuer (eds.), *The Oxford Handbook of International Investment Law* (Oxford University Press, 2008), p. 1056。

③ *Nykomb* v. *Latvia*, SCC Case 118/2001, Final Award, p. 39.

投资转移到第三方的情况下。①

第二,在某些情况下,恢复原状被认为是不适当的,因为改变国家违反投资义务根源的法律规章存在复杂性或实际困难。例如,在阿根廷危机的背景下,仲裁庭认为“如果仲裁庭命令被申诉人回到在采取紧急措施之前存在的已有的监管框架,那将是完全不现实的”。② 然而,根据仲裁庭的说法,当事各方可以自由达成一项协议,这将构成“通过谈判恢复原状”。③

第三,仲裁庭有时认为,恢复原状主要应由争端各方商定,“如果不通过重新谈判合同或其他方式商定恢复原状,根据国际法,适当的赔偿方式是补偿”。④ 这一考虑是不准确的,而且不符合上文所解释的关于赔偿的一般原则,因为其措辞是绝对和原则性的。然而,尽管仲裁庭对这一原则的表述不准确,但其根本原因是合理的:在外国投资者与东道国之间缺乏信任的情况下,恢复原状可能实际上是不可能的。

第四,仲裁庭已经拒绝裁决恢复原状,理由是认为这将构成对国家主权的侵犯。例如,仲裁庭在 *LG&E* 诉阿根廷(*LG&E* v. *Argentina*)案中认为:“在这个案件中所要求的司法恢复原状将意

---

① *Waguih Elie George Siag and Clorinda Vecchi* v. *The Arab Republic of Egypt*, ICSID Case No. ARB/05/15, Award, 1 June 2009, para. 534. 该案仲裁庭指出,“对于申诉方投资的进一步赔偿是无法获得支持的。因该财产于2003年已被转移给第三方。在该种情况下,唯一实际可行的救济就是裁决损害赔偿金”。

② *CMS Gas* v. *Argentina*, Decision on Annulment, para. 406.

③ *Ibid.*, para. 406.

④ *Enron* v. *Argentina*, ICSID Case No. ARB/01/3, Award, para. 359. Note. 但是,该部分决定被撤销,并非源于仲裁庭适用原则错误,而是主要由于特设委员会撤销了仲裁庭关于责任划分的认定,这样不可避免地导致仲裁庭关于损害赔偿部分的初始裁决被撤销。(*Enron* v. *Argentina*, ICSID Case No. ARB/01/3, Decision on the Application for Annulment, para. 414.)又如 *Sempra* v. *Argentina*, ICSID Case No. ARB/02/16, Award, para. 401。但是,尽管主要原因与仲裁庭关于赔偿的调查结果无关,该决定也被全部撤销。

味着通过废除或通过违反法律效力的立法和行政措施来改变目前的法律状况。”仲裁庭不能强迫阿根廷这样做而不考虑对其主权的过分干涉。[①] 从严谨的法律角度来看，仲裁庭施加某种义务作为一种恢复原状的方式并不妨碍国家主权，不仅是因为这种权力是仲裁和司法职能中固有的，而且因为国际法中的恢复原状通常被视为主要的赔偿方式。[②] 然而，一些学者一直认为要求一国进行巨额赔偿，对一国主权的影响甚至大于命令其实施某种特定行为。[③]

第五，一个实际的考虑是，《华盛顿公约》第54(1)条限制了缔约国承认并且执行ICSID仲裁庭关于“该裁决所规定的金钱义务”。[④] 因此，给予金钱补偿将比恢复原状更有效。[⑤] 然而，这并不意味着可能不会裁决非金钱的补救办法。

第六，因为仲裁庭受不超越仲裁请求而作出裁决的义务约束，而裁决非金钱的救济可能超出仲裁庭的职权范围，因此导致

---

① *LG&E* v. *Argentina*, ICSID Case No. ARB/02/1, Award on Damages, para. 87.

② 也参见 Christoph Schreuer, ‘Non – pecuniary Remedies in ICSID’, *Arbitration International*, 20(4)(2004): 325, 331。

③ 参见 Wälde and Sabahi, ‘Compensation, Damages and Valuation in International Investment Law’, p. 1060。又参见 the Separate Opinion of Ian Brownlie in *CME* v. *Czech Republic*, UNCITRAL, Final Award。他在报告中指出“如果接受双边投资协定的结果是以可能对捷克共和国人民的生计和经济福祉造成灾难性影响的债务形式出现，这确实很奇怪”(para. 78)。

④ 但是，也有学者认为，该原则并不限制仲裁庭作出非金钱救济裁决的权限。See Schreuer, ‘Non – pecuniary Remedies in ICSID’, pp. 325 – 326。

⑤ Anne van Aaken, ‘Primary and Secondary Remedies in International Investment Law and National State Liability: A Functional and Comparative View’, in Stephan W. Schill (ed.), *International Investment Law and Comparative Public Law* (Oxford University Press, 2010), p. 734.

在争端各方具体要求金钱补偿的情况下撤销裁决。[①] 然而,需要补充的是,如果争端各方没有特别规定任何具体的赔偿形式,当一方认为恢复原状是一种适当的补救办法或当仲裁庭裁决恢复原状的可能性隐含在当事方的诉状中时,仲裁庭有权作出这样的裁决。也就是说,此时一项恢复原状裁决不会超出仲裁请求范围。[②]

更普遍的问题是,非金钱形式的赔偿是否比金钱赔偿更适当。尽管恢复原状作为一种赔偿形式具有"主要性",值得注意的是,鉴于刚才提到的考虑因素,它并不总是可行的。然而,这并不会使这样的原则失效:仲裁庭应首先询问恢复原状是否可能,尤其是当争端的一方提出这种特定形式的救济时。虽然笔者不支持投资协定仲裁与公法之间的类比,但是后一种制度确实为赔偿问题提供了一些令人感兴趣的途径和指导。从公法角度对投资协定仲裁中赔偿的主要批评是,将赔偿作为一种公法救济不适合于"制裁一般规则"。[③] 安妮·范·阿肯(Anne van Aaken)巧妙地探讨了投资协定仲裁与公法之间的救济方式。范·阿肯认为纠正政府错误的传统方法是对据称侵犯国民权利的特定行为提出质疑。[④] 这通常是通过对有关行为负责国家的行政法院中的程序来完成的,这一程序一般要求撤销有关行为。这种程序基本上是

---

① See Wälde and Sabahi, 'Compensation, Damages and Valuation in International Investment Law', p. 1059, van Aaken, 'Primary and Secondary Remedies in International Investment Law and National State Liability', p. 734 and Brown, 'The Inherent Powers of International Courts and Tribunals', p. 191.

② Wälde and Sabahi, 'Compensation, Damages and Valuation in International Investment Law', p. 1059 (and accompanying footnotes).

③ 例如, Van Harten, *Investment Treaty Arbitration and Public Law*, p. 145。

④ Van Aaken, 'Primary and Secondary Remedies in International Investment Law and National State Liability', p. 726.

预防性的。[①] 对该行为造成的损害提出的补偿要求是一种相对不同的程序,而且传统上只能作为最后一种形式的救济,并构成国家责任要求的一部分。[②] 在国内法律制度中存在的金钱补偿,是直接或合法征收最适当的救济办法。但是,当然,这是基本规范的一部分,如果一项国家措施对权利享有人造成特殊损失,授予金钱补偿通常也是一样的。[③] 在这种情况下,国家责任索赔经常被使用。然而,当索赔涉及另一种国家措施时,大多数国家法律制度规定可获得行政救济,而不是通过国家责任机制主张金钱赔偿。[④] 那么,此时恢复原状而非金钱补偿才是适当的补救办法。

当然,这些考虑是非常有启发性的,但问题仍然在于人们能否轻易地将这样确立的原则转用于投资协定仲裁。范 · 阿肯的结论是,最有效的办法是结合金钱和非金钱的补救办法,并结合国家和国际各级的管辖权。[⑤] 那么,国内法院和仲裁庭应主要考虑将恢复原状作为一种赔偿方法,虽然国际法律层面——投资协定仲裁——只有在无法或不能令人满意地通过给予金钱赔偿而获得国家一级的救济办法时才会发挥作用。[⑥] 这个基于互补原则的想法很有趣,但是,需要修改整个投资协定仲裁制度,包括《华盛顿公约》和绝大多数国际投资条约,因为这意味着在诉诸投资协定仲裁之前,首先需要用尽行政法院的救济。

与试图改变当前的体系相比,似乎更可行的是问这样的问题,投资仲裁庭给予金钱赔偿是否确实是最充分的赔偿形式,尤其是在其他形式的赔偿同样可以提供充分的赔偿,并且符合国际

---

① *Ibid.*, p. 724.
② *Ibid.*, p. 726.
③ *Ibid.*, p. 724.
④ *Ibid.*
⑤ *Ibid.*, p. 749 ff.
⑥ *Ibid.*

公法的一般原则的情况下。毫无疑问，恢复原状在实践中往往是不可能的。然而，这并不意味着在可能的情况下，仲裁庭应考虑非金钱救济办法是否可以提供同等程度的救济。

（二）投资仲裁庭在实践中的非金钱救济

尽管投资仲裁庭在实践中不愿判给非金钱的救济办法，人们仍普遍认为，投资仲裁庭除金钱赔偿外，还拥有裁决非金钱补救办法的能力和法律权威。[①]

一些仲裁庭确认了这一原则。在 *Micula* 诉罗马尼亚（*Micula* v. *Romania*）一案中，[②]例如，法庭在提到关于国家责任的条款第35条时指出：

> 根据《华盛顿公约》，仲裁庭有权下令采取金钱或非金钱的救济措施，包括恢复原状，即重新确定在实施不法行为之前存在的情况。此外，仲裁庭认为依据双方所同意的文书下令恢复双边投资条约中原状的权力不受限制，因此，根据《华盛顿公约》和双边投资条约，仲裁庭确实有权下令恢复原状。[③]

还应该补充的是，国家可以自由排除仲裁庭下令采取非金钱救济措施的可能性，或以任何其他方式限制或扩大仲裁庭在这方

---

① See Schreuer, ' Non - pecuniary Remedies in ICSID'. 另见，Montt, *State Liability in Investment Treaty Arbitration*, pp. 137 - 138. 同时 Zachary Douglas 对此亦有评论，见' Other Specific Regimes of Responsibility: Investment Treaty Arbitration and ICSID', in James Crawford, Alain Pellet and Simon Olleson (eds.), *The Law of International Responsibility* (Oxford University Press, 2010), pp. 829 - 832。

② *Ioan Micula and others* v. *Romania*, ICSID Case No. ARB/05/20, Decision on Jurisdiction and Admissibility, 24 September 2008.

③ *Ibid.*, paras 166 - 168. 虽然引文并非十分明确，另见 *Micula* v. *Romania*, *Enron* v. *Argentina*, ICSID Case No. ARB/01/3, Decision on Jurisdiction, paras 78 - 81。

面的权力。[①] 国际法委员会关于《国家责任条款》是补充条款,仅在没有特别法的情况下才适用。

至少在以下两个案件中,仲裁庭有效地下令恢复原状作为违反投资协定的主要救济办法。在讨论这些案件之前,笔者应该指出,*Antoine Goetz* 等诉布隆迪案[②]中仲裁庭下令恢复原状是有误导性的,因为在该案中,仲裁庭没有明确认定被申诉方违反了投资协定规定的义务。仲裁庭认为,只有在没有按照可适用的双边投资协定支付赔偿的情况下,才能认定被申诉方违反了其义务。[③] 因此,法庭给予被申诉方选择权,要么支付所需的补偿,要么以他们以前所享有的免税区证明的形式向索赔人提供赔偿。[④]

第一个案件是 *ATA Construction* v. *Jordan* 案。[⑤] 仲裁庭决定命令恢复因适用约旦法律而被"消灭"的索赔人的仲裁权,因为仲裁庭认为这违反了约旦根据适用的双边投资协定所承担的义务。[⑥] 本案的事实是特殊的,因为考虑到赔偿申诉人丧失"仲裁权"所造成的金钱损害相对不可能计算,因此无论如何,金钱赔偿

---

① 例如,参见 Article 34 of the 2012 US Model BIT:'1. Where a tribunal makes a final award against a respondent, the tribunal may award, separately or in combination, only:(a) monetary damages and any applicable interest; and(b) restitution of property, in which case the award shall provide that the respondent may pay monetary damages and any applicable interest in lieu of restitution.' 又如 Article 26(8) of the ECT, which provides that 'An award of arbitration concerning a measure of a sub – national government or authority of the disputing Contracting Party shall provide that the Contracting Party may pay monetary damages in lieu of any other remedy granted.'

② *Antoine Goetz and others* v. *Republic of Burundi*, ICSID Case No. ARB/95/3, Award, 29 January 1999.

③ 事实上,仲裁庭注意到:"1995 年 5 月 29 日决定的国际合法性问题仍未解决。"(*ibid.*, para. 131.)

④ *Ibid.*, para. 132.

⑤ *ATA Construction, Industrial and Trading Co.* v. *The Hashemite Kingdom of Jordan*, ICSID Case No. ARB/08/2, Award, 18 May 2010.

⑥ *Ibid.*, paras 131 – 132.

的裁决将是困难的。该案件于 2010 年裁决,是投资仲裁庭下令恢复原状的首批案件之一。

第二个案件是 *Franck Chattes Arif* 诉摩尔瓦多(*Franck Charles Arif* v. *Moldova*)案。① 该案在 2013 年裁决。仲裁庭向被申诉方提供了在有限的时间内归还 Arif 先生的投资的可能性,在此之后,被申诉方必须支付金钱补偿。② 这起案件之所以引人注目,有两个原因:第一,仲裁庭明确确立了这样的原则,作为救济措施的恢复原状"更符合双边投资协定的目标",③并且恢复原状是"更好的救济办法"。④ 第二,仲裁庭在决定赔偿形式时采取了务实的做法。仲裁庭考虑到,尽管该国建议恢复原状将是最适当的形式,但该国没有确认恢复原状的有效可能性,仲裁庭对恢复原状的执行没有任何监督权力。因此,仲裁庭决定,如果拟议的赔偿不能使索赔人满意,或在东道国没有提出任何赔偿建议的情况下,恢复原状将作为替代救济办法。⑤ 仲裁庭认为,这一解决方案"为保护投资提供了最后的机会,同时也保护了申诉人在无法找到令人满意的赔偿方案时获得损害赔偿的权利"。⑥ 最后,申诉人有权在裁决之日起 90 天内的任何时候选择补偿。⑦ 这个解决方案,除了符合国际法中有关赔偿的原则外,还将恢复原状作为主要赔偿形式。基于笔者上述外国投资在很大程度上依赖于与东道国的善意关系的观点,它还应该在将补偿作为替代的救济方式方面的实用性而受欢迎。

---

① *Franck Charles Arif* v. *Republic of Moldova*, ICSID Case No. ARB/11/23, Award, 8 April 2013.

② *Ibid.*, para. 572.

③ *Ibid.*

④ *Ibid.*, para. 571.

⑤ *Ibid.*

⑥ *Ibid.*

⑦ *Ibid.*, para. 572.

三、投资协定仲裁中的精神损害赔偿

在关于补偿的辩论中,精神损害问题具有特殊的地位,特别是在投资协定仲裁中提出精神损害赔偿的要求越来越多。本节将侧重于投资者提出的精神损害赔偿,而不是被申请国提出的精神损害赔偿。虽然后一个问题将在讨论继续履行是否可作为精神损害赔偿的适当形式时加以讨论,国际投资条约一般不向东道国提供法律保护,使其不受外国投资者行为之害,即使这些人提交了明显不值得称道的权利要求。①

(一)国际法委员会关于《国家责任条款》中的精神损害赔偿

同样,最合乎逻辑的出发点是国际公法中的一般赔偿制度。如前所述,国际法委员会关于《国家责任条款》明确规定,损害包括"一国的国际不法行为造成的任何损害,不论是物质上的损害还是精神上的损害"。因此,精神损害赔偿的义务构成了"完全赔偿"原则的一部分。② 该规则不涵盖国际法委员会关于《国家责

---

① 在 *Amto* v. *Ukraine* 一案中,基于下列考虑,仲裁庭拒绝了被申诉方提出的道德损害赔偿请求:"仲裁庭对东道国一方依据投资协定提出的反诉的管辖权的确定,主要基于协定的争议解决条款、反诉本身的性质和反诉与该仲裁请求的关系。"《能源宪章条约》第26(6)条为该条约下的争议设定了适用法律,即该条约本身与"国际法的适用规则与原则"。被申诉方在指控中未能向仲裁庭提出任何关于非物质性名誉损害索赔的依据。The Respondent has not presented any basis in this applicable law for a claim of non – material injury to reputation based on the allegations made before an Arbitral Tribunal. 因此,仲裁庭认为这种性质的反诉缺乏依据,所以驳回。(*Amto* v. *Ukraine*, SCC Case No. 080/2005, Final Award, para. 118.)关于该原则的讨论和可能的例外,见 Dumberry, 'Satisfaction as a Form of Reparation for Moral Damages', pp. 235 ff。但是,国家可以根据私法对外国投资者追偿。[Ingeborg Schwenzer and Pascal Hachem, 'Moral Damages in International Investment Arbitration', in Stefan Kröll, Loukas Mistelis, Pilar Perales Viscasillas and Vikki Rogers(eds.), *International Arbitration and International Commercial Law*: *Synergy*, *Convergence and Evolution*, *Liber Amicorum Eric Bergsten*(Alphen aan den Rijn: Kluwer Law International, 2011), p. 427.]

② 国际法委员会关于《国家责任条款》第31(2)条,UN Doc. A/56/10。

任条款》第37条处理的通过继续履行而救济的对国家的精神损害赔偿。[①] 因此,第31(2)条所指的精神损害是指国家代表的国民(自然人或法人)所遭受的精神损害。[②] 国际法委员会就有关赔偿的第36条的评注对此作了进一步解释。"任何财务上可评估的损害"在这里被定义为"任何能够从金融角度(in financial terms)加以评估的损害"以及"包括国家本身所遭受的两种损害(对其财产或人员的补偿或为补救或减轻国际不法行为造成的损害而合理发生的开支)以及国家在外交保护框架内所代表其要求的国民,无论是个人还是公司所遭受的损害"。[③] 一个国家在外交保护框架内以其名义提出索赔的个人或公司所遭受的道德损害,可在财政上可评估的范围内,构成金钱赔偿索赔的一部分。[④] 根据国际法委员会的说法,精神损害包括"失去所爱的人、痛苦和困难,以及对个人、家庭或私人生活的侵犯所带来的对情感的侮辱"。[⑤] 一般认为精神损害包括所有非物质损害。[⑥] 虽然在国际投资仲裁中是外国投资者直接对国家提起诉求,同样的原则也适

① Commentary to Article 36, ILC Articles on the Responsibility of States, UN Doc. A/56/10, para. 1.

② *Ibid.*, para. 1. 也参见 Sergey Ripinksy and Kevin Williams, *Damages in International Investment Law* (London: British Institute of International and Comparative Law, 2008), p. 308。

③ Commentary to Article 36, ILC Articles on State Responsibility, UN Doc. A/56/10, para. 2.

④ 然而联合国国际法委员会认为,由国际不法行为造成的物质和道德损害通常应被进行经济评估,并因此被赔偿救济措施所覆盖。(Commentary to Article 37, ILC Articles on the Responsibility of States, UN Doc. A/56/10, para. 3.)

⑤ Commentary to Article 31, ILC Articles on the Responsibility of States, UN Doc. A/56/10, para. 5.

⑥ 尽管没有明确规定认可该术语,但国际法院对"道德损害"给出了一个定义,即涵盖受伤害的实体或个人所遭受的物质伤害以外的其他伤害。[International Court of Justice, *Ahmadou Sadio Diallo* (*Republic of Guinea* v. *Democratic Republic of the Congo*), Compensation owed by the Democratic Republic of Congo to the Republic of Guinea, Judgment, 19 June 2012, para. 18.]

用于外国投资者的直接索赔权。

国际不法行为造成的精神损害能够得到赔偿的原则具有较长的历史,并在国际法中得到充分确立,在上面引述的卢西塔尼亚 1923 年的裁决中也得到了承认,①裁决者认为:

> 根据国际法规则,受害人有权就造成精神痛苦的伤害获得赔偿,伤害他的感情、羞辱、耻辱、堕落、丧失社会地位或损害他的信誉或名誉,毫无疑问,这种赔偿应该与伤害相称。这种损害是非常真实的,不会仅仅因为这些损害难以用金钱标准来衡量或估计,而减损它们的真实性而且没有理由不把这些损害赔偿作为应予补偿的损害,而不能作为惩罚。②

国际法院最近在 *Diallo* 案中确认了国际不法行为造成的精神损害能够得到赔偿的原则,其中仲裁庭裁定赔偿 Diallo 先生遭受的"非物质伤害"85,000 美元,③基于:

> 他在被捕时没有被告知逮捕的原因,也没有被给予机会寻求救济,因为他在驱逐前被无理拘留了很长一段时间。他在未经证实的情况下被指控并且被非法驱逐出境。他在该国居住了 32 年,并在该国从事重大商业活动。因此,可以合理地得出结论,刚果民主共和国的不法行为给 Diallo 先生造成了严重的心理痛苦和名誉

---

① 与文献中经常提到的相反,仲裁员在最终裁决并未对道德损害赔偿进行裁决,因为委员会明确排除了对该类损害赔偿进行裁决的权限。[例如 Matthew T. Parish, Annalise K. Newlson and Charles B. Rosenberg, 'Awarding Moral Damages to Respondent States in Investment Arbitration', *Berkeley Journal of International Law*, 29 (1)(2011):225 and 227。]

② *Lusitania decision*, UNRIAA, vol. Ⅶ, p. 40.

③ ICJ, *Diallo*, Compensation owed by the DRC to the Republic of Guinea, Judgment, 19 June 2012, para. 25.

损失。[①]

国际海洋法法庭还在油轮“塞加号”一案中因为对船长和船员的拘留(以金钱赔偿的形式),以及对侵犯船旗国圣文森特和格林纳丁斯(St Vincent and the Grenadines)(以违反声明的形式予以赔偿)权利的行为,判决给予精神损害赔偿。[②]

(二)投资协定仲裁中的精神损害赔偿

投资协定仲裁中的精神损害问题是最近几项裁决的主题。然而,应当指出,早在1980年*Benvenuti et Bonfant*诉刚果案中就已经处理了这个问题。[③] 索赔人要求赔偿250,000,000非洲法郎,尤其因为“失去工作和投资机会”,“供应商和银行的信贷损失”,而且由于申诉人看到自己的管理层组织和自己的技术人员分离了。[④] 虽然仲裁庭注意到申诉人提出的证据没有定论且对申诉人的说法表示怀疑,[⑤]但是仲裁庭基于公平考虑,鉴于Benvenuti和Bonfant所采取的措施以及由此产生的诉讼无疑扰乱了Benvenuti和Bonfant的活动,最终裁定赔偿申诉人5,000,000非洲法郎。[⑥]

在大多数裁决中,仲裁庭驳回了缺乏这方面充分证据的精神损害赔偿要求。在这种情况下,仲裁庭一般没有就国际投资争端当事方可就精神损害要求赔偿的总体可能性或缺乏可能性进行

---

① *Ibid.*, para. 21.

② International Tribunal for the Law of the Sea, *The M/V Saiga (No. 2) case (St Vincent and the Grenadines* v. *Guinea)*, Judgment, 1 July 1999, paras 175 – 176.

③ *Benvenuti et Bonfant* v. *Congo*, Award, 15 August 1980, *International Legal Materials*, 21(4)(1980): 740.

④ *Ibid.*, para. 4.95.

⑤ *Ibid.*, para. 4.96.

⑥ *Ibid.*

讨论，也未就在何种条件下会裁定作出此种赔偿进行讨论。[1]

最近对外国投资者的精神损害给予实质性金钱赔偿的第一批案件之一是“*Desert Line* 诉也门”案。[2] 在该案中，仲裁庭裁定向申诉人支付1,000,000美元的巨额赔偿金，作为对精神损害的赔偿。在也门从事沥青道路建设的申诉人，根据合同发起索赔，也门政府拒绝支付一定费用，还强迫 Desert Line 签署和解协议，并命令武装部落和也门军队对 Desert Line 的人员进行骚扰和虐待。仲裁庭指出，“即使投资协定的主要目的是保护财产和经济价值，它们也不排除一方在特殊情况下可能要求对精神损害进行赔偿。在大多数法律制度中，人们普遍认为，除了纯粹的经济损害之外，还可以接受精神损害赔偿。”此外，人们还普遍认为，法人（相对于自然人）只有在特定情况下才可获得精神损害赔偿，例如名誉损失的情况。[3]

仲裁庭认为，“对申诉人的行政人员施加的身体胁迫”是“恶

---

① 在 *Tecmed* v. *Mexico* 一案中，由于缺失构成国际不法行为且“影响申诉方的声誉，从而导致申诉方丧失商业机会”的证据，仲裁庭拒绝了申诉方关于精神损害赔偿的请求。［*Tecmed* v. *Mexico*, ICSID Case No. ARB（AF）/00/2, para. 198.］在 *Bogdanov* v. *Moldova* 一案中，因为申诉方未能提供受到精神损害的任何事实证据，仲裁庭同样驳回了其有关精神损害赔偿的请求。（*Bogdanov* v. *Moldova*, SCC Case No. 93/2004, Arbitral Award, p. 19.）此外，以下案件的仲裁庭也作出了类似决定，参见 *Victor Pey Casado and President Allende Foundation* v. *Republic of Chile*, ICSID Case No. ARB/98/2, Award, 8 May 2008, para. 689。在 *Funnekotter and others* v. *Republic of Zimbabwe* 一案中，仲裁庭也面临着同样的精神损害赔偿请求，但由于申诉方是于听证会上才首次提出该诉求，仲裁庭认为无法受理该诉求。同时，仲裁庭也注意到这部分请求已经通过骚扰赔偿金获得了部分补偿。（*Bernardus Henricus Funnekotter and others* v. *Republic of Zimbabwe*, ICSID Case No. ARB/05/6, Award, 22 April2009, para. 140.）另见近期案件，*AHS Niger and Menzies Middle East and Africa SA* v. *Republic of Niger*, ICSID Case No. ARB/11/11, Award, 15 July 2013, paras 146 – 155，该案仲裁庭因缺乏充分证据而驳回了精神损害赔偿请求。

② *Desert Line Projects LLC* v. *The Republic of Yemen*, ICSID Case No. ARB/05/17, Award, 6 February 2008.

③ *Ibid.*, para. 289.

意的”,是“基于过失的责任的构成”。[①] 因此,仲裁庭认为,对“申诉人行政人员的身体健康以及申诉人的信用和声誉”造成的损害给予赔偿是有道理的。然而,申诉人要求的10,000,000美元被仲裁庭减少到1,000,000美元。

仲裁庭在*Lemire*诉乌克兰案中深入讨论了投资仲裁庭对精神损害给予赔偿的可能性,但最终拒绝对精神损害给予赔偿。[②] 活跃于无线电广播业的申诉人声称,乌克兰广播监管机构不公正地拒绝了其200多个新无线电频率的申请,并进行了一系列不必要的检查,其要求对由于国民议会的骚扰所受的3,000,000美元的伤害赔偿,包括焦虑、痛苦和负担。[③] 在本案关于“管辖权和责任”的裁决中,仲裁庭站在了*Desert Line*一案的仲裁庭一边,其认为,在特殊情况下,可由投资仲裁庭作出给予精神损害赔偿的裁决。仲裁庭指出,*Desert Line*中的事实确实是“例外情况,包括被申诉国武装部队的人身胁迫和围困”。[④] 然而,在*Lemire*案中,申诉人没有受到身体胁迫,但从本质上讲,他的精神损害赔偿要求是基于被申诉国“对Gala电台的系统性偏见”这一事实,“损害了Gala电台扩大其活动的计划”,并且“恶意地对Gala电台进行了一系列的检查”。[⑤] 仲裁庭的理由是,由于被申诉人的某些行为被认为违反了双边投资协定所规定的公平和公正待遇标准,“经济补偿金”将被判给申诉人。[⑥] 它提到了对存在“特殊情况”的评估,这应该得到精神上的补偿,到了下一阶段的诉讼程序之后,还

---

① *Ibid.*, para. 290.

② *Joseph Charles Lemire* v. *Ukraine*, ICSID Case No. ARB/06/18, Decision on Jurisdiction and Liability, 14 January 2010.

③ *Ibid.*, para. 475.

④ *Ibid.*, para. 476.

⑤ *Ibid.*, para. 479.

⑥ *Ibid.*, para. 486.

进一步简要介绍了精神损害赔偿的背景和因果关系。在最后裁决中，仲裁庭广泛讨论了在投资协定仲裁中可判给精神损害赔偿的条件。[①] 它首先确定，只有“特殊情况”才能导致精神损害赔偿，从而赞同仲裁庭在 *Desert Line* 案中的意见。[②] 根据仲裁庭的说法，下列情况是特殊情况：

> 1. 国家的行为意味着人身威胁、非法拘留或其他类似情况，这种虐待违反了要求文明国家采取行动的准则。
>
> 2. 国家的行为造成健康、压力、焦虑、其他精神痛苦，如羞辱、耻辱和堕落，或丧失名誉、信用和社会地位的损害。
>
> 3. 原因和后果都是严重的或实质性的。[③]

就本案的事实而言，仲裁庭认为，尽管 Lemire 先生无疑受到了“虐待”，并且感到“压力和焦虑”，但是本案的精神损害已经通过经济赔偿得到了补偿，而且，本案的事实并不像对精神损害给予额外赔偿那样“非同寻常”。[④]

最近，在 *Mohamed Abdulmohsen Al－Kharafi & Sons Co.* 诉利比亚等（*Mohamed Abdulmohsen Al－Kharafi & Sons Co.* v. *Libya and others*）一案中，开罗国际商事仲裁区域中心（Cairo Regional Center for International Commercial Arbitration）进行了临时仲裁，[⑤]仲裁庭判给索赔人 3000 万美元的巨额赔偿，作为对申诉人

---

① *Joseph Charles Lemire* v. *Ukraine*, ICSID Case No. ARB/06/18, Award, 28 March 2011.

② *Ibid.*, paras 326 ff.

③ *Ibid.*, para. 333.

④ *Ibid.*, paras 337－344.

⑤ *Al－Kharafi* v. *Libya*, CRCICA, Final Award.

“在科威特和世界各地的股票市场、商业和建筑市场上的声誉”所造成的“精神损害”的赔偿。[①] 这一数额是在赔偿“由于损害(索赔人的)全球职业声誉而造成的利润损失”90 万美元之外的。[②] 然而,必须强调的是,仲裁庭的管辖权是以一项投资条约为基础的[《阿拉伯资本投资阿拉伯国家统一协定》(the Unified Agreement for the Investment of Arab Capital in the Arab States)],根据《利比亚民法典》第 225 条的规定,当事各方的合同与利比亚的法律,为给予精神损害赔偿提供了理由,该条允许对道德损害作出赔偿。[③] 但在适用的一般国际法原则中没有任何理由。尽管如此,问题仍然是:第一,给予精神损害赔偿本身是否特别合理,尤其是鉴于对利润损失也给予了赔偿的事实;第二,裁定的数额是否合理。

事实上,这些裁决,由于对精神损害给予有效的经济赔偿,特别是 *Desert Line* 和 *Al – Kharafi* 案吸引了关注。一般情况下,这与投资仲裁庭是否有能力裁定精神损害赔偿并不一定相关。根据国际法的一般原则,这是无可争辩的。相反,给予这种赔偿的条件似乎偏离了国际法的一般原则和国际投资仲裁庭的管辖权。

第一,在 *Desert Line* 案中,依赖过错原则来界定国家对精神损害应承担的责任,这显然与广泛传播、接受的观点,即“在国际法律制度中,管理国家、规制国际不法行为的归责制度应是客观的”大相径庭。无过错原则包含在基本规范的准则之中,但不构

① *Ibid.* ,para. 369.

② *Ibid.* ,para. 382.

③ *Ibid.* ,para. 365.

成国家责任归责准则的一部分。[①] 在确定赔偿金额而非在划分责任时,才可能会考虑错误或者主观恶意的因素。[②]

第二,在 *Desert Line* 案中,裁决支付给申诉人的赔偿,不仅是对申诉人名誉损失的赔偿,而且也包括对申诉人的内部行政管理人员造成精神损害的赔偿。但是,在投资协定仲裁中,正如适用的国际投资条约和《华盛顿公约》所规定的,仲裁庭的管辖权严格受制于投资者的主体属性。显然,在这些定义下,申诉人的行政管理人员不是“投资者”,所以在仲裁庭上他们没有相应的法律地位。因此,裁决支持向不在仲裁庭管辖权范围内的个人支付精神损害赔偿是错误的做法。如果申诉的是公司法人本身对其行政管理人员的精神损害赔偿金且申诉人正在寻求对这些钱款进行经济补偿,则完全不同。在这种情况下,严格来说,此种赔偿不是精神损害赔偿,且仲裁庭的管辖权不存在争议。然而,这显然不是 *Desert Line* 一案的情况。尽管部分学者认为具有合理性,[③]但仲裁庭在这一点上的做法似乎违背了投资协定仲裁的仲裁管辖权基础。根据适用的双边投资协定和《华盛顿公约》,申诉人的内部行政人员不是投资者,因此不能从条约的保护中获益或者加入仲裁程序的审理。[④]

第三,裁决支付精神损害赔偿可能与投资仲裁中仲裁庭的属

---

① Commentary to Article 2, ILC Articles on the Responsibility of States, UN Doc. A/56/10, paras 3 and 10. See also Daniel Bodansky and John R. Crook, ‘Symposium: The ILC'State Responsibility Articles: Introduction and Overview’, *American Journal of International Law*, 96(4)(2002):773, 781. 在 *Desert Line* 案中批判性的观点, see also Conway Blake, ‘Moral Pamages in Investment Arbitration: A Role for Human Rights?’, *Journal of International Dispute Settlement*, 3(2)(2012):371, 398 ff。

② Dumberry, ‘Compensation for Moral Damages in Investor – State Arbitration Disputew’, p. 271.

③ *Ibid.*, p. 267.

④ See also Schwenzer and Hachem, ‘Moral Damages in International Investment Arbitration’, p. 442.

事管辖权(the jurisdiction ratione materiae)相违背。值得关注的是,(联合国)国际法院在*Diallo*案中认为,由于Diallo先生被非法拘禁的行为和被驱逐的行为违反《公民权利和政治权利国际公约》,①而非对投资协定的违反,因此裁决支持精神损害赔偿具有正当性。应记住,在确定精神损害赔偿请求的金额时,投资仲裁的仲裁庭应确保仲裁请求、相关投资条约保护的投资标的及投资者三者之间具有充分的关联性。这使笔者联想起了*Biloune* v. *Ghana*② 案中仲裁庭的裁决,在该案中,一名外国投资者被逮捕和拘留13天。仲裁庭认为,根据投资者与东道国之间的协议,仲裁庭的管辖权仅限于与投资有关的争议,因此,只有在此类侵犯人权的行为影响投资时,该项争议则成为投资争议。③ 在*Generation Ukraine* v. *Ukraine*④ 一案中,仲裁庭类似地驳回了根据乌克兰宪法提出的精神损害赔偿请求,认为其管辖权的范围仅限于"涉嫌违反条约所赋予或创造的权利"⑤所引起的争端。同样,人们也可以认为,在*Desert Line*案中,给予投资者的行政管理人员精神损害赔偿并非投资协议赋予或创造权利的结果。

第四,在*Desert Line*案中,仲裁庭裁决的赔偿金额虽然只是仲裁请求中赔偿的一小部分,但远远超过了一般情况下国际法院和仲裁庭对个人精神损害赔偿的水平。⑥ 在*Al - Kharafi*案中,仲

---

① 参见ICJ,*Diallo*,Compensation owed by the DRC to the Republic of Guinea。2012年7月19日的判决,回顾法院对案件的判决结果,该案件明确分析了与《公民权利和政治权利国际公约》有关的不法行为。

② *Biloune* v. *Ghana*,UNCITRAL,在管辖权和责任分配方面作出裁决。

③ *Ibid*. ,paras 188 - 203.

④ *Generation Ukraine*,*Inc*. v. *Ukraine*,ICSID第00/9号仲裁案,2003年9月16日作出裁决。

⑤ *Ibid*. ,para. 17. 6.

⑥ 例如,比较国际法院在Diallo案中的决定、2012年7月19日判决的刚果民主共和国对几内亚共和国欠付的赔偿以及人权法院判例法(相关判例法的引用和讨论,参见Blake,'Moral Damages in Investment Arbitration'.)。

裁庭裁决支持向一家公司给付赔偿金，但金额也远远超过了法庭和仲裁庭对精神损害的金钱赔偿。在这方面我们应关注到，首先，投资者所遭受的精神损害通常已经（部分）通过经济损失的金钱补偿来进行救济。正如上文所述，一些案件中仲裁庭的裁决已经提出了这一点。像在 *Al - Kharafi* 案中，当对损失的利润进行赔偿时情况更是如此。其次，使用在 *Chorzów Factory* 案中国际常设法院的术语，值得怀疑的是，裁决支付金钱赔偿是否具有“消除违法行为带来的所有后果，并重新建立如违法行为未发生的状态”的效果。象征性的精神损害数额可能会产生类似的结果，它更多地被视为金钱上的满足感，而非赔偿。① 这一批判观点也被 *Rompetrol* v. *Romania*② 案的仲裁庭部分地引用。仲裁庭尽管已发现该案中存在对公平和公正待遇原则条款一定程度的违反，但仍拒绝支持对物质损失的赔偿请求，而且驳回精神损害赔偿。仲裁庭认为，精神损害赔偿不应作为申诉人无法证明其实际经济损失的替代赔偿，而应作为物质损害所导致赔偿的一部分来看待。名誉损害是一个需要由申诉人举证的经济损失的子类别，而申请人在本案中未能证明这一点。一般来讲，仲裁庭认为其在裁决精神损害赔偿时应采取“相当谨慎”的态度。③

第五，在 *Desert Line* 案和 *Lemire* 案中确立的原则并非基于对国际判决及裁决全面、完整的分析，仍有“例外”情况需要排除。在最近的 *Franck Charles Arif* v. *Moldova* 案中，仲裁庭拒绝裁决给付申请人精神损害赔偿，并证实了这一论断。④ 正如 *Lusitania*

---

① Dumberry, ‘Satisfaction as a Form of Rearation for Moral Damages’, pp. 214 - 215.

② *Rompetrol Group NV* v. *Romania*, ICSID 第 06/3 号仲裁案，2013 年 5 月 6 日作出裁决。

③ *Ibid.*, paras 289 - 293.

④ *Franck Charles Arif* v. *Moldova*, ICSID Case No. ARB/11/23, paras 584 ff.

案和其他投资仲裁庭作出的裁定中所体现出来的那样，认可可以裁决支持精神损害赔偿这一原则并确保案件符合“例外情况”，仲裁庭背离 *Lemire* 案中规定的其他条件是公正的。仲裁庭注意到，*Lemire* 案中制定的精神损害裁决原则仅是十分有限地基于对 3 个案件的讨论，没有更加广泛地考虑基本原则或政策规定。[①] 在案件的实践应用中，如果没有任何特殊情况，仲裁庭拒绝裁定给付精神损害赔偿。有趣的是，仲裁庭认为有必要考虑这样一个事实，即投资是否发生在“法治和控权制度很不健全，任何企业无论其行为如何都面临此种风险”[②]的国家。最后，应当补充指出，由于 *Lemire* 案中申诉人是一个自然人，因此，裁决精神损害赔偿不会像在 *Desert Line* 案中那样备受质疑。因为在 *Desert Line* 案中，精神损害赔偿裁决给了非投资者的个人。

第六，上述案例提出了这样一个问题：根据上述国际法委员会关于《国家责任条款》所反映的国际法关于国家精神损害赔偿建立的实践经验，公司的精神损害赔偿，特别是声誉损失，在某些情况下，能否通过非金钱赔偿方式来获得充分补偿，如道义赔偿。例如，可以通过在仲裁庭作出的裁决中的表述来实现[③]。在 *Pey Casado* v. *Chile* 案中，仲裁庭将其放置在了裁决的附录中。虽然在该案件中，仲裁庭基于精神损害赔偿缺乏证据证明的情况，驳回了赔偿请求。然而值得注意的是，因仲裁庭认为没有足够的证据证实精神损害，“本裁决的声明，特别是其对原告权利的承认以及他们作为受害者的拒绝司法，本身就构成了充分的道德满足”

---

① *Ibid.*, para. 590.

② *Ibid.*, para. 606.

③ Wälde and Sabahi, 'Compensation, Damages and Valuation in International Investment Law', pp. 1112 – 1114. See, however, Dumberry, 'Satisfaction as a Form of Reparation for Moral Damages', p227，声称金钱赔偿应该是对自然人或者法人精神损失唯一正确的救济。

（该句为法语，原文为 Le prononcé de la présente sentence，notamment par sa reconnaissance des droits des demanderesses et du déni de justice dont elles furent victimes，constitue en soi une satisfaction morale substantielle et suffisante。）[①]这段表述不能被视为是一个对事实的明确确认，即“慰藉”是对精神损害最适当的救济。然而这表明，通说认为，对侵害行为的宣告可构成对某些损害的适当安慰，正因如此，此种方式受到欢迎。

在若干被申诉人要求对其遭受的精神损害作出赔偿的案件中，慰藉可能是一种对名誉损害作出赔偿的充分形式。例如，在 *Europe Cement* v. *Turkey*[②] 一案中，土耳其由于一项明显毫无根据的索赔诉求而受到名誉损害，因此要求申诉人对其所遭受的精神损害作出赔偿。由于没有诸如人身胁迫等特殊情况，仲裁庭认为：

> 被申诉人所遭受任何可能的名誉损害将由本裁决所陈述的理由和结论进行救济，其中包括一项有关仲裁费用的裁决，如下文所述，该项裁决意义重大，这种情况提供了一种“慰藉”被申诉人的形式。因此，仲裁庭裁定不支持向被申诉人支付赔偿金。[③]

在 *Cementownia* v. *Turkey*[④] 的平行仲裁程序中，也涉及了相同的当事方，土耳其认为申诉人的滥诉行为对其造成了声誉损害，仲裁庭同样驳回对土耳其的精神损害给予金钱赔偿的请求。

---

① *Pey Casado* v. *Chile*，ICSID Case No. ARB/98/2，para. 689.

② *Europe Cement Investment & Trade SA* v. *Republic of Turkey*，ICSID Case No. ARB（AF）/07/2 Award，13 August 2009.

③ *Ibid.*，para. 181.

④ *Cementownia ‘Nowa Huta’ SA* v. *Republic of Turkey*，ICSID Case No. ARB（AF）/06/2 Award，17 September 2009.

仲裁庭认为：

> 对精神损害的象征性赔偿确实可能实际上可以表明申诉人滥用程序行为的诽谤性质。但是在本案中，仲裁庭认为在仲裁费用分配方面制裁申诉人更为合适。无论如何，自从仲裁庭受理了被申诉人提出的发布申诉人欺诈性索赔公告的申请，被申诉人的目标已经实现。[①]

此外，“慰藉”避免了公司法人所遭受的“精神损失”的量化问题，无论如何这种问题在经济上难以证明，特别是在所谓声誉受损的情况下更难以被证明。[②]

---

① *Ibid.*, para. 171 (internal references omitted).

② 类似观点，可参考 *Lusitania* 案中仲裁员的陈述，“这些损失很难用货币标准来衡量或估计”(*Lusitania* case, UNRIAA, vol. Ⅶ. p. 40)。该观点也被 *Desert Line* v. *Yemen* 案的仲裁庭引用，ICSID Case No. ARB/05/17, para. 289。

结　论

本书主要探讨了投资协定仲裁作为国际公法范畴上的争端解决机制的本质属性。投资协定仲裁具有“混合型”的底色，单纯的国际商事仲裁或国际私法，或者国际公法之类的法律话语范式适用于此时都不够恰当，且当外国投资者对东道国因违反适用的投资协定而提起申诉时，仲裁庭往往会忽略对两者间潜在法律关系的有效界定。笔者认为，承认投资协定仲裁的国际公法属性是有实际意义和法律必要性的。当代投资争端主要关注的是国家对违反国际法律协定承担的国际责任。虽然投资法被认定同时具有双层法律性质，可能阐明了这种关系的二元分类，但评估一国因违反其国际投资法义务而承担责任应当适用国际公法规则和原则。当然，这样的认知并不意味着外国投资者和东道国之间缺乏私法关系。

基于这样的前提，不同于当代投资协定仲裁信奉的公法性或“混合型”理论，笔者认为争端与投资协定仲裁所涉及的国际公法属性可以在仲裁程序中体现出来，同时又对程序有重要影响。这是因为东道国的行为，以及建立起来用于判断和评估东道国行使权力的国际公法争端解决机制，对投资者之外的更广泛的企业和个人至关重要。同时，国际仲裁概念和投资争端解决方法本身的规则应当保留。换言之,本书的基础是表明投资协定仲裁是有效和有用的争端解决机制,只是在适用从国际商事仲裁借来的规则和原则时,争议的国际公法属性需要被考虑。

本书的主要目的是为不同的程序方法提供一个分析和系统性的视角,以观察国际公法的属性如何被展现或者对仲裁程序加以影响。在这个过程中,笔者平衡了这些影响与维持仲裁程序实质基础的需要。重要的是,本书已经展现了适用仲裁作为争议解决机制而提供的灵活性,尤其是投资协定仲裁。

在一些程序领域,投资协定仲裁的国际公法基础已经被充分认知和采纳。这些程序领域特别包括,有关透明度和公共参与程序的规则。毫无疑问,从程序的合法性和透明度角度看,只要诉求仍然在可被受理的范围内,将程序开放给非争议方是积极的发展,特别是在那些具有高度公共利益的情况下。类似的,就法律推理和当事人意思自治原则而言,投资协定仲裁的当代实践亦考虑了这一体系的国际公法属性,这通过仲裁庭的某些裁决即可见一斑,再次显示了国际公法原则在投资协定仲裁中适用的普遍性。

在其他讨论的议题中,投资协定仲裁仍然受到投资协定仲裁国际公法属性和国际商事仲裁原则之间张力的限制。例如,关于仲裁员的独立性和公正性,对“问题/角色冲突”议题的裁决的公共可得性的讨论还不充分。同时,这清楚地表明了制度的内在张力,仲裁是基于当事方选择仲裁员对争议作出裁决的理论构建。对仲裁员资质过于宽泛的规定可能有悖于仲裁的灵活性。

就准据法而言,投资协定仲裁庭仍然不愿意考虑超出投资者和东道国间狭窄关系的问题。这一点在仲裁庭不愿意考察东道国的人权义务上尤为明显,而这样的人权义务一般是东道国用来合理化其偏离投资协定义务的借口。然而,正如已经解释的那样,不存在对考察人权义务的原则性的禁止规则。救济亦然。仲裁庭倾向于作出相对大额的金钱赔偿,以使该制度对外国投资者具备吸引力。但是,原则上,有理由相信,在某些特定情形的情况下,其他形式的赔偿也可实现对投资者同样的赔偿。这也符合公认的国际法原则。

本书已经确认了投资协定仲裁作为一种解决外国投资者和东道国之间投资争议的方法是重要和有效的。事实上,并不存在原则性的原因放弃这种制度,因为该机制产生背后的理由仍然是明智和有效的。但是,这不意味着我们应该忽视该机制的国际公法属性。相反,具有讽刺意味的是,承认这一属性能够保证该机制在未来仍然有效。

索　引[①]

---

① 本索引为英文版索引，省略页码。读者可以将本索引作为本书关键词，以作参考。——译者注

后　记

本书的翻译是集体努力的成果。本书各章译者依次为：

缩写术语清单和致谢：买木提明·热西提

引言：沈伟

第一章：王泽

第二章：曲光毅

第三章：李名素

第四章：石智媛

第五章：吕启民

第六章：王晓鑫

结论：沈伟

索引：苏一

买木提明·热西提校对了引言的翻译和第四章的脚注翻译；苏一校对了结论的翻译与第二、三、五章和第六章的脚注翻译并准备了索引的翻译。沈伟校对了第一章到第六章的全部翻译。

本书的翻译和出版得到了北京仲裁委员会/北京国际仲裁中心北仲争议解决新视野译丛项目的资助，特此致谢！

沈　伟

于安娜堡

2020年10月25日

图书在版编目(CIP)数据

作为国际公法的投资协定仲裁：程序方面及其适用 /（英）艾瑞克·德·布拉班得瑞（Eric De Brabandere）著；沈伟等译. -- 北京：法律出版社，2021
（北仲争议解决新视野译丛）
书名原文：Investment Treaty Arbitration as Public International Law：Procedural Aspects and Implications
ISBN 978 - 7 - 5197 - 4306 - 2

Ⅰ. ①作… Ⅱ. ①艾… ②沈… Ⅲ. ①国际投资法学—研究 Ⅳ. ①D996.4

中国版本图书馆 CIP 数据核字(2020)第 037899 号

作为国际公法的投资协定仲裁
——程序方面及其适用
ZUOWEI GUOJI GONGFA DE TOUZI XIEDING ZHONGCAI
—CHENGXU FANGMIAN JIQI SHIYONG

[英]艾瑞克·德·布拉班得瑞（Eric De Brabandere） 著
沈 伟 等译

策划编辑 赵明霞
责任编辑 赵明霞
装帧设计 乔智炜

出版发行 法律出版社
编辑统筹 法商出版分社
责任校对 王沁陶
责任印制 胡晓雅
经　　销 新华书店

开本 710 毫米×1000 毫米 1/16
印张 17.5　**字数** 216 千
版本 2021 年 8 月第 1 版
印次 2021 年 8 月第 1 次印刷
印刷 三河市龙大印装有限公司

地址:北京市丰台区莲花池西里 7 号(100073)
网址:www. lawpress. com. cn
投稿邮箱:info@ lawpress. com. cn
举报盗版邮箱:jbwq@ lawpress. com. cn
销售电话:010 - 83938349
客服电话:010 - 83938350
咨询电话:010 - 63939796

书号:ISBN 978 - 7 - 5197 - 4306 - 2　**定价**:88.00 元
凡购买本社图书,如有印装错误,我社负责退换。电话:010 - 83938349